每天的生活，都是靈魂的精心創造

You create your own reality.

每 天 的 生 活 ， 都 是 靈 魂 的 精 心 創 造

Jane Roberts' Books
Dreams, "Evolution," and Value Fulfillment, Volume One (A Seth Book) by Jane Roberts
Notes by Robert F. Butts

ISBN 978-1-878424-27-3
Published by Amber-Allen Publ sbing, Inc., P. O. Box 6657, San Rafael, California 94903 USA

賽斯書 9

夢、進化與價值完成(卷一)

Dreams, "Evolution," and Value Fulfillment, Volume One

作者——Jane Roberts
譯者——王季慶
補譯者——彭君蓉
總編輯——李佳穎
責任編輯——管心
特約編輯——陳秋萍・陳美玲
校對——謝淑芬
美術設計——唐壽南
發行人——許添盛
出版發行——賽斯文化事業有限公司
地址——新北市新店區中央七街26號4樓
電話——22196629
傳真——22193778
郵撥——50044421
版權部——陳秋萍
數位出版部——李志峯
行銷業務部——李家瑩
網路行銷部——高心怡
法律顧問——北辰著作權事務所
印刷——鴻柏印刷事業股份有限公司
總經銷——吳氏圖書股份有限公司
地址——新北市中和區中正路788-1號5樓
電話——32340036　傳真——32340037
2012年1月1日 初版一刷
2016年1月1日 初版二刷
售價新台幣 520 元(缺頁或破損的書,請寄回更換)

ISBN 978-986-6436-30-7
賽斯文化網站 http://www.sethtaiwan.com

賽斯書

Dream, Evolution, and Value Fulfillment, Volume One

夢、進化與價值完成 卷一

Jane Roberts 著
王季慶 譯

關於賽斯文化

發行人 許添盛醫師

我是個腳踏實地的理想主義者。賽斯文化，是為了推廣身心靈健康理念而成立具公益性質的文化事業，希望透過理性與感性層面，召喚出人類心靈的「愛、智慧、內在感官及創造力」，讓每位接觸我們的讀者，具體感受「每天的生活，都是靈魂的精心創造——You create your own reality.」我們計畫出版符合新時代賽斯精神之書籍、有聲書、影音商品及生活用品，並將經營利潤致力於賽斯思想及身心靈健康觀念的推廣，期待與大家攜手共創身心靈健康新文明。

夢、進化與價值完成（卷一）

Dreams, "Evolution," and Value Fulfillment, Volume One

目錄

〈賽斯書〉

策劃緣起

許添盛

欣見賽斯文化將出版賽斯書全集。

二〇〇九年七月，賽斯早期課的學生瑞克（Rick Stack）來台舉辦靈魂出體工作坊，與我在花蓮賽斯村有一場東西方的交流對話。那時，許多賽斯家族朋友們見我在講座上莫名流下激動的淚水，老實說，我自己也頗感意外。不過各位想想，在台灣、大陸、香港、馬來西亞、美加的華人地區默默努力推廣賽斯思想一二十年的我，和在美國、歐洲推廣賽斯思想不遺餘力的瑞克，有朝「相逢」在台灣花蓮賽斯村，你說，這場面能不令我感慨萬千嗎？

其後邀請瑞克夫婦到我新店山上的家小聚，我才又靈光乍現，脫口而出：「一切都是我！」那年，初遇賽斯，心弦震動，彷彿風雲全為之變色，隨後找上中文賽斯書的譯者王季慶，死纏爛打的自願擔任她的翻譯助理，將一本又一本的賽斯書譯成中文，也找上當年的方智出版社合作。由於出版社擔心書的銷路，所以最早的版權費還是王季慶自掏腰包呢！終於促成中文賽斯書的出版。

王季慶是隱士型的人，不想出鋒頭，更不願找麻煩，但因為我對賽斯書的熱愛，於是在她內湖家中成立台灣最早的一個賽斯讀書會，隨後伴同陳建志南下台中、高雄成立賽斯讀書會分支。

因著我的堅持，雖然不願意，王季慶依然支持我由讀書會走向成立「中華新時代協會」。剛開始就只有讀賽斯書，後來才有人陸續帶進奧修、克氏、光的課程、靈氣等，而我始終如一，獨鍾賽斯。當年的我尚年輕資淺，於是王季慶擔任理事長在先，二屆之後才由我接任，開始大力推廣賽斯思想，以及經我整理賽斯書精髓並融合醫學專業（家醫科與精神科）的身心靈健康觀念。

這樣說來王季慶應該不會反對——我是一切的「元兇」，所有華人地區賽斯書的出現及推廣，我即是那背後最強大的推動力。當然，王季慶是我早期最大的愛護者及支持者。在我生命中最孤單、最無助、最關鍵的十五年練功期，她的呵護陪伴我成長茁壯。

我告訴瑞克這段往事，他似乎有所領會，自二〇〇七年起，「花蓮賽斯村」、「賽斯文化」、「賽斯身心靈診所」、「新時代賽斯教育基金會」、「賽斯花園」，陸續在我的熱情推動下成立，這些年來隨我打天下的工作同仁們，也都功不可沒。

其時，我並不知道美國賽斯書版權主要是由瑞克夫婦處理的——於是這麼一來，想當然耳，瑞克夫婦當然信任由我們賽斯文化兼具專業與熱誠的編輯團隊來出版，加上新時代賽斯教育基金會同步大力推廣賽斯思想，真是再完美不過了。

這就是賽斯文化出版全系列賽斯書的源由。事後看起來理所當然，當時卻也是創造實相的成功典範，正如我常說的：「結果先確定，方法自然來，輕鬆不費力，信任加感恩，但要有耐心！」

〈推薦人的話〉

浩瀚宇宙的無盡智慧

許添盛

這本《夢、進化與價值完成》，是一般讀者較陌生的，目前，我正在新時代賽斯教育基金會台南辦事處導讀這本賽斯書（各位讀者也可加入賽斯網路電視台和我們一同學習）。不瞞大家，讀書會進度真的很慢，因為賽斯在談到一切萬有的愛時，提及生命的起源、物種的演化，及每個意識都密切參與其中的「愛的互助合作」之價值完成，是那樣的濃冽、那樣的深刻、那樣的神聖莊嚴，每一個字句、每一個段落都濃得化不開，必須要不斷的稀釋、反芻、思索、品味，才能明白箇中三昧。無怪乎許多賽斯家族告訴我，這本書實在不容易看進去。

但是，我相信人類集體潛意識已經準備好了；我也相信，拿起這本書的你也已經準備好了。若非這本書的深度、廣度，立論的嚴謹及剖析的睿智，讀者是不可能從當代最權威的執著當中解脫出來，比如宇宙大爆炸是怎麼一回事？早期人類是如何由夢實相醒來而逐漸轉到物質實相的？所謂達爾文的進化論到底哪裡出了錯？

我真的希望當代所有知識份子、科學家，以及在追求生命宇宙真理道途上有疑惑的人，好好看一下這本書，你才會真正明白，我為什麼老是說賽斯思想在當代，甚至地球所知的過去、現在及未來，不管是宗教、心靈、心理學各方面的領域，均無出其右。現在，如果要知道我所言不虛，歡迎各位一同進入本書中浩瀚宇宙、無盡智慧的探索旅程。

〔推薦人簡介〕許添盛，曾任台北市立仁愛醫院家庭醫學科專科醫師、台北市立療養院成人精神科醫師、台北縣立醫院身心科主任，現任賽斯身心靈診所院長、賽斯文化發行人、新時代賽斯教育基金會董事長。許醫師鑽研新時代思想十數年，尤偏愛賽斯；同時從事身心靈整體健康研究，對於癌症的治療及預防復發有獨到心得。成立「身心靈整體健康成長團體」、「美麗人生癌症病患成長團體」及「賽斯學院」，並定期受邀至全國各縣市、香港及美國等地演講。著有《絕處逢生》、《我不只是我》、《許醫師諮商現場》、《不正常也是一種正常》等十餘種書及有聲書。

〈譯序〉清涼的及時雨

王季慶

這是一本眾多賽斯書愛好者引頸盼望了許久的鉅著。

在我們台灣，「賽斯書」也擁有為數不少的忠實讀者，他們一致的感受都是：賽斯彷彿喚醒了內心長久以來已具的智慧與之呼應。然而，也有少數並未深入去咀嚼、感受且深思的人，卻批判賽斯書過於理性，而忽略了愛與直覺。其實，只要真正去讀賽斯書，這種偏見不攻自破了。因為，讀賽斯書時，他們的腦往往並不能全然了解，更不能證明賽斯所言不虛，但他們的心卻明白它已找到了真理的源頭和依歸！

本書提醒我們都應有「信心」，我們是安然偃臥於「一切萬有」的懷中。那也喚起了人之為人對「一切萬有」的「無量光」、「無量壽」和「無量愛」之無限「希望」，以及「一切萬有」每一份子油然而生的「愛」。如在第九一二節裡說：

「……信、望、愛被附在已建立的宗教信仰上。反之，這些是基因的屬性。」

修正此新版之前，一路走來我已越來越能體會融入賽斯這些「說法」，變成我生命的體驗，造成了我由內而外的覺醒。此後不再譯書和講書，只想與所有人分享我內心的感動和融會！賽斯所言，已不需辯解，真的已成我的血肉、我對宇宙人生的信仰與謳歌！

每本賽斯書都有些章節非常深入地談到肯定和愛，以及我們作為人所承受的「恩寵」和「護持」。賽斯所言並非渾沌的濫情，而是說明了「愛」的來源和意義。

如《先知》裡倡言的，人應「以理智和熱性為你在航海的靈魂的舵與帆」，本書也提到：

- 需要知性和直覺並用。（第八八三節）
- 人的推理心是建立在一個直接感知上——一個推動他的思想，使得思想本身成為可能的直接感知！
- 當理智被教導以遠為不受限的方式去用其能力時，直覺與推理能力能以平順得多的方式一起運作……

●我會一直談到在直覺與推理能力之間的平衡，而我希望引領你們朝向那些能力的結合……使得兩者都被不可計量的加強了……

●我並不是提倡依靠情感高於理智，或其反面。（以上第九一四節）

此外，我想先節錄一些很新鮮而發人深省的段落以饗讀者：

●身體意識和動物意識一樣，都是「對年齡沒什麼概念的」，在每一瞬都是「年輕的」。（第八九八節）

●大自然的魚蟲草木各自代表「地球」活化的一部分，而「人」則是地球在「思想」的那個部分——人以他自己的方式專精於世界之有意識的工作。（第八九九節）

●靈性上來說，人的「目的」是去了解愛與創造的特質，在知性上與心靈上了解他存在的源頭，並且懷著愛心創造他目前並不覺察的其他實相次元。（第九〇一節）

●單單是年紀本身，從不會導致任何身體靈活度、心智能力或欲望的任何減

退。（第九〇二節）

● 既然你們有了現在的基因構造，你們有意識的意圖和目的便成了扳機，啟動你們所需的任何基因或轉世因素。（第九一一節）

修正此書時，正逢北非茉莉花革命一直延燒到中東和阿拉伯國家，後又發生「三一一」日本九級大地震及海嘯，一連串天災人禍。有時看到外面那麼多的「末日」信息和徵兆，不免憂心忡忡，但再讀此書，對宇宙的本源和人間又升起了愛與希望，真是清涼的及時雨啊！

賽斯語錄

（羅註：以下是當珍在與賽斯合作《夢、進化與價值完成》之前及當時，她從賽斯傳過來的那些課中的摘錄。）

很不幸地，科學甚至綑綁住了自己最具原創性的思想家之心智，因為他們不敢偏離某些科學原則。所有的能量都包含意識。這句話基本上是科學上的邪說，而在許多圈子裡，它也是宗教上的異端；但承認這簡單的聲明，就會改變你們的世界。

——摘自一九七九年七月十二日私人課

有時我覺得好像人們期待我去合理化生命的狀況，但其實它們並不需要任何這種合理化。

——摘自一九八〇年一月十六日第八九六節

基本上，意識無關大小，如果真是有關的話，就需要一個比地球還大的球體去包含單單一個細胞的意識了。

——摘自一九八〇年五月二十一日第九一七節

以肉體活在你們運轉中的星球上，安全地偃臥於你們的黃昏與晨曦之間，你的存在被四季與自發性秩序之整體運作所支持。這是一件禮物，一份恩賜，一種精妙的喜悅。

——摘自一九八〇年十一月二十六日第九二九節

（譯註：現在二〇一一年，天災人禍不斷，而人們多活在「末日預言」的恐懼中時，很難領會這一段帶來的「幸福」感覺吧！但我在個人生命中卻真切地體驗到了！並且得到的是神聖的恩寵與狂喜！）

珍的一首詩與評論

（羅註：當珍在製作《夢、進化與價值完成》時，她因身心的病痛多所耽擱。最後，當她為本書傳述到最後六節時，為自己寫了以下資料。）

在一九八一年十月二十三日星期五，我從賽斯那兒收到以下的訊息：「照顧在你眼前的事。你並沒有責任去拯救世界或找到所有問題的解答——卻有責任去照顧宇宙中屬於你個人的特殊一角。當每個人這樣做時，世界就在救它自己。」

同一天我寫下：

晨曦微露
我為什麼該躺在床上
憂心我的身體或這世界
在時間被記錄下來之前

晨曦尾隨著黃昏
而大地所有的生物
都偃臥在他們時間的
可愛脈絡裡

在寫了上面那首詩後，我感覺到一種信心——而體認到，和很多人一樣，我已變得害怕信心本身了。那是隱藏在我最深面向之中的恐懼……

〈序〉私人課

賽斯

一九七九年九月十三日　星期四　晚上八點四十分

（實際上，以下一節，第八八一節，賽斯開始他為本書《夢、進化與價值完成》的序言，那是珍在十二天之後〔九月二十五日〕口述的，我選擇先呈現這一節私人課，因為在其中賽斯提供了有關珍和我的某些資料，我認為那適用於所有我們透過課及書與他的合作，並且也適用於我們自己個別的創作生活。我認為他今晚的資料是在說明珍是「通靈者」或「神祕家」，因為至少對我而言，這意味著在這次人生裡，她選擇盡其所能的穿透實相或意識的深度。

（稍後在這篇註記裡，我也打算將賽斯談論動物意識的資料包含在內，以作為很多詢問相關主題來信的部分回答；這部分的資訊正好在三天前傳來，也就是九月十日的第八七八節。而在此時，我要把《夢、進化與價值完成》和最近一本賽斯——珍的書《個人與群體事件的本質》聯繫在一起。賽斯在大約一個月前（八月十五日）完成他在《個人與群體事件的本質》的工作，一個星期後，我開始為它做最後的註解，而這項工作勢必得花至少好幾個月的時間。我還得同時記錄珍為《夢、進化與價值完成》所做的口述、畫我的畫，以及錄下我們所做的夢，後面這兩項都是早上要做的事，這些事情全部碰在一塊兒，真是一個令人樂在其中、忙碌又富創造性的生活。至於珍呢，那種與工作密切相連的感覺更是讓她開心得不得了。

（我在《個人與群體事件的本質》裡寫了不少和我們出書有關的事務，僅為了確實展現當我們變戲法那樣周旋於口述、手稿、校正和趕截稿之間時（僅列舉少數我們竭力達成的工作），有創造力的生活能有多麼複雜；我們不論白天或夜晚，任何時間都可能在工作——我絲毫不以為意。既然這一類的資訊，已經呈現在《個人與群體事件的本質》一書當中，珍和我就不打算在《夢、進化與價值完成》裡做太多的描述。反倒是我在前面暗示過這兩本書之間有一種連貫性，所以要稍微討論一下幾個令我們頗有感觸的主題。它們全都涉及我們和賽斯資料的工作與《個人與群體事件的本質》，而且我也確定它們將會在《夢、進化與價值完成》這本書中被反映出來。除此之外，我大概想得到珍和我要為這本書加入多少註解，例如我們可能得節錄許多書以外的口述資料。

（我們的生活的確看起來似乎是圍繞著書的主題和事件打轉！首先，讓我先更新一下當珍與賽斯在完成《個人與群體事件的本質》時，她所涉入的一些富創造性的活動。

（打從今年五月，她把《個人與群體事件的本質》擱置一旁，進行她自己的書《珍的神》（*God of Jane: A Psychic Manifesto*），預計有二十五章內容，現在草稿已寫到第十五章了，並且為許多其他的書做註，還有她的第三本超靈七號小說《時間預言》（*Oversoul Seven and the Museum of Time*），計畫要寫大約十七章那麼多，她知道在經過非常私人性的《珍的神》後，就會回去寫超靈七號。而且那時，她已經完成了《個人與群體事件的本質》裡的賽斯口述，並在三天前開始寫那本書的序。她持續地在畫畫、回覆信件，還有寫詩。自從珍於一九七五年出版了《靈魂與必朽的自己在時間當中的對話》（*Dialogues of the Soul and Mortal Self in Time*）之後，她很想再出一本詩集。她常常說起這件事，然後就把這些年來所寫的詩拿出來讀一遍。她甚至還寫了好幾張記事，把她的想法寫下來。〔以我個人來說，我只願有更多時間，靜靜坐下來重讀一些她的詩。」

〔此時，我們的朋友，住在距離紐約州北方超過一小時車程的蘇·華京斯（Sue Watkins），已經完成《與賽斯對話》（*Conversations with Seth*）第十五章，她這本書寫的是關於珍從一九六七年九月到一九七五年二月間所開的ESP課，將由Prentice-Hall出版。珍還沒有看到《與賽斯對話》，下個月她將和蘇一同核對其中細節，接著便要為那本書寫序。

〔我們預計近日內會收到得拉克堤（Delacorte Press）寄來的《小王子艾米爾生命之旅》（*Emir's Education in the Proper Use of Magical Powers*），它是一本珍寫的童話——或者是如珍所說「適合所有年齡」的書。同時，珍在Prentice-Hall的編輯譚·摩斯曼正在查荷文版的《靈魂永生》是否已經發行。他認為已經發行了。一旦Prentice-Hall收到荷蘭那邊的訂單，譚就會把版稅轉給我們。德文版的《靈魂永生》於四個月前〔五月〕在瑞士發行，就在三個星期前我們收到第一封來自瑞士書迷的信。作者用英文書寫，她對於珍和我所做嘗試的評價與讚賞，竟與本地書迷寫給我們的信中，有令人驚異的相似之處。縱使國外讀者的回應在開始時顯得稍遲〔我們認為一部分是由於語言隔閡的關係〕，不過我們很高興收到來信，因為它表明了對人類潛能感到興趣的一種共同性，不分國籍。我們期待荷文版的《靈魂永生》也可以為我們帶來相同回應。我們知道從歐洲讀者寄來的信將會逐漸增加，就像珍在一九七〇年於美國出版了《靈界的訊息》一書後，從各地寄來的讀者信件一樣。

（昨天深夜，我大步走到坡屋後陽臺的紗門前，我們的黑白貓——咪子跟在後頭。我們正在為房子上漆，我可以聞到油漆味。屋後山坡樹林間回響著知了與螽斯唧唧的叫聲。走出後陽臺之前，我仔細將陽臺的門閂好，免得咪子跑到外頭來。牠坐在廚房的窗臺上看著我走下車道，微弱的光線反射出牠的輪廓。我想，這時應該是放貓自由活動的時間。三個星期前，我們帶咪子去做了卵巢切除術，那時牠七個月大。〔我們的獸醫告訴我們，要等到明年初再幫咪子的兄弟比利做閹割手術，現在先讓牠再長大一些。〕近期有關動物意識的賽斯資料，使我們因剝奪這兩隻無辜小貓的繁殖任務所產生的罪惡感，有一定程度的減輕。我們也為長期以來把牠們關在屋裡的決定感到難過；牠們最遠只能遊蕩到前後陽臺，兩個陽臺都裝有紗門，提供了比利和咪子與戶外唯一的接觸。

（在走下車道的路上，我想著接下來要放什麼在註記裡。夜晚很溫暖，雲霧籠罩下顯得陰鬱而神祕；轉角的街燈在馬路上投射出一道長長的影子，一直延伸到樹林裡。那富有節奏感、幾近刺耳的蟲鳴聲，深深勾起我對多年前父親帶領全家參與露營季的回憶。〔我還記得小時候手裡握著一隻異常纖弱的綠色大螽斯。一天晚上，父親帶著我們兄弟倆走進森林，一開始，我們先追蹤蟲的鳴叫聲，直到他的手電筒終於照到牠正棲息在一根和我們一樣高的樹枝上。〕

〔昨天晚上我希望藉由那長長的影子掩護下去找隻兔子，前幾天晚上我曾看到一隻。不過我並沒找到，反倒聽見一群北方野雁自雲層掩蔽的天空飛掠而過。那漸近的、也許是我最喜愛的大自然嘈雜聲，提醒了我，可以用雁群來作為《個人與群體事件的本質》結尾。不過，我也提到了三哩島的情形，那是一座位於賓州、在我們南方大約一百三十哩的核能發電廠。由於機械故障與人為疏失的緣故，在三哩島上一座反應爐的爐心幾近熔毀。一場威力強大的災難就此顯露，它將威脅到成千上萬民眾及好幾千平方哩的土地。那個意外的發生竟然不過是六個月前的事，現在看來簡直不可思議。

〔在神祕的夜裡欣賞著生命之聲，讓我頓時領悟到，我之所以要在這篇序中提及珍和我對三哩島事件的感受，不單單只針對工業與科學的本質，還包含了人們企圖從最基本又深奧、賽斯稱之為一切萬有中取得新的能源形態（對了，以我們共同判斷，還有意識形態）；我也知道我想要指出一個國家聚焦其上的核能構想，如何與中東國家伊朗的情況相對照。伊朗正掀起一場伊斯蘭基本教義派的激烈宗教革命。（順便一提，伊斯蘭的意思是「和平」。）伊朗動亂的暴力衝突足以使美國國內日漸增多的基督教基本教義派活動相形之下顯得溫和許多；因此，我想要專注於伊朗人的困境，而非我們自己國內的宗教矛盾。

（在《個人與群體事件的本質》中，賽斯在評論三哩島事件時，也同時討論到瓊斯鎮慘案——位於遙遠的南美國家蓋亞那，當地有超過九百名美國人於一九七八年十一月間因宗教因素集體死亡（自殺或他殺）。昨晚我領悟到，在這篇《夢、進化與價值完成》的序前註記裡，在提醒讀者關於瓊斯鎮慘案的同時，我也想要提一提伊朗的宗教革命。我確信，珍也如此認為，三哩島和瓊斯——伊朗意味著大規模的人類行為極端化，或趨勢化：可以說，宗教與科學的某些特定觀點在人類心理學上就像是相反的兩極。

（昨夜，坡屋後、小山丘的黑暗樹林裡，一隻角鴞彷彿在等待著正確時刻的降臨，開始發出哀傷而低沉的叫聲，而野雁的叫囂聲漸遠。至少從我的觀點看來，每個自然的週期性跡象意味著一種連貫性、必然性與保障，我常覺得在我們過度人性化的事物中就欠缺這些——即使我在《個人與群體事件的本質》裡寫過，珍和我都察覺到這一點，然而，所有這些「好事」當然都是人類在我們的群體實相中建構出來的。事實上，我認為，我們對於宗教與科學的認知並不如它們看起來的那樣對立。在《個人與群體事件的本質》中，賽斯花了不少時間討論那些信仰系統——賽斯稱之為狂熱——背後所隱含的深刻且相似之意義，珍和我希望他在《夢、進化與價值完成》裡也可以多談談這件事。現在看來，賽斯早在《個人與群體事件的本質》中，甚至在珍和他連書名都沒提過之前，就已經開始讓我們為《夢、進化與價值完成》預做準備了。

（伊朗的伊斯蘭基本教義傾向，是對西方國家所信奉的世俗觀之正面對抗。我認為，盲目的宗教狂熱為所有死者提供了一個信仰架構，像瓊斯鎮所發生那樣駭人聽聞的情況，揭示了伊朗那邊的情勢必然已發展得更加嚴重。相較於伊朗是一個完整的國家，瓊斯鎮只不過是身處叢林之中的一小塊異鄉殖民地，伊朗可以盡其所能地用古老的宗教力量或意識去「蠱惑」人民。核能可以用一種新的科學力量去做到同樣的事，如果不小心「控制」，它甚至更具破壞性。對珍和我而言，那些特定的科學與宗教樣貌，象徵了大規模事件可以逃過原本用意良善的創造者注意，並用生命去承擔。說真的，我不認為已被世界逐漸淡忘的小小瓊斯鎮事件，與伊朗宗教變革之間的關係，在意識層面上只是純屬偶然。對我而言，宗教的關聯性明顯可見。

（六個月過去了，三哩島事件仍然是個「封閉的謎團」〔a closed enigma〕，就像我在《個人與群體事件的本質》末尾所寫——到目前為止，光是維修和清理反應爐的花費，推估將超過十億美元，而僅一個月前的說法才從四千萬提高到四億，所需花費的時間，更從四年改為很多很多年的「一段時間」。三哩島儼然變成我們對無限驚奇的大自然進行無預防試驗的一個失敗象徵；特別是如同賽斯所說，任何一個這類的「驚奇」一旦被創造，就會以它自己的方式變成有意識的。〔我確信這種思考方式無法被大多數商人及社會大眾接受，諷刺的是，不論是商人或科學家都無法解釋那了不起的核能——或任何一種能源——真正是什麼。在前文賽斯語錄中的第一句，摘錄自兩個月前一堂私人課：「所有的能量都包含意識……承認這簡單的聲明，就會改變你們的世界。」

（既然在世上所有偉大的發現都是從「與自然有關的」事物開始，我想我寧願寫些珍和我生活其間的大自然，只不過可以預期的是，核能將會改變我們星球的生態——直到我們開始面臨安全上不可預期的挑戰、放射性廢料的處理、腐蝕、成本與代價、工藝技術的不足、設備老化，以及其他許許多多的障礙。核能科學與技術總是被孤立在大部分人群之外，核能給人的感覺已日益演變為充滿威脅與「邪惡的」。在三哩島的例子中，那能源、那意識，已在失控邊緣。

（如果說三哩島議題已引發了科學導向意識的勢力，那麼，在伊朗那端釋放出來的當然就是強烈的宗教導向意識。宗教運動不論本質是什麼，都要比科學的容易了解。我想這麼說應該沒什麼問題吧：遠在有歷史記載之前，人類就已開始為宗教信仰爭鬥不休。今年（一九七九），伊朗已轉變成一個極端厭惡西方國家——尤其是美國——的國度。伊朗宗教領袖已正式控制整個國家，在此之前，是一個接替已故的、親西方國家領導人的軟弱政權當道，他已於去年一月逃離他的國家。（在對自己家鄉施行了二十五年殘暴高壓統治之後，他現在看起來又累又病，帶著龐大的隨行人員及財產浪跡天涯，只為了尋得一處安全居所。）在伊斯蘭文化背景裡，法律是宗教本質的法律，除了軍隊的有無之外，政府與教堂並沒有實際的區隔。伊朗在暴動，數百人死於充滿仇恨的內部派系鬥爭，在神職人員治理下，今年已有數百人在伊斯蘭法律下強制處死，另外還有數千人將被處死。去年二月，約七十名美國人被占領美國駐伊朗首都德黑蘭大使館的伊朗暴民〔信奉馬克思主義的敢死隊（Marxist-led Iran's fedayeen）〕挾持，俘虜很快地被效忠伊朗教會的談判者釋放，但這類充滿敵意的反美國主義事件一定還會再發生。我國國民開始大規模撤離伊朗，其他西方國家也同時撤離。為了將西方思想從國內徹底清除，數百萬伊朗人民的對外通話已被完全切斷……

（在伊朗及美國釋出的宗教與科學群體意識影響範圍，顯然已遠遠超越它們的起源地。說真的，我想一切萬有的那些特質一定在很久以前就形成了強大的心理大氣層，包圍並且影響整個地球。那些暴力和意識還必須持續添加燃料：伊朗宗教領袖全心全意滋養國內對美國的仇恨，而在我們家鄉，至少六個團隊或委員會——分屬私人、州政府或國家層級——已開始偵查三哩島到底是哪裡出錯了。很多較年輕的人〔不只美國的年輕人〕認為核能意外，甚至核子戰爭的發生是必然的宿命。很多人甚至拒絕生育，不願將孩子帶進他們認為是長輩們為後代創造的這個世界。而大部分年長者則不願認真思考核子戰爭對他們到底意味了什麼，嚇得緊閉心房，對自己的心理氛圍不聞不問。

（珍和我試著記住賽斯與我們自己的思想，把最近發生的一切當成我們族類選擇去面對的巨大挑戰。但我必須承認，我們往往無法做到。在我們看來，即使是這個世界的領導者會同意我們的想法，以他們所處的「權位」，礙於千百年來國家歷史及文化賦予的身分地位，要貫徹那樣的思想將更加艱難。想要讓政府與群體的有益行為具備真正原創和（或）革命形式，必定難上加難。

（在我看來，這些根本算不上是預測，而只是對根深柢固現象所做的推測：我想都不用想就知道不會有任何國家會放棄核能，更別說全人類了。伊朗不會，美國或其他某些國家也不會擺脫任何形式的基本教義。我相信那些科學及宗教意識的特定樣貌將會與我們長久同在，因為在我們選擇的地球實相中有個更大意識——以及一切萬有——已為自己這緊密相連的兩部分選擇了為期更長遠的探索。在我們的可能性裡，可以為這個雙重探索同時創造既卓越又痛苦的部分。我認為人類為搜尋解答而展現的特定樣貌，其威力將一年比一年更強大，直到其無度的擴張最終導向了「進化」，成為比現今更能被控制、更慈悲與更寬容的力量。

（回過頭來看我們的現世，科學家期待世人會輕易擺脫宗教信仰，只因為科學家說他們「被矇騙了」之類的，那當然太可笑了。相同的，雖然篤信宗教的人數遠遠超過科學家，但就因此期望科學家去擁抱宗教，放棄他們的不可知論（agnosticism）

或無神論（atheism），並棄絕其機械論與簡化論的生命觀——指科學家企圖以一連串「邏輯」步驟將人類簡化，也就是把他或她的成分一直簡化到原子階層。〔因此，神是不必要的。〕當然，就算科學家無法解釋我們所知的宇宙從何而來，它又欲往何方，只能一味透過像現今最流行的「大爆炸」〔big bang〕宇宙起源論，或者用較不為人知的「膨脹模型」〔inflationary model〕暗示邏輯上的必然結果，去推測出如此重大的思想概念。科學家或信仰虔誠者都無法清楚告訴我們，生命本身是什麼，或者「它」從何而來，又欲往何方。

〔我清楚記得在《個人與群體事件的本質》第七章，賽斯談論到：「那個宇宙是——而你可以選擇你的字眼——一種心靈或精神或心理的顯現，而非以你們通常的詞彙來說一種客觀表象。」〔見一九七九年五月二十一日第八五五節。我發現珍口述那一節離現在不過是四個月前的事，這令我感到非常驚訝。〕

〔珍和我對動物的感情使我們幾乎不由自主地聯想到賽斯先前在《個人與群體事件的本質》中的另一番話，我也記得非常清楚，並且覺得它極具吸引力。在一九七九年一月二十九日，第五章第八三二節：「變化萬千的大自然是如此豐富地為動物所觸及，以致大自然之於動物，就等於文化結構與文明之於你們一樣。牠們以一種不可能描寫的方式來反應大自然豐富的細微差異，因此，牠們的『文明』，是透過你們不可能知覺到的感官資料交織而建立起來的。」

（當我在觀察坡屋一帶的野生和家居動物以及鳥類生態時，時常反覆琢磨那些真知灼見，在這序前註記一開始，我就提過我們的貓——咪子，約在三週前動了卵巢割除手術，而另一隻小公貓，比利，明年將被閹割。珍和我覺得愧疚，因為我們剝奪了牠們繁殖能力，也不讓牠們四處自由奔跑。第八七八節是在星期一晚上九點七分開始的——正好是賽斯完成了《個人與群體事件的本質》之後的第五節，同時也是《夢、進化與價值完成》開始之前的倒數第三節。那天稍早我做了一個紙團給咪子玩，牠以快如閃電般的反射動作，把紙團在客廳裡一直拍來拍去，並且當珍進入出神狀態而開始講話時，牠還在珍的搖椅下玩，以下是那節的摘錄：）

晚安。

（「賽斯晚安。」）

看到你們咪子滑稽的動作，給了我一個藉口來開始今晚的主題：動物意識。

我想只藉著你們質疑幾個被視為相當理所當然的觀念來開始。

（停頓。）把人類永遠看作是自然的掠奪者，看作是大自然家庭破壞性的一員，甚或視之為與自然分離而被給予了自然作為他的生活基地，多少是很時髦的看法。

把人看作……污染他自己住窩的生物多少是很時髦的，而我也並不姑息人在那方面的行為。不過，還有其他論題，以及很少被問到的問題。你們忽略〔整體的〕動物意識有其自己的目的及意圖。的確不錯，為了人類的消費，動物在最殘酷的情況下被屠宰——因為那時牠們只被當作食物來對待。

（停頓。）野牛不再像牠們以前那樣四處漫遊。可是，自有文明以來，有過上千種農場畜養的動物活了一段時候，好好的被照顧了一段時間——這些動物通常若非因為人對肉食「貪婪的」胃口就不會存在。人們往往以這方式考慮此問題，卻很少想到，某種形式的動物意識選擇進入物質形體，某些動物族類被人珍視並且保護，或這些動物族類的意識與這樣一種〔整體的〕安排有任何關係。

你不能說這些動物在這交易裡占了便宜，但可以說，人類和某些動物族類一同形成了一種安排……那的確對雙方都有利。人比他體認到的更是自然的一部分，而在更大的活動領域裡，人也無法採取自然界其他成員不為了它自己的理由而同意之任何行動。

在此記住，好比說，我曾給過有關細胞的溝通，以及統合所有族類的廣大相互溝通網之其他資料。當然，動物能與人溝通，而無疑地，人能與其他族類——所有族類溝通。這種溝通一直在進行，於這點上，人無法承擔對這種溝通變得覺察，只因為你們整個文化是建立在動物「天然的」附屬地位之上的。屠宰動物的人，無法承擔視牠們為活生生意識的擁有者。

（在九點二十六分停頓良久。）當大地之活意識的一部分死亡，以確保所有自然之持續生命時，在這一切之下有個重要的統一，一種心靈的溝通。不過，當這禮物被如此誤解，而奉獻者被如此不堪地對待，這種自然的聖禮就完全變質了。

基本上，許多農夫愛動物本身，並且喜歡牠們的樣子——但「喜歡動物」本身並不特別被認為足夠陽剛，因此，在你們的社會裡，如果你喜歡動物，不可以喜歡牠們本身，卻必須有其他的理由。如果想與動物在一塊兒，那麼，你必須變成農夫、獸醫、牧牛者或不論什麼……

許多動物喜歡工作及目的，牠們喜歡跟人一起工作。馬喜歡牠們對人類世界的貢獻，牠們了解牠們的馭者，遠比牠們的馭者了解牠們要多得多。許多狗喜歡做家庭的保護者。在人與許多動物族類之間有很深的情感聯繫，有情感上的反應。舉例來說，海豚對人類世界情感上的反應；在一個農場裡的動物，對農夫的生活及他家庭每個成員的整體心理內容，都有情感上的覺察……

意識——任一種意識——是充滿了內容的。以某種說法，農夫的動物了解他是個接生婆，負責牠們的某些生育。食物來自他的手。動物自己了解任何物質的生命都會死亡——而物質的資產都必須回到它們所來自的大地……

（在九點四十五分停頓。）動物一點兒都不責怪人。如果作為一個族類，你們真的發現自己在與動物溝通的話，就會有一個全然不同的文化，一個的確會帶來最深奧意識變革的文化。

你們曾很方便地忘卻了自己從所有動物那裡學到了多少。如我在以往的課裡曾提及的，你們從觀察動物行為學到了許多醫藥：你們學到要避免什麼植物，而培養那些植物；你們學會浸入水裡去弄掉蝨子；你們藉由觀察動物學會社交行為。到一個可驚的程度，你們一度能與動物認同，而牠們也一樣。動物曾是你們的老師，雖然牠們並沒選擇你們的路。很明顯地，若非由於那些動物，你們不可能變成現在的樣子。

被馴養的動物有自己的理由選擇這樣一種狀況。舉例來說，去認為你們的貓

（比利及咪子）理想上應該在戶外空曠處跑動是很正常的，因為那是在野外的貓族會做的事。

在那種時代，活在野外的貓族是在探索一種自然。但在那種自然裡，於環境中孕育出一個自然的族群，數目將會比現有的少得多。而你們的貓也不會存在。那麼當你們認為，一隻家貓，或許應該吃老鼠或大嚼蚱蜢時，牠卻較喜歡罐頭的精美貓食，為什麼會好像反自然，甚至有一點變態？家貓是在探索一種不同的自然，在其中牠與人類意識有某種關係，這關係改變了牠那特定種類意識的實相。

你們的貓在屋子裡，在所有方面就與外面一樣的生氣勃勃。牠們了解自己與你們人類實相的關係，牠們喜歡對你們的生活有所貢獻，就如任何野生動物喜歡作為其團體的一部分一樣。牠們的意識倚向一個新方向，揣摩觀念的邊緣，感受一種不同類覺察的開口，而形成與任何其他意識聯盟同樣自然的意識聯盟。

（十點一分，賽斯討論了幾個珍和我的其他問題，然後在十點二十七分結束這節。

（賽斯對於貓的這一番註解，不免使我想起他在《個人與群體事件的本質》裡引人入勝的幾段。我發現我已將它們節錄放在第六章第八四〇節註❷當中。接下來取自那份資料中的兩小段語錄都包含了莫大的意涵——珍和我相信這些觀點將為世人所熟知，而且必定會引起某些既得利益者的激烈反對。

（節錄自一九七九年二月二十八日第八三七節：「基本上來說，沒有什麼叫做貓的意識或鳥的意識這種東西。以那種說法，反之，只有選擇採取某種焦點的意識。」

（節錄自一九七九年三月五日第八三八節：「如果沒有『被剪裁』為一隻貓或一隻狗的意識，那麼也沒有預先包裝好的、預先注定的特定意識要來當人……」）

（我真的花了很長一段時間——三年多一點——才圓滿完成接下來這一節的序前註記。我完成它們的時間是一九八二年九月二十三日，又是在晚上，而且於深夜時分，再度踏出後陽臺外呼吸新鮮空氣。〔咪子這一次並沒有望著我。〕）打從一九七九年起，這已經成為珍和我生活的一部分了，雖然它也可以是其他任何人的習慣，但是，在我們居所外那一盞轉角街燈所投射的光景，一如以往般神祕且充滿魔力，那就是我們愛它的原因。在溫暖的夜裡，寂靜的街道仍兀自穿過屋旁，緩緩爬升直到樹林深處。蟬與螽斯依然唱和著催眠似的曲調，近來常聽到野雁飛向南方的嘈雜聲，還有鹿兒也曾出現在我們的車道上好幾回。我放眼搜尋兔子、浣熊或鹿的蹤影，但一無所獲。

（再一次，就像我近年來常做的那樣，我對自己許下願望，希望在另一個與此生相似的可能實相中，我選擇了遠為強悍的方式過著戶外生活——最好是大半年都野宿在外。此刻我一定正在那麼做！在那個可能的生活中，我有時會用帳篷，但除非遇到惡劣的天候，我儘可能野炊露宿。那是個多麼不一樣的生活啊！我常想我一樣是個畫家，而不是作家。我可能是像米爾頓．艾弗利〔Milton Avery〕或保羅．塞尚那類型的藝術家。我越來越欣賞——甚至崇敬——那些單純天真、熱愛藝術的藝術家，如艾弗利與塞尚。並不是說我想要複製塞尚或其他任何藝術家〔就算我想要，也做不到〕，而是在另一個實相裡，我也要選擇一個較樸實或較有洞察力的方式去過生活——在大自然面前昇華自我，同時努力成為一位能盡情發揮的某某大師。

（在這個科學與宗教騷動、電腦與核能議題爭論不休，並且是太空科技的時代，這是個多麼不可思議的渴望。就好像一個人希望自己回到古早以前，回到一個看起來較不那麼複雜的時代。那的確可能是一個不切實際的目標！但是，不論我們族類可以達成什麼樣的成就，或旅行到多遠的地方，都是從地球開始，我們完全倚賴它那豐沛而令人讚歎的多樣資源與生命形態。那壯麗的架構以它極致的美仍為我們而存在，我願一再回歸於它：我們每一天都在創造地球的人類版本，我認為即使是現在，我們還沒有真正開始了解自己到底是什麼，以及擁有些什麼。我漸漸相信以戶外野居為主的生活，能夠讓我對現世與靈性世界有某種程度的了解，這是無法用其他方式獲取的，而我的畫作也必能反映出更多的領會。有時候我就是嚮往那樣的生活方式。當然，我在這裡想強調的是，要在我們這個日益複雜的國家及世界文化中儘可能過著獨立的生活。但，人各有志，每個人都有自己的夢想。

（雖然珍和我一樣對這個獨立的想法評價很高，但那樣的生活卻一點也不吸引她。舉例來說，我們在一九五四年結婚，婚後我曾帶她去露營，並非她不喜歡露營，而是她的成長背景，不論在物質或心理層面上都與我大不相同。總而言之，那種戶外的、像運動員操練般的生活氛圍並不適合她。不過，她於一九七七年送給我的耶誕禮物，就足以證明她本身對自然，以及對我內心的渴望，有一種直覺的領會能力。那份禮物是她的傑作：《保羅．塞尚的世界觀》……

（接下來是先前提過的一節私人課——我選擇把這一節放在賽斯序的前面，接著是一篇頗有長度的課後筆記，那是在珍開始口述之前寫下的。口述時間是一九七九年九月十三日星期四，晚上八點四十分。〔不管怎樣，那天晚上的筆記，我只能簡單描述它為「附加」資料，雖然當時我已大概知道要用些什麼資料了，但直到剛剛才把它加進去。〕）

（昨天，珍顯得很放鬆——最近總是這樣——我們只好放棄週三的例行課。不過也在同樣一段時間，她又顯得文思泉湧，創造力十足。她繼續寫作《珍的神》，還寫了賽斯書《個人與群體事件的本質》的序，都是些精采萬分的作品。雖然她今天看起來還是一樣懶散，但仍舊積極寫作。事實上，晚餐過後，她寫了兩頁多筆記，「接獲」自賽斯的新書《夢、進化與價值完成》。

（我們一如以往在客廳舉行口述課。在等賽斯傳過來的時候，珍打了一個呵欠，然後笑說：「可是我一直試著改掉那個標題……」大約七個星期前，也就是一九七九年七月三十日前，她自顧自地玩起書名和標題的文字遊戲，最後才直接從賽斯那兒取得書的標題；請看《個人與群體事件的本質》第十章第八六九節的末尾筆記。「我就是覺得那個『價值完成』用在書名上很奇怪，」珍說，「我怕讀者會被搞糊塗。我一直在想有沒有比較簡單明瞭的名字，類似像『夢與進化：賽斯書』，還有進化上頭不要加雙引號。或者『夢、進化與創造力』如何……？」

（我一直在期待賽斯可能隨時開始口述《夢、進化與價值完成》。從賽斯那兒，我們已經把「價值完成」的概念深植入心，它代表了一種難以界定的價值之極富創造力的發展，並提升了所有生靈的生命品質，不單指人類——也不單指精神形式。

（珍建議口述一場先修課，然而我並不認為她真會那麼做。最近我擔心的是，由於我正在寫《個人與群體事件的本質》的註，所以她並不打算讓課定期舉行。

（「我想我準備好了……」珍輕易地進入出神狀態後，她的傳遞顯得非常生動活潑且精力旺盛——與賽斯開口說話前的那種睡眼惺忪模樣形成鮮明對比。我時常看到這種轉換：令人興奮又備感神祕的能量與（或）意識的匯集。

（帶著幽默：）評論。

（「好的，賽斯晚安。」

（停頓。）在我們的課開始前，你們倆認為自己明確地是個作家——或不如說，是個詩人——以及一個畫家。我想要澄清一些要點。

一直到那時，你們主要與做個詩人及畫家認同，因為那些名稱彷彿最近乎切合你們的能力與氣質。魯柏❶的寫作令他與別人有所不同，而你的繪畫也令你有所不同。這些是創造力可被認出的有形證據，所以，你們與彷彿最適合自己的成分、特性及傳統認同。

到某個程度，你們有自己獨特的位置，雖然它們是比較不尋常的，卻仍可為社會所認可。你們並不知道有一個自己所屬更深、更老或更豐富的傳統——更古老的傳承，因為在你們的社會裡找不到有關它的暗示。自從我們的課開始以後，在不同時刻彷彿有過分裂性的衝突，舉例來說，魯柏是作家還是通靈者？你是畫家或不是？你寫過的東西又如何呢——那些為我們的書而寫以及你有時計畫自己要寫的東西？

那種衝突只存在於創造力整個觀念都被區隔化的社會裡，在其間創造過程常被視為導致明確產品的內在生產線：一個在其中創造力本質大半被忽略的社會，除非其「產品」達到特殊的目的。

今天魯柏在為《個人與群體事件的本質》寫的序裡，有關詩人之久被遺忘的能力及其角色說法是對的。在詩人這名詞最深奧的意義裡，魯柏一直就是個詩人。因為詩人並不僅僅把字句串在一起，更用節奏與聲音、諧韻與疊句為方法，以形成他自己意識可以上衝的台階，而送出一個意識的「句型」。

（八點五十三分。）當早期的藝術家們試著去描摹大地風貌時，他們希望了解創造力的本質。以我在我們下一本書裡（幽默而故意不在乎的）將描寫的方式，詩與畫既是具機能性又有「美感」的，但一向以來，詩與畫主要涉及的是人想了解自己及其世界的企圖。藝術——在此特指詩與畫——的原始機能已大半被遺忘了，以那種說法，真正的藝術家永遠主要是——再以你們的說法——通靈者或神祕家；他特定的藝術是他了解自己創造力的方法，也是探索宇宙廣大創造力的方法——而它也被用作盡他所能去展示知識的一個容器或陳列櫃。

那是你倆都跟隨而且曾忠實跟隨的傳承，它有一個光榮的傳統。如魯柏從我這兒正確地接收到的，還涉及了我們將稱為心理藝術的一組成就，而你們也捲入其中。

（對我：）我要你明確的了解，比如說，在你的寫作與繪畫之間並沒有、而且也不可能有衝突。因為以最基本的方式，它們代表探索創造力本身意義及源頭的不同方法。

以通常的說法，我給你們的課是那創造力的一個新延伸——但再次的，那延伸有個古老的傳承。（再對我：）當然，你自己的寫作是藝術，它也是感知及了解創造力的一個方法，是個會自己再加倍學習的方法，而你有獨特的配備從一個最不尋常的觀點去發現領悟力。

好比說，探索你自己對我的感覺：這些年它們是否有改變？我有多少是像我自己，或部分是珍，或部分是魯柏，或部分是你，或部分是約瑟，或不論是什麼？了悟到你是在你想要的位置，並且了悟到你的能力並不彼此衝突，而你也不與那些能力衝突，這將自動以超越明確界定的一種新整體創造力完成並發展所有能力。

現在：當魯柏開始信任自己時，如他已開始的，身體的（關節炎的）盔甲就鬆了，而創造能力甚至變得更可得了。因此，他有了新創造力以及已採取的身體步驟，它們全都是一起發生的。

他相信創造性的自己本質必須明確，所以它只可在某些區域被信任。他相信自己需要建立起強烈的精神以及肉體屏障，以對抗他自己的自發性。他正開始了解，人格的自發性及創造性層面正是給予生命的那些層面，它們能夠且必須被信任。他現在知道他並不必減緩下來，而鬆弛會導向「動」。

（九點九分。）他的確從我這兒收到在我們新書裡將要涵蓋的主題部分名單，那本書將被稱為《夢、進化與價值完成》。

（停頓。）當然，這書將必然包括談論創造力的真實本質，以及它被文明所利用及誤用的許多資料。你並不需要掙扎才能信任自己生命的衝動，那衝動永遠是要領你朝向自己最佳的成就，且以一種也會利益人類的方式。

當你信任自己生命的衝動時，你是永遠被支持的。告訴魯柏這點。

那麼，我要你倆在創造力的更大光照之下去了解那點，了解其真正的意義。你們已採取了正確的路線，所以，從你們腦海裡放掉任何流連不去的衝突及懷疑想法。這樣一種立場會自動清除涉及像稅、性別角色或其他任何事的所有問題——你們兩人都是。

你倆正在學習創造力的本質，如其他極少數人曾做或能做的——而那一定會使新的創造架構成為可能，並且對那些只在較小架構裡引起困難的情況提供新解答。

你有問題嗎？

（「沒有。珍近來進步很大，而我非常高興看到她如此。」）

他應該——我是在預言，他將會如此。此節結束。

（「謝謝你。」）

祝你們晚安。

（「賽斯晚安。」

（九點十六分，就在這一節最後，珍迅速回到她開始為賽斯說話之前那種非常鬆弛的狀態，頭猛然鬆垂下來。）

註釋：

❶請熟悉賽斯資料的讀者容忍我為新讀者重現《未知的實相》卷一第六七九節註❸的內容：

賽斯幾乎總是以珍男性本體的名字「魯柏」來稱呼她，因此稱珍為「他」。

綜合賽斯在一九六四年一月二日第十二節裡有點滑稽的評論如下：「姑且不論所有你們的肉欲故事，性是一個心靈現象，只不過是你們稱為男性及女性的某些特質。不過，那些特質是真實的，而且瀰漫於其他層面，就像瀰漫了你們自己的層面一樣，它們是相反卻又互補，而且合而為一的。如我以前說過的，整個的存在體（或全我）既非男又非女，而我卻又稱某些存在體顯然是男性的名字，如魯柏及約瑟，我的意思只是說，在整個元素裡，那個存在比較認同所謂男性的特徵而非女性的特徵。」

第八八一節　一九七九年九月二十五日　星期二　晚上八點五十分

（星期六下午，珍打完《個人與群體事件的本質》的序，我在昨天早上就把它寄給出版社編輯譚・摩斯曼。

（今天我太太再一次又非常的放鬆，事實上到了這樣的一個程度，以致她睡了好幾次。在她身上好像發生了許多有益的肌肉變化。在晚餐時我建議，如果她今晚有課的話，賽斯也許可以評論一下她目前這一連串的鬆弛。在八點三十分她把我叫出了我的寫作室。現在，她很緊張，因為她覺得賽斯準備要口述本書的序了。

（我特別喜歡賽斯在上一本書所說的最後一個句子。他保證會讓珍和我大感興趣……一個很刺激但需要多花點時間的作品，以及新的訊息。他放輕音調，間以許多停頓，預示了其中幾點。

（耳語：）晚安。

（「賽斯晚安。」我笑了起來。）

序：這本書將是我至今最具野心的作品。

也許有人會說，要寫下任何一本源自心理源頭的書，都需要雄心壯志，因為這源頭離你們對創造力的一般概念是這麼的遠。舉例來說，要一個具肉身的人去撰寫一篇稿子是一回事——而甚至那種創造也涉及了從未出現在稿件上廣大而隱藏著的心理運作。

如我大半的讀者所知，我並不宣稱我現在是一個具肉體的人。（停頓）但我的確宣稱，在另一個存在的層面，我有個獨立的實相。我的身分及來源看似奇怪，只因你們對自己的來源了解得這麼少。今晚我開始這本書，我已給過書名，而珍・羅伯茲（在十二天前）已能感知部分將被包括在此的某些主題。不過，到現在為止，具體的東西只有羅勃・柏茲寫下我說這些話的紙張。

就時間而言，有天將會有一本厚書。雖然這稿子尚未以一本具體書的樣子存在，但那書本身、那種概念及字句，以最要緊的方式說來，現在就是十分真實的。在所有各類創作裡都暗示了某種特質，但卻普遍被忽視了，因此，它們是不明顯的。我們所涉及的這種創造性過程，能將某些那種特質顯現出來，並且闡明人類心靈通常一直隱而不顯的許多面貌。

我透過魯柏——或如你喜歡的話，透過珍・羅伯茲——說話。魯柏有他自己的創造能力，也把它們用得很好，而大半因為那能力，我們的接觸才（在一九六三年十二月）得以發生。科學家喜歡說，如果你向外看向宇宙，你就是向內看向時間。那個說法只有部分真實，不過，當你向內經過心靈時，以你們的說法，你才的確開始「向內」朝存在的源頭推進。你的創造能力並不只容許你去畫畫、去說或寫故事、去創造雕刻或建築，它們不僅為你們的宗教、科學及文明提供一個基礎，並且也是你們與存在源頭本身的聯繫。

（九點十分珍在出神狀態停了很久。）請等我們一會兒……（停頓良久。）你的創造能力首先提供了容許你去形成一個信念系統的力量。

（停頓。）現在：當你相信意識不知怎地是由死的物質浮出時，你就永遠不會了解自己，而會永遠在尋找生命採取了形體的那一點。你必然永遠會對宇宙的一種機械誕生感到奇怪——而你自己的世界的確看來好像是由多餘零件所造成，它們不知怎地剛好以這樣一種方式落在一塊兒，使得生命隨後出現了。

你們心中充滿了疑問，關於：形形色色的族類是在何時何地出現的？有些魚何時自海洋浮出，而學會呼吸空氣？你也一定會好奇：在這兩者之間的時間裡又發生了什麼？

舉例來說，有多少爬蟲試著長翅膀而失敗了或飛不起來——或，在第一隻鳥勝利地飛在大地風景上方之前，又有好幾百萬的爬蟲試過多少次呢？有多少魚只形成了一半的肺就死了，只因牠們離水邊太遠而無法再度潛入波下？（現在，更熱切的：）或有多少魚拍鰭後退到水裡，而發現自己在這樣一個過渡階段，以致既無法再活在水裡，又不能呼吸空氣？

所以，以那種說法，在第一個哺乳動物以完整的肺安然站立，呼吸地球上古早的空氣之前，又有多少水居生物死去了呢？

科學家現在說，能量與物質為一。他們必須踏出了悟到意識與能量及物質為一的下一步。

（在九點二十二分停頓。）請等我們一會兒……那麼，在這本書裡，我們將從另一個觀點看看宇宙、物種及生命的起源。我希望這個觀點將提供另一個架構，透過它，你們能了解並研究物質實相及你們在其內的角色，並感受到連結每個個體與意識源頭本身之龐大且具創造性的錯綜繁複。

要做到這一點，我希望去探索一個更有意義的進化觀念❶——而那觀念必然涉及了對主觀實相及其在人類意識「進化」影響的討論。

宇宙並不源自你喜歡想成的一個外在及客觀化源頭。你自己物質的身體提供你結實的肉體肖像及外在展示。舉例來說，你的夢不會突然代替你的容貌，而外在化於你的肖像上，它們一直隱藏著。你的夢出現在自己心智的內在銀幕上。

我從不想要讓任何我說的話以這樣一種方式被解釋，以致看起來好像我在以任何方式否定物質的一個朦朧指示（熱切的），那是物質世界由之浮出事件的內在秩序。我希望讓你們看，夢的本質曾如何幫助形成人的意識；我希望讓你們看，意識形成環境，而非其反面（帶著許多手勢）。

我希望讓你們看，所有物種都被我所謂的價值完成所鼓動，在其中，每個尋求為它自己並同時為所有其他族類增益生命的品質。

這進一步將所有物種統合在一個合作性的冒險裡。一般而言，因為你們的科學與宗教兩者向外投射到世界上的信念，這大半一直不為人所見。所有你們最偉大的文明，全都先存在於夢的世界裡。你可以說，宇宙將它自己夢入存在。

（在九點四十分停了一分鐘。）請等我們一會兒……一般而言，醒時與睡時狀態，一直是你們主要關懷的意識之唯一層面，在你們看來，彷彿這是你們進化過程的結果——但地球上曾有過專門利用意識的許多焦點之文明，就好比你們專注於工具的利用上一樣。

夢可以是極為明確的，人們可用它提供資訊的來源。在作為人「進化發展」的一部分上，以及在你們認為的現代生活可能性上，我都希望顯示夢的實際重要性。答案在你最沒去找它們的地方。宇宙彷彿在被創造，正如在每個片刻每個人也是一樣。

（九點四十七分。）序寫完了。那應該讓魯柏覺得好多了（幽默的），並且請等我們一會兒。讓你的手歇歇吧……請你打開那瓶酒好嗎？

（在給珍一點資料後❷，賽斯結束這節說：）我們又開始了一本新書，而我相信你自己活潑的心智會把有趣的問題帶到前方來。

祝你們晚安。

（「謝謝你，賽斯晚安。」）

（九點五十六分。「洗碗的時候，我可以感覺到他就在附近，」珍一回過神來便說，「而且感覺越來越強烈，但當我知道他要開始進行新書時，就覺得緊張……它還不錯吧？」）

（我非常滿意的點點頭。「他說這是他至今最具野心的作品。」）

（「噢，我不要想那種事，我一想就又要開始擔心我的責任重大，忘了賽斯說舉行這些課是因為它們很有趣了。哇！我好難過喔，我想讀它想得要命。」珍一邊走向沙發，一邊說。

（「這麼說，」我逗著她，「這一天一點都沒浪費囉。我們還真做了點事呢。」珍也笑了。

（當然，要我們對這些課不要有責任感是不可能的。我確信賽斯知道這一點，但他很顯然要我們放輕鬆，不要感覺那麼沉重，不過有時那真的很難做到。最近我收到長長一篇討論我們作品的傑出論文，作者是一位心理學家，文章中主要是在討論賽斯資料的重要性，對他的由來也做出了各種解釋。我們也有在思考那些題目，但為了要讓這些課如期進行，所以我們聚焦在每一節課所體現的單純創造性成就，放下牽連太廣的暗示意涵。但不論如何，那些暗示意涵通常就隱含在我們集體意識的背景中。）

註釋

❶最近我買了兩本「科學特創論者」（scientific creationists）所寫的書，他們強烈反對進化的概念。其中一本我已經讀了一半，也和珍做了某程度的討論。這節結束後，我建議她也開始讀讀那本書，好

了解她傳述的論點和進化論者所信奉「一般的」科學理論之間的極端差異。很簡單的說，特創論者相信上帝在約一萬年前創造了宇宙（顯然包括了地球），他們主張自從那主要的創造事件發生之後，所有地球上的生物基本上並沒有什麼改變。舉例來說，他們可以解釋恐龍的消失，以及我們周遭不再見到的其他數目龐大的生物種類。在另一方面，進化論者則相信宇宙在一百億到兩百億年前之間開始存在；地球本身則約四十六億歲；而按照化石記錄及其他證據顯示，其有機體至少在三十五億年前便首次升起，而開始進化。不過，科學也相信，對「第一因」的研究，涉及了非科學的卻是哲學與神學問題，例如我們自認如此熟悉的宇宙究竟為何進入存在？而那個開始的原因又是什麼？

我知道珍對這本書感興趣，但同時又有一點害怕：「我不想讓它或任何一本書對我有那麼大的影響，那影響開始遍布在這些資料裡了。」最近她說了不只一次。我贊成，因為我認為科學特創論者提出的觀點，和傳統科學界當權派所持有的一樣有限。不過珍具有絕佳的批判思維，所以我一點也不擔心有任何文章會對她——或賽斯，造成過度影響。

❷我之所以提出今晚這節的私人部分有兩個原因：賽斯對於這些課的創造性生產做了一些評論，並指出我們有多麼習慣用有意識的「應該做什麼」（should be doing）強加在自己肉體上，卻沒有付出足夠注意力在身體本能、自然的訊息上頭。

「今天，魯柏的身體想要放鬆。他一直以來都做得很好，而他也對自己感到滿意，但是，由於昨天他把工作時間給浪費掉了，所以他的滿意度就變低了。（大聲）

「當你提到他的鋼筆素描時，他就立刻想再去畫畫，卻覺得不應該，而有罪惡感。他又忘了創造性的自己對整體生命是有覺察的，他的衝動自有一個創造性的目的。

「這些課自身涉及最高階的創造性生產能力，所以他應該去畫畫或做任何他喜歡做的事來幫自己充充電，因為充電能增強他的創造力。他會完成他的書（《珍的神》），而且做得非常出色。他應該跟隨自己創造的節奏，而不是去過分擔心時間問題。這一陣子讓他做三小時的自由寫作或畫畫什麼的，他的書就會準備好了。你可以從你為《個人與群體事件的本質》所做的註解中，看出自己的創造力是如何顯露出來的。沒錯，你需要時間用肉體寫作，但是，基本創造力有它自己的『時間』。

「本節結束，祝你們有個愉快的夜晚。」

（「我可以問一個問題嗎？」）

「可以。」

（「他今天胸部、背部和身體的感覺好像電脈衝（electric pulsation）一樣，是怎麼回事？」）

「因為他不准自己休息，他在給身體踩煞車。」

（「我知道了。」）

〈前言〉隨筆

羅勃・柏茲

一九八二年八月十二日。我原本計畫給《夢、進化與價值完成》寫一篇標準的序言。可是，當我變得投入於描述圍繞著今年早些時候，我太太珍・羅伯茲住院的一連串複雜而負荷著情感的事件時，那資料自動開始組織成一系列附有日期的隨筆。我非常高興去跟隨從我創造性的自己而來的直覺，因為它答覆了許多我已開始擔心的問題。

我們大可將《夢、進化與價值完成》當作珍在催眠狀態或精神分裂時為某「能量人格元素」說話的產品，或者，我們至少可以避免提及珍和賽斯在生產這部作品時的種種明顯不利情況。事實上當珍在製作那本書時，她已然受損的身體狀況持續地變壞。在完成後不久，她進了醫院。既然我們一直想要確定我們的「心靈工作」是產生在日常生活的脈絡內，在這些隨筆裡，我著手寫出與《夢、進化與價值完成》創作有關的極為個人的資料。（珍依舊魅力十足、成就非凡的出神過程，在她先前完成的六本賽斯書中，很多細節已經做過描述——透過我的協助——在《夢、進化與價值完成》這本書中，我也會做一些簡短的敘述。）

就像這些隨筆出現在此的樣子，我是一篇接著一篇寫的，不過我發現，當我寫到後面時，又會給前面的做些補充。光就篇幅而言，很快就變得顯然不可能在某一天寫下所有資料。可是，縱使再看一遍，我也無法討論到我想談的每件事；這些隨筆可以輕易地長成一本單獨的書。這種將東西織在一起以使它們「切合」，對我而言只不過是天性，但我並沒改變任何的原稿——我拒絕那樣做——而將那些對珍身體上的困難，以及我們與之相連的由來已久、有時令人難過的感受，第一次自發的描述，也一字不改地保留下來。在寫這隨筆時，我沒有看《夢、進化與價值完成》本身，以免太受影響。反之，懷著對賽斯資料的整體知識及信心，我們要所有這些資料如實顯示，我們是如何過日子的——不管可能多好或多不好——本著對於賽斯資料概括的認識和信念。

此時，賽斯在《夢、進化與價值完成》的工作已經結束。當他透過珍將本書的每一節傳送過來時，我寫下該節註記的原稿，並開始著手收錄其他可能派上用場的註釋和參考資料。而今，這些隨筆都已大功告成，我現在要做的事，就只剩下幫手稿打字的同時，「琢磨」這些註釋（以及附錄）。珍也會全力相助。我們希望能在今年年底以前，把這本書準備好，交給我們的編輯——譚・摩斯曼（Tam Mossman）和琳・藍斯登（Lynne Lumsden）。

珍很欣賞我習慣在我們資料加註的日期僅僅只是提供一個方便架構而已，但是叫她喜歡上這麼一板一眼的方法實在很難；她了解那是我做事情的方法，也知道它真的很管用，但僅止於此。所有已出版的賽斯資料，我都用了相似的組織方式呈現。就按時序查詢某些資料而言，在總共超過一千五百節包括一般、私人、被刪除，以及珍過去十九年以來——直到一九八二年七月，也就是我開始寫這些段落的現在——所教授的ESP課程裡，發揮了巨大的功效（除了某些特定主題的資料外）。

更有進者，將資料以隨筆形式表現出的選擇，有一個比所有其他好處加起來還有價值的好處：它容許我們一點一滴逐漸深入我描述的事件，以及「我們與之相連的由來已久、有時令人難過的感受」。不然的話，那些情況可能對我們而言太具破壞性、太具威脅性、情感上太沉重，以致無法以文字所需的最起碼客觀性去展現它們。許多事件及感受，對珍和我引起如此深的試煉及挑戰的暗示，以致我們常有一種強烈的不真實感：這不可能發生在我們身上。我們在這個年紀（珍和我分別為五十二及六十二歲），為何以如此惡夢似的內涵創造生活？我為何得每晚將我親愛的妻子單獨留在醫院裡，而我獨自在坡屋，在臨睡前為她泫然欲泣？我們為何無法安然共度平靜和創造性的日子？在這星球上，世代以來，又有多少億萬的其他人曾有同感——而且將來還會有？我們的人生為何結果變成這樣，當我們覺得光是度過每一天都是一項成就？

那個朝向生存的基本動力，變得優先於任何其他事。的確，在我隨筆裡提到的挑戰開始後的數週中，像寫書和畫畫這種創造性的活動，相形之下往往不大重要了。對我而言，珍的情況變成代表了在我們特定之共同選擇、可能的世俗實相裡所不知的一切。

然而，珍和我對此真的一直都很有創意，在過程裡對一切萬有的了解更接近了好幾階。如果我們常常害怕，也感受到「我們活了下來」這樣一股殘酷的得意揚揚之情。我們選擇了那整個經驗，當然，它仍在持續中。賽斯告訴我們無數次「你創造你自己的實相」。我們同意——而這也就是我倆與傳統確立的信念有最大分歧之處。傳統是說事件發生在人身上，而非由他們所創造。

隨筆這個形式讓我們至少有機會稍稍研究一下，至今我們的創造性學習經驗曾採取的種種形式。我們很快就同意，多年來我們是曾設定了這疾病症狀群，然而，伴隨身體發展而產生的深深震驚情緒，像來自另一個可能實相之攻擊性黑鳥般撲面而來，我們學到了。我們以幾週前還彷彿不可置信的方式調整了過來——諷刺地，如常常發生在這種情況裡的樣子，一旦我們遷入了新的共同實相，就好像是那些特殊挑戰老早就一直有兆頭似的。

這些隨筆包含了對這整個罹病經驗的意義之深刻洞見。我們的生命已無可挽回地改變了——經由選擇——而也並非變得更壞。珍和我用意志加強我們在某些領域的焦點。我確信當讀者細讀這些隨筆時，事情會變得明顯：我不但是為他們寫，也是為珍和我自己寫的——全部包含在我們無休止地試著更了解、更掌握自己設法於「這一回合」鑽入的那些身心探險。

隨筆一　一九八二年四月一日　星期四

「讓我的靈魂在別處找到庇護所。」

這句發人深省、預言式的話，是珍在一九八二年二月二十六日住進紐約州艾爾麥拉市一家醫院之前幾天，從她唱給自己聽的一首蘇馬利歌裡來的。蘇馬利是她在出神狀態裡能說或唱的一種「語言」，而且能將之轉譯成英文。她以一種我從未聽她用過的悲傷、低沉、顫抖嗓音錄下這短歌。以影響我們生活至深的住院之前及之後經驗而言，這首歌中無法形容的感情深度，真是有了不起的先見之明。

的確，在五週之後，珍從醫院回到我們的坡屋後，我才知道她錄了音：三月三十日我在她寫作室裡發現了，夾雜在其他的錄音帶中。她沒貼標籤，而我出於好奇開始放來聽。那歌哀慟的調子在室內沉重地遊走，它立刻令我聯想到一首輓歌或哀歌，而縱使根本沒有任何轉譯，當我開始直覺地了解它是多有意義時，不禁背脊發涼。

我在幾分鐘後放錄音帶給她聽，她給了我一個快速的翻譯——「讓我的靈魂在別處找到庇護所。」那是一個冷天的下午。她裹得緊緊的，坐在客廳椅子上，垂著頭聆聽。我要她再譯多一些，但她只重複那一句。她強自打起精神，頑固地說稍後她會給我更多些。我立即明白那錄音帶的內容是如此暴露出她對自身病況的感受，如此令她騷亂和害怕，以致她在那時無法叫自己去探索那些深刻的情感。我也知道我太太怕那訊息對我的影響——因為她已給了我的句子能有什麼意義，除了她的靈魂至少已在考慮離開肉身的**可能性**，或許想在一個非實質的領域找尋庇護所？我接受她的反應，而只能在有點失望中等待，同時開始寫這隨筆的其餘部分。

日子一天天過去，珍繼續拖延翻譯的事，直到我終於對她的拒絕合作感覺不滿與絕望。我決定盡量繞著那句很棒的話來寫。因為那時我知道她並無意寫出一個英文版本；她心靈某個孩子氣、天真卻又極度頑固的部分，如賽斯老早以前開玩笑地形容為「執拗的地方」，就這樣接管了，而決定不再談那個題目。為了自己的理由，它不幹了，不必多說。以前我曾見珍以這種方式運作過，知道她心意已定。

不過，為了不使人有一幅關於我太太的不正確畫面，讓我補充說明，她將那彷彿不妥協的例子，與在大自然（**一切萬有**）前一種玄奧的直覺性天真，及對自然顯現的一個偉大如實接受，和在那個架構內她自己的存在及創造組合起來。雖然這一點上珍並不完全同意我，我卻認為，基本上珍是個神祕者——在我們外向、物質化的社會裡這並不容易，因為它代表了如今少為人了解的一種生活方式。這是她為了許多理由而選擇的角色。神祕主義仍大半被認作是一種深奧的宗教性表達，且是相當不實際的一種，但就我看來，那兩種情況都不適用於珍。她的「神祕方式」是被一種強烈的祕密性所加強，那種特質常常被她彷彿的外向個性和行為掩飾住了。我花了很久時間才悟到這點。我也必須學到，她一板一眼的腦筋是直接來自她的神祕主義；因此她可以是相當衝動的。關於珍，沒有任何事是打折扣的。她是極端地忠誠；她是個觀察入微的人，有許多才能，聰明並有極佳的批判品味。她顯出的保留態度——例如，她有意的壓抑衝動——都是習得的方法，的確是具有保護性質的。我真正覺得她屬性的特定組合是獨特的，如果她沒有那些特性，我不認為她能像現在這樣表達賽斯資料。在所有這些隨筆裡，我希望給她的個性補充許多洞見。

同時，在我發現那帶子之後兩天，我問珍：「今晚妳想上一節課嗎？」

起初她不知道。珍自上星期日，三月二十八日便從醫院回家。她在醫院待了三十一天，治療嚴重機能不足的甲狀腺、眼球凸出及複視、幾乎完全喪失的聽覺、輕微的貧血症及初期的褥瘡。好幾個褥瘡已長了幾個月。那些發紅的圓圈慢慢地在她臀部、尾骨及右肩胛的「壓點」綻放時，我倆都沒覺察那是什麼意思。褥瘡：一個最先加進我們迅速增加的醫學語彙名詞——一旦它們站住了腳，就變成了最難擺脫的頑固苦難之一。即使到現在，珍的褥瘡也還沒完全復原，雖然有幾個已封口了。

附帶說一句，當她入院時，她的褥瘡並未發炎，卻在不到一週後發炎了。怎麼搞的呢？好幾位護士告訴我們：「是葡萄球菌。」珍的主治醫師曼達莉醫生宣告：「如果在尾骨上的瘡發炎到骨頭，那妳至少得待在醫院六個星期。」她開始給珍每天兩次塗抹雙氧水及磺胺消炎藥的治療。而我則開始看書，知道光是葡萄球菌就有多少種，以及在醫院裡發炎是多平常的事，因為那些機構本來就不是最乾淨的地方……。

在施以充血解除劑，及動了兩次手術，用細小排膿管插入她耳膜以減輕內部阻塞後，珍的聽力進步許多。曼達莉醫師最後告訴珍，她的甲狀腺根本就停止作用了，所以醫生開始了治療：給珍服用一種合成的甲狀腺賀爾蒙，以恢復她的內分泌系統，進而恢復所有的身體功能。珍終其餘生都得服用這些藥丸，至少那是目前的預測。曼醫生開了眼藥以使珍的眼睛濕潤，還有一種液體的水楊酸（代表阿司匹靈）以控制關節痛及發炎。這兩種藥每天都得用四次。增進的腺體活動也預期會對珍的關節炎有益，而可能對她的貧血症（一種常伴隨關節炎的狀況）也有用。我要求曼醫生給珍做食物過敏檢驗，因為我讀過對種種食物及添加物的反應可能會觸發關節炎，但曼醫生說：「如果珍有過敏，珍自己應該會知道。」——一種我徹頭徹尾不同意的看法。但我認為，通常被診斷為有類風濕性關節炎（rheumatoid arthritis）的問題就在於，不只當你**入**院時你有病，當你**出**院時你也有病。很不幸地，在這種例子裡，醫學的藝術僅止於此。

由於甲狀腺活動力日益衰弱，珍時常坐上椅子打瞌睡，甚至睡著。遠在尚未住院之前，她就逐漸養成這樣的習慣，不過，我們當時一點也沒有懷疑過其中原委，竟與她的生理狀況有關。我總以為那是因為她常覺得很不舒服，所以需要休息——但我也想過，她是在等待著鑽入下一本書之前那獨特的創造能量之潮湧現（每當那股能量席捲而來，她總會大有斬獲）。我們商量在這段期間，她可以開始檢核《夢、進化與價值完成》的隨筆和我的註釋，然後我就可以定稿打字了。然而，珍從未達成這項目標，她往往不是在打盹，就是陷入沉沉的睡眠之中——就像現在一樣——她只是斷斷續續地讀了又讀《夢、進化與價值完成》的資料，卻什麼也沒做。

她在醫院倒是不常打瞌睡了，因為院方持續投予興奮劑使她保持清醒。現在，我們只能等不知幾個星期或幾個月的甲狀腺治療幫助她恢復精力。此刻看來，珍正利用尚存的精力專注在手邊重要的任務。例如她剛吃過東西的話，體內尚存的資源專注於消化，意識可能就陷入短暫昏迷。而其他較長的時段，那些資源也許就會自已導向療癒或夢境——也有可能同時導向兩者。

在我問珍今晚要不要上課之後，幾經猶疑，珍決定給本書的後記做些貢獻。這於我們而言是個新經驗。由於關節炎之故，珍甚至難以執筆，所以她想口述資料，就好像她自己在寫一樣，而我則為她筆錄。不過就如我為賽斯口述所做的一樣，我以另體字替她記下時間、偶爾的停頓及任何其他資訊。

（晚上七點十分，一九八二年四月一日，星期四。一旦珍開始口述〔她自己的資料〕，速度不錯。事實上，我必須寫得很快，因為在這初始的實驗裡，我不想叫她放慢下來。）

賽斯用「價值完成」這個名詞來暗示生命更大的價值與特質——也就是說，我們活著不僅是要繼續、要保證生命的存在，並且要增益生命本身的品質。

我們不只是接過「生命的火把」並將之傳下去，好像奧林匹克接力賽的賽跑者那樣，而且每個人都給那火把加上我們獨有的一份力量、一份意義和一種特質。我們以個人、家庭、社區的一員，並以人類的一員身分這樣做。無論何時，當那火焰有變暗、有失去而非增進潛能及欲望的跡象時，那麼危險信號便出現於所有的地方。它們出現為戰爭及全國性的社會動亂，同時在個人層面上也出現為家庭危機、疾病（停頓）及災難。

在《夢、進化與價值完成》裡，賽斯概括出偉大的宇宙及個人能量，它們曾經將宇宙這實相以及我們個別日常生活所倚賴的那些私密、凝聚的實相帶入存在。（七點二十分。）如果不去試試自己的潛能，不在世界上試試自己的功力，那麼在我們的時間架構裡，是不可能在知性中認識自己潛能的。必須藉由歡喜地踏入物質能量、物質時空的既定世界裡，才能激發我們的衝動及欲望，試試我們的能力，找出我們的力量。在每個個人的發展裡，我們一再演出將自己宇宙帶入存在的可驚事件。宇宙**並非**在某個朦朧的過去裡被創造出來，卻是被我們自己的思維、夢想和欲望重新**再**創造的——因而實相同時在所有可能的層面上發生。每個人都在那生命的努力裡扮演一個角色。

當我們猶疑、退縮、躊躇時，當我們為了節省精力而退縮時，當我們讓恐懼而非信任指引我們的活動時，當生活**品質**不如我們知道它應該是的樣子時——那麼警報燈便閃了起來。（停頓良久。）一個接著一個的危機可能升起以吸引我們的注意。這發生在許多人的生命裡——因而近來這同樣的警報也出現在我自己的生命裡。

（七點三十五分。）當我寫這篇前言時，我正從一堆疾病裡復原，從住院了一個月裡恢復，而現在我正試圖看看個人情況在哪裡能符合賽斯更大的觀點。那是說，個人並非只是人們常稱之為演化過程的一個枝節問題——他**正是**整個的問題所在，捨此則不會有人類，不會有生存，也不會有精緻的基因合作之**網**來產生任何生物了。

（「我要一根香菸。」珍在七點三十六分突然說。「親愛的，妳做得非常好。」我宣稱，輕拍她的膝說：「棒極了！」

（「是啊，我知道我弄到它了——謝天謝地。」她答道。然後我們安靜地並坐在客廳破沙發旁的圓桌邊。

（「我不知道——也許那就是我今晚所能做的了。」最後珍說，帶著一抹困窘的笑容。「我很難進行下一部分……」但是她在七點十五分又說：）

在我們其他的書裡，我偶爾會提及我身體的症狀。可是，到上個月賽斯結束了《夢、進化與價值完成》口述時，我身體的狀況惡化了。兩週後我幾乎無法離開椅子到沙發或床上去。在一個週末回覆了差不多五十封來信之後，下個週末我卻幾乎無法提筆寫我的名字。不久我的聽力開始消失，然後突然變得被堵住了。幾天後我出現在一家本地醫院的急診室裡——而在那兒，我對醫學的整套測試很快變得熟悉起來。（停頓良久。）我被放在電腦斷層掃描機裡，光溜溜的臀部被痛苦地壓在一張冰冷的金屬桌上，頭被奇怪的甜甜圈圍繞著，明亮的白光和數字到處閃著。人們只用X光照了我的頭。

（當然，珍是指一個現代的X光機，它以一系列明亮的斷層影像顯示身體內部。）

（在七點五十一分笑了一聲：）稍後那同樣光溜溜的臀部，瘦骨嶙峋的，又被壓在另一張金屬桌上，而這回電極接在我頭部每處可以連接的部位上，因此做了一個腦波圖。他們除了叫我在過程中閉上眼以外，沒給我別的指令。（停頓。）某種白色膠曾透過我的頭髮在頭皮上搓揉以增進電性接觸，而當檢驗結束時，檢驗者抓住儀器的一部分，一下子就把整個玩意兒從我頭上拉開——我覺得好像整個頭皮都被拉掉了。那中年女護士明顯的漠然令我勃然大怒。

「價值完成？」我想，「我讓自己陷入了什麼處境？我人生的事件又怎會演變到這地步？」當然，如任何熟悉醫院的人都知道的，這只是開始。還有數不清的驗血，我也必須被從病床和可移動式便器抬上抬下。

（在八點五分停頓。）我八十二磅的血肉，被本性善良卻往往沒耐心的陌生人——護士、護佐和工友們——拖、拉、推，而我最私密的身體過程變成了一種公共記錄。真恐怖！

（「你看，我從不知該在這些前言裡說多少，」珍說，「這麼多種不同的人看這些書——」）

（「就照妳自己的方式做，」我說，「管他的。妳根本別無他法。」）

我記得我第一次在醫院排便時，閉著眼睛忍住羞辱的淚水。我覺得手臂被一個工友扶住（停頓良久），我瘦薄的肚皮和肋骨在燈光明亮的房間裡用著力，我的臀部由另兩隻陌生的手臂支撐著，同時第三個人——我不想說得太過粗俗

（八點十二分。「沒關係，」我說，「如果必要的話我們可以修一修。」）

——擦掉我被給以三劑強力通便劑的結果。然而，我知道，即使在那些步驟裡也有一種夥伴之情——我也許忽略了太久的一種，當一個族類或家庭或社區聚合起來以幫助他們其中一員的夥伴之情。而如我將會明白的，儘管醫學本身所有悲觀的

暗示，但就在危險之中，也有某種無可置疑的合作感——一種「鄙俗的」身體上的樂觀，及一種我久已忘記其存在的幽默。

（八點二十一分。）在這本書裡，賽斯的確某種程度上談到了一些疾病本質，例如它們應用在個人生命及基因存活上的情況。而我在醫院裡躺了整整一個月，心裡最記掛的就是肉體存活——很難說是個巧合。他們告訴我，我的甲狀腺嚴重機能不足，而且有關節炎。他們用X光照射我的手而非我的膝蓋。有種驗血顯示我有輕微的貧血。但其他的檢驗和X光顯示我有很好的肺——雖然我吸菸——健全的心、胃及其他器官。我笑了。

（在八點二十二分停頓良久。我想珍是累了。她或許可以補充說，她笑了是因為並沒有醫生們以為她可能會有的腦瘤、癌、血管炎或任何幾種其他疾病。她覺得自己打敗了來自醫藥人員的幾個與所有那些疾病有關的負面暗示。）

我喜歡幾乎所有的醫生、護士和工友們，他們也喜歡我。他們大多不知道也不在乎「我是誰」，很少人熟悉我的作品。我發現我能在那最初看來似乎如此陌生的環境裡把握住自己。我學會開玩笑，即使是當我的臀部正在便器上方危險地擺盪，同時我希望它對準了目標時——而我再度感覺到和人們久已忘懷的同志之誼，以及與我工作無關的一種內在成長。我有權利在地球上活著，因為我像其他每個生物一樣出生於此，光是在那個層面上，我就是肉體能量與合作的偉大架構之一部分。

（八點三十分。「今天就到此為止了，」在停了很久之後珍說，「我很驚訝我說了那麼多。我不知道自己做得到——尤其是以那種方式……如果你沒建議的話，我絕不會去試的。」

（珍並沒在出神狀態口述這資料，如她製作賽斯資料那樣。她並不覺得特別有靈感，也完全不確知如何進行，不過，她的創造力立刻來馳援。）

此處且容我解釋：當珍住院時，我們都沒試圖去「說服」那兒的人——醫生、護士、醫技人員等——去相信賽斯資料，除了說珍是個作家而我是個畫家之外，沒告訴任何人我們人生中的興趣。我們並不想將我們的信念強加在任何人身上。在危機中，我們有意識地共同決定去向醫學界熟練的專業人員尋求某種幫助，而願意向他們學習，縱使這些人必然會有與我們十分不同的信念系統。

（喔，也許我應該開心一點，至少我們一開始就非常願意學習了解。）

珍和我都不知道那些與我們打過交道的醫生是否知道出神狀態到底是怎麼回

事。我想像如果賽斯透過珍對著那一群醫療人士開講，暢談他是誰、相信些什麼，然後再說說珍和我相信些什麼，以及為什麼，最後，他還會給予在場聽眾一些麻辣評論，關於他們相信什麼，以及為什麼……不知道會發生多少荒謬可笑的事。

隨筆二　一九八二年四月五日　星期一

（七點十五分。我們下一節「珍的課」發生於四天後。當我們再次坐在客廳小桌前，而珍也再次徘徊在清醒與瞌睡之間，不過，她一開始口述，速度卻相當好。記得在接下來的節錄裡，賽斯——宣稱自己為無形——以珍男性本體的名字「魯柏」，以及「他」來稱呼她。）

在晚近幾年裡，對存在於賽斯對實相本質的解釋與我們自己對它的私人經驗之間多種迫切的不同，我再也不能視而不見了。舉例來說，在這本《夢、進化與價值完成》裡，賽斯將我們描寫成一個生氣蓬勃、善意的族類——與物質調和一致的一種意識，被我們自己的宇宙成分美麗地**裁製好**，去過有生產力、有心靈及物質享受的生活，每個個別生命都掌握了自己的命運，同時也增益了所有其他生命的潛能。

然而，我讀到報紙上那些所有可怕的新聞故事在預言災禍，也看到電視螢幕上每天的悲劇新聞事件被用活生生的色彩加以戲劇化。但還不只如此，我在自己生命裡也看到肉體症狀在穩定的累積。

假使如賽斯主張的，生命有如此偉大的潛能，它是在如此豐富的創造與生產層面開始——那為何我們的經驗這麼常令事情看來好像是，我們在奮力對抗未知或漠不關心的宇宙力量，或我們對自己的資源及創造力如此無知，或永遠被關在我們自然的傳承之外？

無疑的，我們一直**誤解**了自己。無疑的，就我自己看來，我們對生命的每個標準解釋，現在都相當無用了，不論它們在過去可能曾幫助或妨礙了我們多少。

（在七點五十一分停頓良久。）我開始警覺，甚至自己肉體上的無能為力，其實也是創造性的冒險，而在我經驗裡出現為壞的，或限制性的，甚或悲劇性的情境。或許實際上它們是我自己這方面的一種努力，想探索價值完成以重組我生命的廣大能量。但我沒能勇敢地面對生活方式的巨大改變，我慌張起來而覺得自己幾乎是被攻擊、被迫進入一種身體越來越不自由的生活。因此，再說一次，那經驗又如何符合賽斯的《夢、進化與價值完成》呢？

就我所知，好些年來我都活在兩套「事實」裡。過去成立的舊解釋已站不穩，最後看來幾乎是不可理解了；而賽斯的新解釋好像又超乎我所及，至少在某些領域——在對身體和心靈寧靜非常重要的領域。當然，在我們的生活彷彿侵犯到人類最大希望的領域、並且侵犯到最大恐懼的領域裡時，同樣的過程出現在我先生羅的生活裡。

（八點二分。「哦，我說完了。」珍突然說。今晚她的傳述與上回一樣快，然而卻較消沉。她的聲音帶著那同樣的顫抖。她累了，而當我在抵抗被壓制了一半的咳嗽——我很少有的毛病——時，我的情況也不怎麼好。）

昨天珍從醫院回來滿一週了。因為好幾個原因，我們發現那是極為艱難的一週。昨晚我告訴一個鄰居：「這是我們在一起二十七年來最難過的一週。」看著我極好的、可愛的太太如此衰退到目前近乎無助的狀態，幾乎令我無法忍受。珍對她自己的狀況則表現出一種堅忍的態度，如果我是體驗那狀況的人，我會無法忍受的。我怕有時候我的反應非常壞，我的情緒在絕望與極大的溫柔、愛和同情之間搖擺不定。我想哭卻哭不出來。我以沉痛的心情渴望見到我太太向我走來，臀部無邪而喜悅地搖擺，就如當我每天離開印刷廠——我在那兒擔任商業藝術師——時，她來接我的樣子。那是在一九五四年我們婚後。我並不想要珍像變魔術似地再度回到二十五歲——只不過我極想看到那無拘束、沒預先計畫的動作本身的**喜悅**重現而已。因為現在我了解，動作的自由至少是一個人創造潛能的真實反映。

剛過去的這個星期，我們充滿了一種孤注一擲的能量，掙扎著想安定下來，以便能多少有規律地回到「工作」——我們的藝術——上去。令人驚慌的是，我們發現珍在住院期間失去了雙腿的大半功能，因為在那個月裡她被強烈地阻止去以她習慣的方式用它們。這使我們想幫她像以前那樣坐在有輪子的辦公椅上，以便在屋子裡移動的所有努力都非常難辦了，也幾乎打敗了我們想自己獨自生活的努力。我們約好一位有執照的護士每週五下午來為珍做兩小時物理治療，並幫她換褥瘡上的藥膏。我倆都不想要住在家裡的幫手。就我而言，我怕這樣一種安排，不只表現出我們已接受了珍真正陷入一種可怕且永久的情況裡，結果還會在心理和創造力上摧毀我們。

珍努力想重獲她雙腿的力氣。她入院後，我在不知不覺中體重開始減輕，而現在已到了別人開始注意它的地步。我拚命努力多吃一點。在我太太回家後我變得極為忙碌，彷彿打了數不清的電話和跑了數不清的腿，為的是去配藥，去試各式各樣的床、床墊和椅子，去辦保險，去買移動式便器，去裝一個連在我們普通電話上的免持聽筒電話，這樣珍就不必拿笨重的標準聽筒。我們甚至在臥房裡裝了一個有遙控設備的小型電視，以便當她在晚上睡不著時可以看電視。當我開始睡在較安靜亦較暗的客廳沙發上時，我們買了一對無線對講機，以便任何時候珍都能在床上呼叫我。

而在所有這些狂熱活動之間，我們的繪畫與寫作——我們一直視為生活的創造中心、這回選擇活在地球上的根本理由的那些活動——已退到很遠的距離，以致它們變得像是隱約記得的夢了。

我們尚未上過賽斯課，不論是正規或私人的。珍的精力尚未達到它該達到的指數，雖然她服用的合成賀爾蒙已幫了她不少（曼達莉醫生告訴我們，為了避免使心臟和內分泌系統負擔太重，賀爾蒙劑量必須慢慢增加）。

隨筆三　一九八二年四月十六日　星期五

我們日日夜夜在如此千變萬化的活動裡過去，被如此不均勻的睡眠時段打破，以致幾乎沒留意是熱天或冷天、晴天或雨天。草開始從棕色變成淡淡的黃綠色。珍白天常在椅子上打瞌睡，晚上卻常醒來看電視上的老電影。在她回家的頭幾週，我每次很少睡超過兩小時：好像我老是在爬起來檢查她褥瘡上的紗布，調整她的枕頭，幫她在具有最佳支撐力、馬達推動的震動空氣床墊上弄得舒服些。我會給她一些飲料，並且按摩一下她平躺時蜷曲的腿（她無法伸直她的腿）。當她吸兩口菸時，我會陪坐一會兒。夜晚有一種莊嚴的無時間感，我一直很喜歡。那種感覺圍繞著我們的臥房——但縱使我往往是睡眼惺忪的，也可以很敏銳地覺察到那種寧靜能被電視機刺耳地危及到多大的程度。

珍試著用她受損的右手寫字，由於無法好好握筆寫下在她腦子裡活躍的想法，她一而再地受挫。有時她用錄音機來補償寫字能力的不足，但這卻令我們面對要找時間謄寫錄音帶的問題——而至今我們還沒那麼做（附帶說一句，那資料大半是如此的涉及個人，在此時我們還不想要其他人涉及它）。

（四月十二日星期一晚上，我們終於上了頭一次的「新」賽斯課。它很短，但正如我預期的，非常精采。我們很高興上了課，因為，如我告訴珍的，如果我們想了解生活中導致住院經驗的所有事件，必須利用我們的每種能力。而縱令這是一節涉及個人的課，我仍認為它包含了適用於所有人的線索。珍如往常一樣輕易地進入出神狀態，但她的賽斯嗓音包含了自她回家後我在幾個場合裡注意到的同樣顫音。）

（賽斯在八點五十六分帶著些幽默對我們說：）縱使你們抱怨不已，卻頗為了解帶動你們生活的決定和行動，因此魯柏比平常更覺察到心理及身體上的操縱，那正是躲在一般所謂意識心所攜帶的資料之下。所以，在他的生活與他如何去過那生活之間，出現了一種暫時性的鴻溝——如剛在住院空隙之前他的狀況所顯示的，在他的生活與他該如何去處理它之間，變得很明顯有一個停頓及遲疑。

我將助你們更進一步了解這些操縱，因為許多人——大多數人——在做是否要在任何一特定時刻繼續他們的生命重要決定時，進行了同樣的過程。但他們遠比魯柏不清楚那些議題。

（在九點五分停頓良久。）請等我們一會兒……這整個議題已經持續了很長一段時間，而它的爭議點在某種程度上來看，是心靈在面對它自己的立法機構，或者就像是一個法官站在它自己面前，審查一件既私密又公開的心靈案件。生命中的決定往往是用這種方式達成的。而魯柏的審查，同時具備了心靈與身體的邏輯與經濟學，在如此多重不同層面的確實性上都很明顯。以這樣一種方式，隱藏的議題被迫暴露出來，他所怕的弱點和不足之處被積極地演出，從而可以被適當地提出、分類及估量。到可能的任何程度，配合你們的時間，我會試著解釋這種事情。

（九點十分。）當然，到這樣一個程度，那件事是有治療效果的。魯柏現在要遠比先前更願意在生命中做某些改變，他更將自己視為一個活生生的生物集合體——比以前較不孤立，剝除了超級完美的（潛意識）模型，因而不再有必須按照這樣一個心理束縛過活的強迫行動。（全都相當加強語氣地說出來。）

那麼，他（魯柏）不必試著去做完美的自己、超級的形象——而事實上到某程度，他發現自己是那懇求的自己，敲著生物性的世俗之間，就像任何發現自己因不幸而受傷的生物可能向別的生物求助一樣。他發現了一個混雜的世界，很難說是黑或白的，一個有相當多妥協的世界，其中，縱使在最不幸的情況下也有一些行動、一些改進、一些創造性反應的空間。因此，遊戲規則已自動地被改變。議題是更清楚而戲劇性地被描畫出來。

（九點十八分。）關節炎的情況是如我（在幾次私人課裡）說過的，但你們仍面對了醫學對那情況的詮釋，所以要靠魯柏去將它排除。他正以天然的治療步調回到活動上去，不再害怕自己走得太快，卻清楚地明白活動和動作代表了對人生挑戰唯一安全、健全且創造性的反應。

我們不想對到底發生了什麼事做冗長的討論，只要了解活動的變動過程。魯柏可以修正他現在的自我形象。它是不完美的，但它是柔順而願意改變的。

僅此而已。這是要給你們一點開始——而一如往常，給你倆我最衷心的祝福。

（「賽斯，非常謝謝你。晚安。」）

（九點二十五分。以珍的狀況而言，她的速度大致還不錯。「我覺得我慢下來的那幾次，和想打瞌睡的時候不一樣，」她談到少數幾次較長時間的停頓，「那些很正常……」我說她做得很好。「不過今晚上課之前，當我又開始恍恍惚惚的時候，我還真擔心呢。」順道一提，她今天這麼早就接收到口述資料，倒是頗不尋常。

（我們對這一節感到很滿意。它包含了幾個重要的線索。珍說，關節炎是醫學就其見識和觀點所能提供的唯一診斷——但在這麼多年之後她能不能「將之排除」？賽斯一直都堅持她根本沒有關節炎。反之，照他來說，珍採取了身體的無法移動，作為防止她用獨特能力走得太遠、太快的一種保護。然而她也用「症狀」來強化她對這些能力的貫注，並強化我倆天性中強烈的祕密面。不過，我必須補充，這些陳述代表了對非常複雜的心理現象極為簡化的說法。

（同樣重要的是，賽斯建議珍不需要再「試著去做完美的自己」，縱使是在一個無意識層面上。而坦白地說，我想從珍及賽斯那兒得到更多資料，關於她如何深思繼續活下去的好處。

（事實上，我對知覺的遲鈍甚為驚訝，好像再一次的我又才剛開始了解，珍選擇了從事一個旅程，在其間她願以肉體及情感上的強烈方式探索自己及世界——與她和我通常透過賽斯資料及我們自己喜歡探詢的心智去做研究的較知性方式相反……我被她的決定及我自己在這樣一個計畫裡默許的參與嚇著了。而我自忖，為何我們大多數人，在大多數時間裡，都以如此昂貴的代價，去買我們的新經驗和知識？）

（上午九點三十分，一九八二年，四月十六日，星期五。賽斯—珍在五天前傳來那小小的一節。今天早晨珍以她自己的課繼續下去，首先她盡力透過寫作去那樣做：痛苦地、笨拙地握著她的筆，花了不只一小時記下頭四段——縱使如此，在查對我們的記錄後，我補充了日期和順序。）

所以，我知道一件事：現在寫這篇前言的我，與賽斯口述這書時的我已非常不同了。當他談到世界的開始時，我開始暗自思考結束自己私人的存在圈子。非透過一種暴力的自殺，而是透過一種半蓄意的全面撤退。

很少有明顯的暗示出現在羅為此書寫的註記裡。一則因為撤退的過程在一開始是很慢的。其次，當賽斯在本書寫到超過四分之三時，他開始用一系列的私人課深入討論「神奇之道」（the magical approach）——處心積慮要幫助我和其他像我這樣的人，去改變我們對經驗的探究途徑，從而改變經驗本身的資料。羅那時對我身體狀況的詳細註記，出現在那些頁裡。

所有那些有關「神奇之道」的工作，便是拖了這麼久才完成本書的原因。事實上，除了在一九八〇年十月上了一節課之外，從一九八〇年六月初直到一九八一年七月中，我放下本書的工作超過十三個月。

我們可以將這前言資料的一部分插入本書那個大空隙裡，因為它很重要的部分是在那時得到的，但我們不想以不同主題去打斷那些講書的課。反之我們決定在此概括我們的故事，而且一直講到住院的經驗，因為那是合理的結果。羅也想把這資料展現為一個單位，因而它能被用為我們已在討論未來的書的一個基礎，而我同意他的決定。

（十一點三十分。我終於如我以前那樣開始寫下珍的話。）

的確，賽斯談「神奇之道」的資料是如此令人著迷，以致到他結束本書時，我已將其大部分組合成另一本書，儘管它大半是涉及個人的。不只如此，那些「神奇的」課還自然地發展成**另一個**系統，這次是談賽斯稱為「有罪的自己」（the sinful self）——我及別人的——人格之一部分，那些課轉而又令我寫出許多頁資料，直接來自於我自己有罪的自己。那了不起的個人啟示發生在一九八一年六月。那麼，諷刺地，在我自己半有意識的撤退裡，我不但生下了此書，並且生下了幾個其他有趣的長程觀念。而即使所有這些課都生自我自己心靈與心理的挑戰和難局，我知道它們是極好的且值得出版。

我能感覺羅希望我自己的努力會幫助我。他也盡他可能地用一百種方式幫助我。賽斯在七月裡恢復寫《夢、進化與價值完成》，但我似乎每天越做越少。夏天轉為秋天，然後轉為冬天，而我幾乎沒注意到。當我坐在書桌旁時，我開始在椅子上打瞌睡。偶爾我會有意識地知覺到自己想著，讓我的欲望一個一個地捨掉，並且讓自己就這樣漂走到一個毫不驚訝的死亡，在某些層面上是多容易啊！

那是說，我認為它可以全都如此輕易、自然而無痛苦地發生，以致沒有一個點讓你可以說：「現在她活著，而現在她沒活著。」

也許我已寫出了所有我該寫的。也許我生命之火正來到它自己自然的結局。為什麼要試著去將它再煽起來呢？尤其是如果它那最初的**喜悅**已永遠消失了，或那條路線比延長生命所必需的決心和痛苦的不適要好多了。因此當我從某個奇怪的內在存在聽到自己的聲音慢了下來，也只是略微警覺而已。我的聲音內出現了顫抖。好像母音和象徵有無盡的空隙——不平整的邊緣——而我的某部分甚至在我話語中間像煙似地逃走了。

（十一點三十五分，「讓我輕鬆一分鐘。」珍說。她的步調一直很快，然後較緩慢地：）

我的聽力開始減退，最初是逐漸地。我想，讓人們**繞過**我說話，我不再在乎了。然後是一股令人失措的衝擊，有天我發現自己幾乎全聾了。這兒並沒有溫和的寂靜，因為「沒有聲音」比我所能記得的任何事情更令我驚嚇。（停頓良久。）羅在屋裡嗎？如果我看不到他我就不知道。他是否正保護性地站在我椅後，準備幫我把自己弄上床，或他是在幾間房間之遠的廚房裡？在鋪了地毯的地板上沒有腳步聲，沒有洩露活動的祕密暗示。這經驗打斷了我的撤退。我記得我不知怎地，將四周所有的寂靜與**一堵冷峻的白牆**畫上等號。而（我不知為何有那種感覺，但我就是有）我不能聾著死去（珍在十一點四十五分笑了一聲說）。我想我曾想像每件事都會漸漸關閉，顯然沒預想到一個感官突然關掉了。

其後幾天——在一九八二年二月中旬。我決心釐清聽力問題——至少在某個層面上，就是那個決心終於引導我到醫院的急診室去。我們沒有可招呼的家庭醫師，卻透過一位也是護士好友的無價協助，與那醫院的一位醫師訂下了時間。

（十一點五十分。我們停下來用午餐。珍今天口述時和四月一日及五日一樣，並沒有進入出神狀態。我告訴她，我幾乎可以確定，等我完成《夢、進化與價值完成》的附註時，裡頭一定會加入很多個人資料。我原以為她會像早年那樣激烈反對，但是她沒有。

（不過我們沒回去「工作」，一直到享用完善心鄰居為我們準備的晚餐。那時我們的探訪護士已來過。我很快地跑了一趟藥房和超市，並寫了兩封信給讀者，解釋我們沒時間見客。然而，我在此地努力連帶有好些的反諷和幽默，因為我才封好第二封信，就有人敲我們坡屋的前門。一位未預期的客人站在那兒，一位年輕女律師從舊金山飛到艾爾麥拉來見珍。雖然珍的情況不是頂好，她仍與訪客討論了一小時有關訪客的問題。）

（這天〔四月十六日〕晚上，珍建議我們坐在客廳的桌邊，我來將她上午的口述讀給她聽。但她卻代而宣布：「我猜今晚我要上賽斯課，但它不會長……」這使我很驚訝。當她在七點三十九分進入出神狀態時，她的聲音有很明顯的顫抖——比四月十二日明顯不少——及一種難以界定的遙遠感覺。我認為在下面的摘錄裡，賽斯相當俐落地將她過去的信念、她目前的狀況，以及她在面對她的挑戰裡還有多遠得走，全都包含在一起了。〔當然這並不是說，我只是個單純的旁觀者，實際上我早已深入其中。〕）

（賽斯以他使用過不下兩千次的著名開頭用語，開始口述：）

現在：在魯柏的一生裡，已發生過幾次涉及了甲狀腺的同樣過程，而在每一次裡，它都修好了自己。

不過，如果魯柏先前曾有他走得太快的錯誤想法，而必須抑制自己並且得小心的話，現在他則接受了醫學的預斷，那是事情並非如此的「具體證據」，但事實正好相反：他太慢了。如果我們說的話無法說服他，或他自己的了解抓不住事實，那麼你還有帶著所有醫學專業權威所說出的「真相」。而如果曾經有位醫師幾年前告訴過他，他的聽力有多好，醫學專業現在則說，他的緩慢（甲狀腺機能不足）已損害了他的聽力到驚人地步。

更有進者，在此有會改正那平衡的必需藥品——甲狀腺補充劑，它也就會生效。

（在七點四十六分停頓良久。）如果魯柏曾經發現自己在想像：他必須能堅強和完美以便解決其他每個人的問題，現在他則發現自己相當的無助而「不受保護」——那是說，他身體的狀況使他陷入這樣一種情況。那超級完美、不實際的自我形象離他而去，它無法活過這樣一種情況。

（七點五十分。）因此，相反於這完美自我形象的信念，並且不論無助與否，魯柏還是不屈服……

（七點五十八分。）在他自己與醫院裡的其他人之間，存在著某種同志之誼。

欲望和衝動變得更切身、清晰，更容易看出來。與身體有關的不適導致即刻的回應……他的弱點戲劇性地公開了出來，而從那一點，除非他選擇死亡，否則只能向前走……因為他突然覺得那兒終究還有一些移動的空間；先前在他預期的超人活動面前，所有的成就彷彿都搆不上標準，然而現在，成就卻是可能的了。

那麼，他會繼續進步，因為他已容許自己一些活動的空間、一些改變價值完成的空間。不過，當這些改變發生時，要信任身體的節奏。到院子裡走走（如珍今天下午在護士陪伴之下，坐在輪椅裡做的）就是個好例子，在實際和象徵的層面上都很重要。

（在八點一分停頓良久。）以一種說法，有罪的自己創造出要求這麼多超人的自我形象，而它將魯柏的身體包裹起來好像在水泥裡一樣。然而，那形象在住院經驗裡破裂崩塌下來，留給魯柏他自己較本有的、遠為實際的形象，那是他能與之相處的。當你們能夠時，務必看我「神奇之道」的資料。可以說，魯柏一直在調低其「自動調溫器」。現在他的欲望和意圖已將之設定在一個健康且合理的度數，而內在過程自動地啟動以帶來身體正常的加速，正如先前他的意圖導致身體的自動緩慢。

今晚講夠了。我祝你們晚安——要知道你倆都已有重要的新進步。

（我說：「賽斯晚安。」）

（八點十分。珍的音量在口述過程中變大，賽斯提到了兩個重點，讓我們士氣大振：一是她的甲狀腺已自行完成修復——這就是現在正發生的事，並將使她不再需要倚賴醫藥；一是她那自己認為自己超人一等的幻想，「在醫院的經歷中已徹底粉碎、毀滅」。這兩項進展足以允許她的身體去療癒自己。〔我在隨筆一寫過，根據珍的醫師說，她的甲狀腺功能衰竭，所以必須終生服用替代性賀爾蒙。然而，醫生並沒有告知任何有關甲狀腺會再生的觀念。〕

（「如果賽斯是對的，我不知道六個月之後妳會在做什麼。」我問。「身體終於變得如此不顧一切的想擺脫那僵化的、有罪自己的超人形象，以致它會自己住院了一個月——縱使它為了達到目的幾乎殺害了自己……」珍同意了。她立刻描寫好幾回當她的甲狀腺嚴重失常的時候。我記得其中兩次。）

課後我開始臆測相較於珍在一九八一年六月收到的資料，她「有罪的自己」現在會怎麼說。在那一陣狂熱的活動期間，她有罪的自己曾以三十六頁密密麻麻的文字，雄辯滔滔地解釋及衛護其行動。我倆都被透過珍的筆而來的揭露弄得膽戰心驚，縱使我們的確不甘願地承認，我們至少在知性上了解那個自己所提出的許多點。當那資料展露出來時，我變得很生氣——氣珍的心靈不論為何理由如此頑固地抓住這樣一套信念不放的那部分，並且氣我自己也不比她更了解其範圍和深度，以及它們能有多傷人。我也想起幾週前，在四月十六日的一個非常重要的私人課裡，賽斯自己所給的資料：「魯柏的許多信念都已改變，但對有罪的自己之核心信念則仍非常頑固。（對我：）雖然你沒以同樣方式擁有它，你也被它沾染了，從早年的背景得到這種信念，主要是從你的父親……」

雖然我很想要，在此卻不可能展現珍自己論她有罪的自己之資料，但很快地我真的想要簡略地給頭幾頁的一部分，讓讀者知道，一個人非常早年的經驗如何在後來歲月裡有最深的影響。如你們將會見到的，那資料顯然引起了和它所回答的一樣多問題，但現在我們只能略略觸及這整件事。在我們尋求了解時，還得花上數年的努力呢。無疑地，珍**選擇**她此生所有的挑戰，而我也一樣，我們相信每個人也都一樣。但貫注於某個活動上的一個主要附帶情況，涉及了一個人（往往在與別人的密切合作中）如何應付這些挑戰：一層層揭露情感與意念而原始的深度。那是怎麼樣的洞見、反叛以及——是的，接受……

我想，我可能寫下許多空洞的文字來描述人生的神祕，以及我們每個人如何盡力去做，雖然也許往往不了解我們在做什麼；但我真正想做的只是說明，在珍的情形，縱使她可能以為她在人生的某個主要區域失敗了，但很幸運地，珍對她自己的情況得到了某種了不起的洞見。她在自己人格的種種不同部分和賽斯及我的助力下試著做到了這點。我們希望**她的**個案能有助於啟發其他人。為何她現在無法走路或拿筆寫字有其理由，我們堅持要知道那些理由是什麼。其中有些顯然由珍所謂有罪的自己產生的。她和我要面對什麼樣的挑戰啊！再次，讓我引一九八一年四月十六日珍舉行的一節私人課裡賽斯說的話：「相對來說，你們這種意識除了極為了不起的潛能外，也還涉及了一些與生俱來的問題。你們在學如何由自己的信念形成實相，同時卻又有自由去選擇那些信念——舉例來說，以一種動物所不能的方式去選擇你們的精神狀態。在那更大的畫面裡，並沒有錯誤存在，因為每個行動，不論愉快與否，不但在它與自己的關係裡，並且也在與……目前意識心也許並不能看見的一個更大畫面的關係裡，都會以它自己的方式得到補償。」

沒問題。我們同意賽斯的整體觀點，以及這兒所暗示一個最高的神祕——但我們也想現在就盡可能的達成那彌補，並且是在有意識的身心層面上。

我開始那種追求的一個小小方式，就是去教珍用左手寫字——實際上是用印刷體寫——現在她的左手比右手靈活得多。我認為要她做這事也許不是那麼困難，因為她一向懷疑她生下來就是「左撇子」，而在很小的時候被強迫用右手寫字。她還沒針對我的建議做任何事。

在一九八一年五月底和六月初，我們出版了幾年心血的成果：賽斯—珍的《個人與群體事件的本質》及珍的《珍的神》。我很確定那些書包含了許多絕佳的工作，也很確定隨著它們的出版，珍的症狀——尤其是她行走的困難——變壞了不少。至少在表面上，就好像是她心靈的某個有力部分，為了這些書出現在市場上而強索一個猙獰的補償。我想，或許那部分在創造一個身體上的殘障，以容許珍出版禁忌的資料，同時保護性地孤立她自己——和我——不受物質世界的排斥。我倆都變得極為困惱。我們共同的畢生事業，在一個具體災難的邊緣搖擺不定。

那麼，在一九八一年七月十七日，我們深切的需要導致珍自發地寫出她有罪的自己之資料，就很難能說是個意外了。以下是那些我答應給讀者們非常暴露性的段落。我在本書第九章九三一節中放入它的開頭。我在這兒重複那資料，不過卻補充了不少。同樣的，我少數插入的話是放在括號裡的。

有罪的自己之宣言

我憎惡加諸於我的不公平命名，因為如果我曾相信罪的現象，而想要——顯然太僵化地——逃避它的話，其實我的意圖及興趣一直不是逃避罪，而是追求永恆的真理，與宇宙目標的聯盟，或至少在精神上與自己、全我和宇宙心合一。那些目標點燃了你的創造力，並且曾（而且仍然）驅策你去探索所有可能的存在種類，尋求表達在每個存在——你們以及我的——之內及之後那些神聖的神祕。

我們的探索涉及的，並非由別人傳下來的二手證據，而是我們意識及存在與廣大的未知因素直接的個人接觸——自己（人性並且脆弱的）與「神祇」及「永恆」之心理領域的會合；那是我們的天性感覺被吸引……並且獨獨能感知的心智之巨大領域。

首先，我相信靈魂死後猶存，縱使在我心裡也相信罪惡及魔鬼的存在，我也啟發那「創造性的自己」盡可能自由地走出去。在心中我感覺到該隱沉重而殘酷的印記（譯註：創世記裡，亞當的長子該隱殺害其弟亞伯，而額上永留印記），感受到人類（不公平地）揹著被罪及古老邪惡所染、幾乎不可抹消的負擔——那悲劇性的缺陷。所以，我推理：如果我有缺陷，我必然自動地扭曲那些看來甚至最清晰的靈魂經驗。既然我分享了那有罪的傾向，那麼，當我最信任自己時，我必定會不知不覺地陷入錯誤。然而，縱使有那些感受，我（我們）還是堅定不移地向前進。

對罪及有罪的自己之信念，在不可數計的世紀以來，都深埋在人們對於自己和神的觀念裡。文明圍繞著那些信念演化，而宗教也隨之運轉。所以我主張我是被不公平地攻擊了（或許那是個太重的字眼），因為我以自己的了解個人化地接受了一個哲學，那是萬人也曾屈從、並且「最聰明的」族類也曾對之給予忠心與信任的。

然而，即使在童年時光，我也渴望從這種教義裡釋放出來，去尋找替代的解釋，去沒人到過的地方，並且冒險跑到所有官方信念的界限之外。

對我而言，這並不是兒戲，卻是主要的挑戰——在一個生命之內發現所有生命的意義；在一生脆弱的瞬間裡找到永恆之廣且深的證據，去發覺那廣大的未知幅度。所以，如果在追求這種目標時，我太過謹慎而反應過度的話，它顯然並非出自惡意，卻是一個保護創造性自己的善意企圖——一路小心以免揹上許多世紀以來人們因罪的信念而揹負的真正重量，它為我所無法理解。

丟棄這個或那個惡的象徵並不難，但假設所有這種象徵隱藏了一些深奧的真理，並且投出某種抑制性的力量，而無知的我仍沒感知到它呢？因為在我們——你和我——的經驗裡，到此時那創造性的自己一直難以控制地向前衝，不顧許多古老及現代文件中所有告誡性的聲明，而我們的書正在被百萬人閱讀。

所以，我腦海中堅持人天生有罪的信念，成了人對他自己天性無知的一個經常提醒。我怎能確定**我們的**眼光沒有同樣地被扭曲了，認為我們的罪乃在**不**接受罪為一個價值？或許罪**本身**包含了一些逃過我們計算、仍未被發現的價值。

所以一種方式而言，〔珍的〕身體症狀變成了一個心理上的棄權，因而在某個更大價值的法院裡，我們不能因引領他人離開確立的信念而「被告」，那些信念是我們仍然捨棄的，同時又沒有任何完成了的結構物，可以容許人從一個「救生筏」轉到**我們**試圖提供之新救生筏的便利通路或安全通道……

但——現在變得很明顯——我自己並非被形上學說法的罪所沾染（如我以為我可能是的），卻是被我沒有排除對罪的信念所沾染。因此，為了保護自己及他人不受我們作品裡任何要命的缺陷——罪的盲目使人看不見這缺陷——所影響，那「棄權」乃是必要的……

諸如此類。那全是很了不起的資料，關於珍心靈的某部分為什麼會覺得需要防備世界或防備她自己的另一世界，它比我自己的想法要更精確和透澈。雖然她有罪的自己之現身深深地困擾我倆，但也似乎提供了一個神奇的心理之鑰：終究會解放珍扭曲肉身的了悟。然而它卻沒有用。任何事都沒有用——賽斯、連同所有他論神奇之道的資料、新書的出版，縱使是珍自己的作品也沒有用。在一九八一年那個夏天，我們學習如何啟動她的復原挑戰仍與我們同在。

關於書的部分，珍訂正了《如果我們再活一次：或，公眾戲法與私人的愛》（*If We Live Again: Or, Public Magic and Private Love*）這本詩集的校稿，我們於八月上旬把它寄回了出版社。一般來說，這件事應該會讓我們感到開心不已，因為那意味著，她的另一部作品即將在年底出版。但如今我們卻正在為她過去這幾星期的身體狀況感到沮喪絕望。她那個有罪的自己緊抓住不放的核心信念到底有多頑強？到最後，我們只能希望在有罪的自己被揭露無遺後，最終能帶來身體狀況的改善。但那個希望也未能如願。我在晨間作畫，除此以外，內心的平靜無處可尋。在秋去冬來的這段時間，珍為《夢、進化與價值完成》舉行了少數幾節零散的課，還有許多私人課。我認為那些課主要是些無關緊要的作業，不過我很樂意承認，不論主題為何，每一節都依舊獨特且富創造性。倒是我一反常態，除了記錄和打字，最近很少夜以繼日地拜讀賽斯資料。最後，在一九八一年十二月上旬，我告訴珍，不論是一般或私人的課，我都再也不想陪她上了，因為我深怕課上得越多，她的情況會越糟糕。她再次拒絕入院治療。就在這個時候，出版社寄來《如果我們再活一次》初版，即使珍和我是如此以這本書為傲，它的出現對她仍然沒有絲毫助益。當我們舉辦例行的小型耶誕派對時，我們把簽名書送給了親近的朋友——那是我們所能提供最好的禮物。假期結束後，我們就不再見陌生人，只和少數幾個朋友來往。

這個冬天似乎是歷年來最冷、最長的一個，不過，雖然有強烈暴風席捲，而且正對著我們紐約州撲面而來，雪卻意外的少。（真是不幸中的大幸！）當時是一九八二年四月一日，珍剛口述完一節她自己的私人課——就是我在文章開頭時提到的時間——她在一九八二年的最早幾個星期，行走、寫作和聽力各方面都開始明顯退化，然後在二月底，就被送進醫院了……

隨筆四　一九八二年四月十七日　星期六

（七點三十分。晚餐後，我告訴珍我要寫此書的隨筆。今天早上，我已經打好前一天晚上一節非常激勵人心的私人賽斯課：「——知道你們兩人已經邁出重要的一大步。」珍說她自己想再多做些口述，所以我同意替她做記錄。在她入院之前，常自顧自地唱起輓歌般的蘇馬利歌謠，還把它們錄了下來，然而現在要她從那些悲涼莊嚴的歌曲中再多選幾首翻譯，她卻又膽怯退縮了。我至今仍然只懂得一句，是她用英文譯給我聽的優美詞句：「讓我的靈魂另尋庇護之所。」

（我唸了那天晚上賽斯課最後兩頁的資料給珍聽，結束後，她坐在椅子上點了點頭。就在我以為她不想做任何工作的時候，她振作了起來，說：「我猜，我剛剛收到了第一句話。」我幫她點了根香菸。她的聲音不再顫抖，傳述的速度略顯緩慢。）

毫無疑問的，我是困在人生的對比之間而太過覺察來到腦海的無窮盡問題。在另一邊則有賽斯資料本身，以及賽斯在他書中的表現。

（在七點三十四分停頓良久。）他的概念不知怎地引我到了一個點，在那兒經驗的次元本身應該改變。如他展示的，他的觀念與自發性打交道，那是大自然天生具有的無羈的力量。賽斯堅持說，如果人至少在原則上追隨那些力量的話，它們會提升人的身分，而以一種光輝和喜悅充滿它，在其中，人類的老問題大半會消失無蹤。

無疑的，我們和其他人的一生曾強烈地被賽斯資料影響，而變得更好。顯然我們的理解因此加深了——然而面對著那偉大的前途，我為什麼幾乎無法離開我的椅子呢？如果自發的秩序在宇宙運作裡是如此重要的成分，那我為什麼在自己的日常生活裡將之排拒於外呢？

（在七點四十分停頓良久。）同時，羅和我常常以為手上這本書再也不會完成了。我可能判定我在賽斯研究上已用了太多時間和精力。在沒做任何有意識的決定之下，我可能根本就停止上課了。（停頓良久。）當然，**我的確**繼續上課，而這本書**已**完成了。我越來越明白，人生經驗是在伸展於人生對比**之間**的架構裡演出的。我們懸吊於最大希望和最深恐懼之間的世界裡，同時卻很少面對它們任何一個的純粹形式。

（七點四十八分。這裡珍如此強調地說話，而好像約好了似的，一陣微風吹進開著的前窗，吹動掛在窗內的玻璃風鈴，它們悅耳的和音滿溢室內。窗前響起清亮和諧的風鈴聲，長串的玻璃風鈴是一位未曾謀面的書迷寄來的禮物。）

就賽斯的書和我自己的經驗而言，價值完成，在這兒都是最大的議題。而如果我真的了解賽斯在這書裡所說的，我不會需要在日常生活裡經歷這樣一個不舒服的戲劇。

（在七點五十一分停頓良久。）我們的活力想要表達它自己。整個自然世界是「擴張」的一個不可壓抑的表達領域。適者生存的老概念、傳統的進化過程、男女神祇等都無從解釋「宇宙的神祕」——但當我們愉快而自由地用自己的能力，變得如此接近於我們的本然，以致有時候我們變得很接近宇宙的本然。那麼，縱使是我們最不幸的惡作劇、最悲哀的冒險，也不是絕境，卻可作為一個門戶，進入宇宙更深的理解，及與它更有意義的關係裡。因為我們本是宇宙如此重要的一部分。

（七點五十八分。「前言結束，」珍突然說：「那並不表示你一全部打好字，我不會再加以補充。我想要確認我本身的經驗會持續出現在書裡，因為那就是這本書的目的。你最後可能會有一篇簡短的後記，就看發生的事而定囉。」

（「我不知道耶，」我說：「現在說那個還太早了。」

（「等一下，我看看還有沒有別的。你也可以寫個開場白，或想要寫什麼都可以……」八點一分結束。）

隨筆五　一九八二年四月十八日　星期日

（上午九點三分。昨晚珍宣告她給《夢、進化與價值完成》的前言已寫完了。我沒說什麼，但我猜她還有話要說。然後當我們去睡時，她又提出了兩個主題來討論：為什麼我們在過去沒為她的身體狀況更積極求醫；還有賽斯多年來給她的很多私人或刪除的課。

（今晨又出現了第三個主題，那是我們近來常談的。它是有關這些日子以來，全國各地冒出來的「賽斯們」。今晚稍後我對這全面的發展提供更多消息——但人們代表他們的賽斯發言，卻完全沒有經過珍的同意。珍非常希望我們保護獨特而原創的賽斯資料完整性。

（事實上，他們談論的話題多少都在珍的心裡盤旋不去，以至於這三天，她已經有兩次一吃完早餐就立刻「上工」。她的嗓音堅定，並迅速瞄了一眼週日晨報。）

賽斯給了許多專談我自己身體狀況的課，最後我變得既困窘又迷惑：那些課顯然是棒極了——我為何無法更實際地利用它們呢？

當然，我不知道，如果賽斯現象沒有出現在我生命裡（在一九六三年），或假使我沒有那些課可依靠，我的身體會在哪種狀態裡。而即使在最私人的課裡，賽斯永遠將其資料織入更公共的領域裡，因此我們未出版（且非常具爭議性）的資料，談到一個人的病和其他家人、社區關係，以及在所有人類活動之下的信念系統本身之間的關係。我們對人有哪種信念，就會帶來我們遭遇的那種疾病。那顯然是賽斯最清楚的訊息之一。個人永遠在一種改變的狀態，將一組症狀命名並高貴化，只會令它們更為顯著，並提供了它們另一個永恆架構。

（九點十分。）當然，賽斯無法替我過我的生活，也無法替別人過他們的生活——然而，多年來那些寫信要賽斯或我幫忙的身體有毛病之人，我開始對他們感到越來越大的責任感。他們——及我自己——的需要彷彿遮蔽了賽斯能提供的偉大希望：融合了解和其理解來消除困鎖住個人的老信念模式。

當我自己的問題從一九六〇年代末開始時，我頑固地抵抗醫藥的幫助。假設我摔斷了一條腿，我該會去找位醫生把它弄好。不過我覺得能獨自處理我那種特別的困難。（停頓良久。）症狀是夠明顯的：僵硬、動作變慢和普遍的缺乏活動性。我以為，當我直接在身體上下工夫，不以藥物來混淆議題，且在我如此狡猾地創造的實相和我之間沒有別人的話，便可以很輕易地關照到我自己的發展情形。除此之外，我還有什麼辦法真能學到什麼東西呢？我以為在我的身體狀況和個人信念之間，放進越多的中間人，我就會越迷惑。

（在九點二十一分停頓良久。）我不太清楚我在哪兒劃清界線。舉例來說，如果我感覺心臟病發作的話，我知道我會馬上跑去醫院，但這卻是個慢性狀況。診斷給了一個清楚明確的原因：一個嚴重機能**不足**的甲狀腺，這與賽斯對我身體狀態較廣的詮釋完全不衝突。

（九點二十五分。）我仍然必須要醫生告訴我如此。賽斯是對的：我**是**走得太慢——而**非**太快，如我所害怕的。我曾令自己太過鎮定，抑制自己太過，直到我唯一的希望是立刻改變我的路線為止。

當我還是孩子時，當我母親已經因關節炎而臥病不起時，當我被診斷有個機能**亢進**的甲狀腺時——我母親告訴我那是個可能導致精神失常和死亡的病——醫生令我恐懼。如果醫學界與發出那醫學魔咒有任何關係的話，那麼顯然它也可以十分有效地消除它。

（在九點三十五分停頓良久。）到了去年，當我的症狀轉劇時，我開始覺得人生的挫折超過了愉悅。其他令人不快的事發在我們的私人生活裡。出版我的書的公司Prentice-Hall正在改變組織和政策，我在那兒的長期友人與編輯譚・摩斯曼，考慮換到另一家出版公司工作。而——非常令我煩惱的——我再三聽到傳聞說，形形色色的人在公開地「替賽斯說話」，並且索費甚高。

（九點四十三分。）我感覺我的工作受到了污染，而更有甚者，那些很明顯被其他的賽斯這麼輕易地騙了的讀者們，使我很生氣且失望。如賽斯曾說過許多回的，他只透過我說話，以保護資料的完整性。而的確是他與我之間的那約定，永遠向你保證了賽斯著作的可靠性。

不管怎麼說，所有那些問題給了我很大的壓力。

我希望有一天能講出我身體和創造上的整體挑戰，當然那至今仍未結束。目前這本書大半在談主要與宇宙發展有關的個人發展：兩者**本為**一。（停頓良久。）在人想做創造性的調適時，他往往似乎反而在生命活力上加上了不幸的污點。然而，最終，這些也**變成建設性**的操縱，雖然當時我們也許並不了解其目的。

（九點四十九分。「我猜就此為止了，」珍說，「這些東西是和昨晚的東西在一塊兒的。」

（「事實上，」當我們討論她關於其他賽斯的頗為溫和之評論時，她現在繼續以強得多的語氣說，「我深深地感到憤怒。有些自認是我或賽斯『追隨者』的人，竟宣稱他們在替賽斯說話，如此輕易地愚弄他們自己——如此對他們自己的動機視而不見，或沒覺悟到他們是在利用人們。他們也在利用我的書去為自己的書背書……」）

關於珍那可理解的保護作品願望，她許久以前曾做過非常清楚的聲明。在《靈界的訊息》（一九七〇年）第九章裡她寫道：「有好幾個人告訴過我賽斯藉著自動書寫與他們溝通，但賽斯否定了任何這種接觸，說他的通訊只限於與我一起的工作，以保持賽斯資料的完整性。」而在她《靈魂永生》（一九七二年）的序言裡，她引賽斯一九七〇年一月十九日在第五一〇節裡說的話：「雖然為了保護資料的完整一貫性，我的通訊始終將透過魯柏做獨家報導，我還是要邀請讀者知覺到有我這麼一個『人』的存在……」

無論如何，如果他**真的**透過別人的傳述，為什麼賽斯自己不乾脆那麼說？我們對他就他的能力和意圖所做的聲明，和對他所有其他的聲明同樣尊重。如果我們從一九六三年起試想「檢查」賽斯以「獨占他」，那老早就會變成了一個不可想像地複雜而不誠實的任務：當珍和我重寫那些課時，會變得捲入了對他資料的不斷扭曲。對我們及對讀者而言，這樣一個程序可能會變成創造性的悲劇。

甚至在一九八一年出版的《珍的神》裡，珍也舉出了來自賽斯的一些比較晚近之資料，以顯示他並不獨自與其他人溝通。不過，他曾如此做的想法卻很具啟發性呢。在珍的書裡，請見一九七九年八月二十七日的第八七六節，賽斯在解釋有兩名婦人近來宣稱賽斯曾與她們接觸之後，他說：「現在，我並沒有與那些婦人溝通──但她們對我的信心有助於她們利用某些能力。」

這整個具體而微的風暴，幾乎足以令人感到奇怪：那些別人怎麼在珍開始替**她的**賽斯說話並且出版了珍─賽斯資料**之後**，才讓他們的「賽斯」現身呢？受到啟發而去運用一個人的能力，是我們很願意接受且可理解的發展。但宣稱替珍的賽斯本人說話，作為一種表達方法，則完全是另一回事……

隨筆六　一九八二年四月二十日　星期二

（早上八點四十七分。我們原本想把今早的課插進前面的文章，細節處理將頗為棘手。還有，我就必須做一些日期上的變動，並更改或刪減某些手抄稿，才能使每個部分都搭上——而這些事我都不愛做。珍完成口述後，我告訴自己，我會知道該怎麼做。第二天早上我一醒過來，就清楚了解到，她的課應該被如實呈現。珍說可以。那些議論讓我們深受打擊，其中某些在生理或心理層面的觀點甚至可以把我們壓垮。於是乎，將這一課在這裡獨自呈現，比較能給讀者一個清晰的概念，關於珍住院那段期間，我們到底有些什麼樣的感受。這樣一來，也使它自然而然成為連結前後某些資料的橋梁。

（所以昨晚，距她舉行的上一節不到兩天的時間，我向珍要一些有關她住院期間的資料：由她自己的觀點，以及探測、檢查並討論過她的問題的那些醫生觀點。人們中有些人就當她的面談論她，好像她不在那兒一樣——而珍說，由於她的聽力當時仍很受損，她幾乎覺得她**不在那兒似的**。

（五天之內，她已經是第三次在早餐過後就開始口述自己的資料。當然還是在客廳的小桌前：）

就我而言，彷彿當醫學一旦抓住了你，它就想合理化它的存在，在那些幸或不幸地足以被認作是其「適當的候選人」身上施展奇技異能。

當他們討論我的病情時，幾位最聰明的年輕風濕病專家及整型外科醫師，已替我的將來擬定了周詳的計畫——或看似如此。當他們跟羅和我說話時，我試著聆聽，但我的聽力仍這麼差，以致幾乎每次都不可能湊成一整句。所有醫生似乎都同意，我有一種耗竭性的類風濕性關節炎，帶有些微的發炎。但有位醫生嚴肅地告訴我，如果我真是個「適當的候選人」，那麼除非經過一連串人工關節置換手術，否則我再也無法走路，甚至不能將我的重量放在兩腳上了。

作為一個「適當的候選人」，意味著我願將生命託付給醫藥科學。至少住院一年：耗費在治療、外科手術及更多的治療上，直到我總共有了至少四次分別的手術為止。我膝關節和髖骨關節從而可被替補。

可是，我的情況有某些缺點，我身體的兩側不均衡，因此，結果我可能有四個光亮嶄新的金屬和塑膠關節，而仍無法好好地走路。我可能需要一支手杖或一個學步車。不過，醫學會願意去**試**。出自其善心，它所有的科學程序都因我而調動。沒錯，這種外科手術上的可能性所費不貲，但總可以找到某種保險來承擔那費用。但不管費用的問題，有一位整型醫師負責讓我留在醫院裡，直到整個過程全部完成，再次，尤其是如果我被證明是個適當的候選人的話。

（在九點二分停頓良久。）做一個適當的候選人，意指擺脫掉那些褥瘡，此其一，同時還得做大規模的物理治療。不管我聽力差不差，當我聆聽那些醫生說話時，幾乎可感覺醫學開動了它所有的裝備，準備好替我上陣了——而當時我卻還沒準備好做任何這樣的決定。首先我想看看我的身體如何對合成的甲狀腺賀爾蒙反應。我想，該死的！我真希望我能跑，因為，老天啊，我會盡快地逃離這裡！

（九點五分。）我看到的那群年輕醫師們，那些專家，可能是艾爾麥拉市人們所知最花梢的花花公子。他們是看來最高級的年輕人，穿著最新的流行服飾，而縱使在醫院裡，他們也按照最佳的**社會習俗**打扮。集體看來，他們像是魔術師，無緣無故就能變出花樣，以他們迷人的笑容和態度令你目瞪口呆，試圖說服你信從某個奇怪的主義。

（九點十二分。）在這個例子裡，那是「手術」主義。那是唯一的辦法：在我這年紀（五十三歲），若不接受全面而完全的手術，那是多麼罪過啊！

（在九點十三分停了一分鐘，眼睛眨了眨，然後又閉上。）一位醫師告訴我，我身體的動作一定會改變，當我的甲狀腺……

（在一句的中間停了很久之後，珍開始打瞌睡。她的頭垂了下來，身體開始向她座椅的右扶手傾斜，到一個已變成她特徵性的姿勢，因為她的甲狀腺活動，因而她的精力仍然低於正常值，縱使至今她已出院二十四天了。到九點十七分她睡著了。看著她越來越歪斜，我心想不知她是否真的還有心靈及身體的儲存來療癒自己。或許她的挑戰對她而言是太嚴酷了。她的底線是什麼？在十七年不斷增長的奮鬥之後，她還能承受多少？不論為了什麼理由，她是否選擇了——有些是老早選擇的——那些挑戰？

（珍在九點二十分驚醒。「現在那只是關於手術的事——」

（「妳知道妳睡著了嗎？」

（「直到我醒過來才知道。」她半帶著愧疚的笑容說，「現在我想要你寫些東西，但你不會贊同，因為它不是關於前言的——」

（「我才不在乎呢！」我說，「如果妳不想把它放在這書裡，沒問題，我們仍可以寫下來，不是嗎？」

（九點二十五分。「那麼，這就是所有給前言的資料囉……」而現在珍口述她知道她終歸會想用在別的地方、相當於三頁打字紙的「其他醫院資料」。）

事實上，我漸漸了解到，珍是如此地害怕有關那些手術的念頭，以致她在精神上將所有這種可能性擱置一邊。只有當她在家時，在我的幫助下，她才開始探測她替自己創造的物質實相之可能深度。套句話說，她是「真正地、深深地受到震驚」。醫師們竟然真的想將她的主要關節切除，再以金屬及塑膠關節取代，插入骨端而固定位置。珍哭了起來，她的聲音顫抖：「但縱然如此，這些年來我從沒**覺得自己病了**，直到我住進了醫院。」我們聽到並讀到的關於關節替補手術的熱烈報告，對她毫無意義。「當然，也許一個或兩個關節。」我說，然後閉嘴，不想將我的恐懼加在她身上。但**四個**那種手術？而為何停在那兒？如果他們固定了她的膝蓋和髖關節，她的肩膀又怎麼辦？她無法抬臂過肩。「哦，他們也會給肩膀動手術。」一位醫生在珍面前告訴我，音調沒有起伏，好像我們在討論一個需要重建的無生命機械。那麼，**六個**手術。但我太太的肘及手指又怎麼辦？有個醫院的人告訴我們，手指或關節的替補性往往沒那麼成功，因為手的骨頭相當小而纖細。但我們很可以說，珍必須能握筆寫字，用那特定的初級方式表達她基本的創造力，甚至比走路更必要。所以可能會有八或十個手術？

我自忖，縱使身體的心靈寄主願意忍受任何一個或所有這些「外科程序」，身體又會怎麼樣？我以憶起我檔案中有的案例來解決自己的問題。這些案例解釋了種種不同年齡的人，如何在數年間忍受好多次不可置信的手術。但我很怕去想我親愛的太太，在我有意或無意的依從下，變得捲入於一個相似的實相裡。我知道她離做有關外科手術的決定還遠得很，但我可不想給她任何這種建議，不論能看到她站起來會有多好。關節替補手術是不可逆轉的程序，而在我的檔案裡，也有它們失敗的案例。

不過，除了根本的失敗之外，我蒐集的有些文章說，一個傳統的人工關節替補——比如說，給膝蓋關節——通常在鬆掉之前只能維持四到七年。一個非常令人氣餒的展望！當一個植入物開始搖晃時該怎麼辦呢？和我們談過的醫生沒有一位提及這樣一個可能性。珍和我讀到過，醫學設計者正在透過動物實驗，努力改善一個有多孔表面的人工關節，以增進骨頭與金屬的連結；它可以維持十五年。我告訴珍，不論是否會選擇利用任何的「外科程序」，有一天我們會非常詳盡地詢問整型醫生可用的程序。

所有檢查過珍的醫生，雖然試著對她有所幫助，並且以他們所見的「真相」之名提出建議，可是，對我們而言，除了其中一位外，所有他們普遍的無意識偏見都是負面的。例外的那位，是珍在最後一次診治時被介紹去看的年輕醫生。他恰巧是一開始收珍入院的醫生。他就**珍的現狀**給予她鼓勵，而珍感覺與他有一種立即心靈上的融洽。但他是位神經學家，而由於他們認定他的特殊技術在珍的情況裡幫不上忙，所以我們越來越見不到他了。於是，如珍所說，以壓倒性的醫學觀點看來，手術**是**珍唯一的可行性了……

隨筆七　一九八二年五月七日　星期五

在這篇隨筆裡，我將觸及幾個主題，有些已被提及過。當我們在寫這些東西時，珍和我自動被一而再地導回先前的資料去，但每次我們都試著更深入該主題，以發掘意義和洞見的新層次。當我試圖去綜合我們對賽斯資料多年的承諾——因為不可避免地，結果我們是在處理被社會普遍接受的信念架構之外的概念——將之全部組織起來是個極具挑戰性的工作。自從珍出院已經過了四十一天，而光是這「時間」的過去，已給了我們關於她的病及我們信念、意圖和欲望更大的視野。

在至今尚未討論的主題中，有賽斯（及我們）對轉世、對等人物（Counterparts）、可能實相及架構一和二的概念。珍在她上個月的口述裡（見隨筆三她自己在四月十六日的課），簡短地談到賽斯「神奇之道」的資料——因而開始了她「有罪的自己」頗長的引述。所以，為呼應她談有罪的自己之文章，我將引兩段摘錄，以暗示賽斯的「神奇之道」是什麼意思。

除了賽斯自己可能製作的書（不論主題為何），我還打算要編一本賽斯談論神奇之道的短篇專書。一年前，珍就已開始專注於這項極具雄心的計畫，但基於種種原因不得不把它擱置一旁。我的版本主要包含一九八〇年八月至九月期間大約十二節左右的賽斯課，以及珍受那些課啟發、靈感泉湧時所寫的一首詩。她也許可以為這本書貢獻一篇序言，說說賽斯的資訊和她罪惡的自我與神奇之道有何關聯。

如果，如珍在四月十七日課裡口述的，「我們懸吊於最大希望和最深恐懼之間的世界裡」，那麼無疑地，我們可以，至少選擇了去深入她某些「最深恐懼」。她目前受損的情況，顯然激發了有力的身心衝突與挑戰，而我個人估計，她正在以自己獨特的方式去處理它。那個方式是與其他任何人都不同的。我認為，如果她部分心靈「害怕那些恐懼」的話，其他部分則否——或至少它們選擇去面對那些恐懼，並且實際上在許多年前便開始那樣做了。否則珍的「症狀」無法存在於任何層面上。我也不是在暗示宿命的概念。當然，在此探索的機會是非常廣泛的。而我內心仍相信一九八一年四月十六日——至今已一年多以前——賽斯說的：「在那更大的畫面裡，並沒有錯誤的存在，因為每個行動，不論愉快與否，都會以其自己的方式得到補償（redeemed，譯註：指在某件表面上不好的事背後可能有賦予其價值的因素），不但在它與自己的關係裡，並且也在與意識心或許無法感知的一個更大畫面關係裡。」

我此處顯然不是在寫平常宗教意義裡的救贖（redemption）概念，雖然我認為非常可能在一些其他的、比我們視為理所當然的身心架構更大之架構裡，也涉及了一種宗教意義的救贖——及**了解**和**接受**——的概念，作為對**一切萬有**直覺理解的一部分。

既然透過婚姻，並且透過至少好幾次轉世和對等人物的角色（依照賽斯所說，以及我們自己的感覺），我在此生與珍是如此密切相關，在這對救贖的追求裡，我也和她一樣深深捲入其中。就目前關於意識那無侷限本質的想法而言，我們認為共同的追求在我們出生前就開始了——**出於選擇**——而預期終我們一生它都會繼續下去。舉例來說，我不是指身或心的療癒「這一回」不能或不會發生，卻是指，如果它們**真的**發生了，也是會與我們生命整個廣大得多的模式有很深關聯。那麼，就我而言，救贖意味著一個持續的追求或旅程，涉及了一路上為了不論什麼目的，我們選擇去創造的事件——而我認為，某些那些目的真的會涉及「目前意識心也許並不能看見」的東西。那麼，相信這種事說明了我們自己這派的信仰，也指出珍和我認為我們還有很多得學的。而我們試圖將賽斯的聲明謹記在心：「你們的知性並不必得知道你們所有問題的答案。」

不過，和其他每個人一樣，珍和我在俗世層面上過活，所以，無可避免的，我們往往發現自己在那些架構之內碰到日常的挑戰。然而，我們有一個很大的不同——因為我們在內心抱持著賽斯在一些主題上的想法。彷彿我們能感覺他的觀念——與我們自己的問題、概念和成就混在一起——經常在一種特別的興奮和具啟示性的洞見裡打轉。即使當事情不順，當我們在任何想做的事裡，自覺「愚蠢」或受阻時，仍有這種感覺。

在這種時候，我就會想到轉世和對等人物的概念。在這兒我談的只是賽斯兩個較大的觀念。但在沒太過詳論它們之下，我可以思考自己更大、非實體的「全我」（whole self）或「存有」（entity），是如何由幾個心靈相連且投射到時間裡的其他「具體」自己所組成。就賽斯而言，基本上是沒有時間的，只有一個最高、無法描寫的**一切萬有**所顯現了不起的「廣闊的現在」。不過我們粗糙的肉體感官，甚至我們的身體，堅持以線性方式——透過生、老與死等不可避免的過程——詮釋那廣闊的現在，因此為了幫助我們了解他的說法，賽斯以我們能用感官去了解的方式，提出了他有關轉世的自己及對等的自己概念。

他告訴我們，轉世的自己探索過去、現在和未來——**但基本上全部於同時存在**，因為如他定義的，時間是同時性的。我以前曾寫過，作為具體的生物，我們永遠會覺得「同時性時間」的矛盾說法很難理解，至少在知性上是如此。

在繼續談下去之前，我想要講清楚我所謂「轉世的自己」是什麼意思（同時暫且將這討論限制在「過去」）。因為，舉例來說，說「我是十二世紀德屬巴伐利亞的一個農奴」也是矛盾的。如賽斯和我在《未知的實相》卷二裡都提到過的，我們每個人身分的焦點都是現在——而非廣闊的現在的某個其他部分，正如每個轉世的自己有它歷史性的身分焦點。

如果一個人能回到那十二世紀的一生，即使是以一個觀察者的身分，他會發現什麼呢？一個個別的人——並且他並不急於將他的身分獻給任何人，或讓它被想作只是某個「未來的」自己的一個化身！我認為當人們漫不經心地談到曾活過其他的生生世世時，他們忘了那些從前活過的人是完全獨立的生物，縱使他們在心靈上與別人有關聯。那旅遊者是幾乎無法住進自己的其中一個人格裡的！有趣的問題：當二十世紀的一個人，被來自二三五五年（比如說）的一位訪客告以他代表了其未來者的「過去世」之一，他會有何反應？

那農奴無可避免地會透過一個與他未來的自己不同焦點去看他的時代。再想想，當現在與過去投生者之間涉及了性別的改變時，又增加了多少感受和感知上的挑戰！情欲——以及舉例來說，對相反的生殖器之公然的性好奇及興奮——有時必須討論到，雖然至少在文字上，這些與轉世有關的性之細節彷彿是個禁忌題目。相對比較之下，有關轉世的文章裡，有很多討論到一般的性行為模式——由亂交到壓抑——的資料（我很好奇，一個長期、過去世的性**幻想**，是否可能與今生或未來的一個**真正**性問題或挑戰有關）。

但，我們的時光旅客會願意放棄他現在精神與肉體的焦點，去全然進入一個早先的人格裡嗎？我，在壓倒性的大多數情形下——或許根本——不會。因為以那種說法，它會意味著將全我或存有的一部分捨棄，那部分曾透過投射到我們「現在」的時間裡，而獲得了一個獨特程度的某種意識和物質形式。然而，當我再考慮它，我不敢排除這種古怪的發展。在廣大的可能實相（在本文內我也將論及）之內，也許像那樣的轉換能夠而且**真會**發生。如果是那樣的話，只有從我們狹隘的觀點來看他們才奇怪。

更有進者，珍和我相信，在催眠之下的「前世追溯」裡，真正發生的是，那被實驗者（除了對催眠師自己有意或無意暗示的反應外）從一個目前存在的舒適及安全裡，安適地看他的前世。甚至當受試者非常不喜歡目前的挑戰，而試圖將這歸因於一次或多次之先前存在裡的事件時，也是一樣的。宣稱一個人在九百多年前是個農奴是沒什麼問題的——但一個更大的可能性是，調準到圍繞著那農奴實際身心實相的微小信號，或是接收到與農奴全我或存有相關的那個別人格之某些成分。兩種可能性都使他能安全得多地——並且有趣得多地——去宣告他的農奴身分。

在這兒有這麼多我可以討論的，以致時間和空間的匱乏令我非常有挫敗感，只能暗示一下我認為重要的幾點。談轉世的書和雜誌——這年頭還包括錄音帶——充滿了回到前世的故事，而其中有一些說得是天花亂墜。即使承認像賽斯廣闊的現在之古老觀念，參與這種探險的人往往頗願意忽略「轉世也應該同樣可以從相反方向——未來——運作」這個結論！正如最近有位非常敏銳的年輕女士寫信問珍和我，為什麼人們不像被**回溯**到前世那樣成功地被**前推**到來生去？的確有理。我們頗為大量的信件中，極少帶給我們像那樣的問題。

早在一九七四年，賽斯答覆我自己對這主題的思考說：「你們害怕去考慮來生，因為以你們的說法，那時就得面對首先必須遇到的死亡。」（見《未知的實相》卷二附錄十二。）當然，賽斯說的是我們大多數人心存著在傳統上、文化上慢慢灌輸對死亡的恐懼。無疑的，一個人未來的死亡，是個比「面對」任何他可能碰到的前世死亡遠為個人性且銳利的「預期」，因為前世死亡已然發生了！但看來顯然透過探索「來」生，彷彿和探索「前」世一樣能讓人看清目前的挑戰。

我說到一個「成功的」來生探索，因為顯然要搆到未來是難多了。在本質上，一個來生無法被證實——查對記錄等等，完全沒有線索。珍和我讀過許多設計來使一個人回溯到前世系統，這種「旅行」往往是由催眠師啟動的。它甚至可以自發地發生，而我曾以那種方式瞥見我自己的前世（見《未知的實相》卷二第七二一節）。**不過據我所知**，我倆都沒有和一個未來的自己有這樣一種直接接觸。我認為，在催眠之下幻想來生的衝動必然非常誘人；但不論一個人多努力去試，在催眠之下，他最多只是達到一個不成形的未來狀態，這又如何解釋？無法去到未來，將時間反轉過來，可以被視為當前自己這方的一個抗拒信號。

關於經由夢境，或許是被睡前的催眠或自我暗示教唆，去觸及來生又怎麼樣呢？我們自己的結果至多也不過是曖昧的，相對於珍和我所有「普通的」預知**夢**，那些我們則能以寫下的記錄加以留檔。來生夢的追憶可能為了不令守護者——有意識的目前自己——驚慌而被徹頭徹尾地改扮過了。我常常在臆測，對來生的線索必然存在於我記錄下來的數百個夢之內。

關於投射到遙遠的來生報告似乎很少，或許有意識的自己非常猶疑，而不願在意識的這樣一個未探測過的池裡游泳，即使假定目前和未來的關係是存在的。

我的重點是，雖然沒問過賽斯，我也覺得一個人越向前旅行時，他就會碰到越多的可能實相以及可能人生。冒險深入這樣一種糾纏中，會要求一個人經常在它們之中做選擇——因為每一動，甚至每一念，都能將旅行者送入一個不同的可能性裡。在某些案例中，當事人會很害怕迷失在所有那些實相裡。（萬一一個人不想要他選擇的一個可能實相怎麼辦？但那必然是一直在發生的事！）有意識的自己在此所感知的無常，很可能抑制它想知道一次或多次的來生——正如害怕在此生事先調準到一個人肉身的死亡一樣。將這兩個因素加上第三個十分自然的憂慮——在任一來生中總不可避免地有些不愉快的事，那麼至少就有三個有力的抑制，或心靈障礙，制止了我們對來生的覺察。還會有其他因素。考慮了每件事之後，我們可能大半時間根本不想知道來生。

我離題一下來說，很明顯的，當由有技巧的治療師指揮時，前世追溯被證實對某些個人極有幫助。不論轉世是否被客觀地證實了，圍繞著那觀念，甚或那想法本身的信念結構，就已成了一個很好的架構。在其中，透過治療師使用催眠、譬喻、聯想、象徵及其他非常可敬的方法，某些今生的挑戰被解決了。

我們有多豐富的創造力啊！由過去的立足點看來，我們每個現在是未來的一部分；從未來的立足點來看，我們每一個現在都是過去的一部分。

我認為很幽默（且諷刺）的是，不論知覺與否，那些從事前世追溯的人也一直在玩未來的自己這個說法——因為從他們構到的任何「前」世立足點來看，他們的今生顯然代表了未來的存在。以一種方式，且以那種說法，這也適用於珍的例子，當她接觸賽斯時，甚至在他們之間構建的「心理橋梁」上：當賽斯告訴我們，他最後一次肉身生活是在十七世紀的丹麥，那時珍和我代表了他未來具體的自己。我這樣說是因為賽斯自己曾評論，我們三人是「同一存有的分枝」（這一次，見《未知的實相》卷二附錄十八）。然而我們現在全都是**不同**的：「現在在他今生裡的魯柏（珍），並不是我自己。無論如何他卻是我曾一度是的賽斯之一個擴展和具體化。」

所有這些都是極端簡化的說法。在給自己和種種不同部分指派過去或未來身分時，一個人應該非常小心，因為最終，當一個人更移近到廣闊的現在時，像過去、現在與未來這種構築便開始溶掉了。而如在賽斯及珍的例子裡，可能性和選擇開始起了重要得多的作用。

不過，珍和我並不特別認為，在目前這一世裡，我們曾受到其他世所選擇任何成功、失敗或疾病的很大影響，除非最廣義的說：比如一般的身體、人格特徵和能力。我隨意且帶著幽默說，這多少可說是我們共同的一個矛盾態度。也許我們是太頑固而無法全心同意這種可能性存在，或即使有自己所有的挑戰，我們只是太著迷

「現在的」肉體生活，而不想全然同意賽斯。

那麼，談到我們對賽斯資料的接受和利用，或不利用時，我們的態度也許點出了無意識的力量與弱點。我們也許比自己願意承認的更成為我們時代和觀念的「囚徒」，或更深深的根植其內。不過，珍本來就從未有意識地對轉世的想法太過熱心。她是以天主教徒身分長大的，而且極熱情地接受那信仰。珍相信，許久以前她便將教會對轉世的教條留在後面了。她不想用那觀念做枴杖；她的謹慎是來自其他的信念，我會簡略地摘錄（至於我自己，當我長大時，除了只聽過轉世的名詞之外，什麼都不知）。但我們會第一個同意，在某些賽斯課，以及在她非常發人深省的詩裡，珍曾鼓勵她直覺和創造性的自己去認真地討論轉世。在她第二本詩集《如果我們再活一次：或，公眾戲法與私人的愛》裡，這很明顯。從〈我又活了起來〉第三段開頭寫著：

我又活了起來，
憶起一千個季節，
在我心之透明花瓶裡，

安插又重安插，
那些個四月和九月，
而將之放在
我注意力的架上——
一個小型的靜物。

甚至從這小小摘錄裡就可以看出，珍的詩反映了我試圖在第一篇隨筆裡描寫的，在大自然（因而，最後就是**一切萬有**）面前那同樣神祕、直覺的天真。很可能她的心靈已由她的全我或存有引出實相之「事實」，那比我倆有意識的知識要好多了。我倆都有過涉及所謂「同時性存在的轉世自己」之心靈表現，我們曾公開過幾個，有些經驗是在夢境裡發生。我們對轉世的不關心，也許只代表了我們這方有意識的剛愎，但我們相信，每個人都永遠有自由去接受或拒絕任何這種選擇或因果關係——**不論我們選擇去做什麼**。不，我們寧可將目前的挑戰認作是「以最明確的方式對我們全我的知識」**有所貢獻**，而非被我們轉世或對等人物的關聯影響太多。可是，我完全不確定多少人有那樣的感覺。我的確知道，縱有局部的差異，對轉世的接受千年來已遍及全球，而在美國最近的民意調查顯示，有四分之一的人相信它。

我也知道在本書的幾章裡，賽斯提到涉及轉世的基因因素。他說，基本上我們的基因結構和轉世歷史都是意識的系統，它們是「彼此混合的」。前者是物質的，後者是心靈的，是我們內在知識庫的一部分。我不懷疑他是對的——也就是說，在短暫的人生裡，不論何「時」，我們探訪想要的不論哪種意識系統：在我們的性別取向及其他人格因素之寬廣界限內運作的一種選擇和自由意志。

不過我一直在臆測那結果，關於一個人之選擇不去探訪他**任何**轉世的庫藏，不論是過去或未來。這種做法會非常恰好地消除了他這次應付其「業」（karma）的需要——萬一真有一個意識系統具體表現了那古老觀念的話。想想一個人能有多少樂趣，若他在年幼時——甚至未出生時——決定去體驗一個不受其他心靈關係妨礙的生活；它在那兒沒有多少事要「解決」。眼前有多少自由啊——是的，也有多少挑戰啊！佛教和印度教會禁止那想法：一個人竟敢**考慮**逃避，或只是忽略他的命運！然而我們的群體實相，顯然是大到足以給我空間去產生這種狂妄的想法……

所有這些提醒了我，近來，媒體曾登過幾個故事，細說醫學如何不僅努力試想替像癌症這種禍患找解藥，並且也宣稱已將其研究範圍縮小到一些特定基因，它們影響到不像**行為**這種可想像的東西——比如說，沮喪。還不只如此，社會學家正提出非常具爭議性的概念，說大半的人類行為都有一個終極的基因基礎，那轉而影響文化的改變等等。

那麼，一個人可能會問，如果像沮喪這樣所謂的負面品質有個基因基礎，那正面屬性像喜悅——甚或像轉世——的基因又是什麼？如果轉世和基因系統**是**彼此混合的，那麼可以說，甚至一個人去忽略他轉世傳承的決心本身也是建築在基因上的——而去探索這樣一個狀態之彼此矛盾的分枝會很有趣。我們的細胞還可能含有其他哪些神奇？在自娛的同時，我是以大大簡化了的說法在說：如果我們「連續性的」生生世世痕跡是基因式地嵌入的，將它們理清會是一項巨大的重任。

我確知，此時研究者不可能在我們每個細胞核裡攜帶的四十六個染色體上約十萬個基因之中，發現任何轉世傳承被以密碼設下的證據。我們的基因將遺傳自肉體上祖先們的特徵傳下去——但那個贈予是否也被轉世的屬性以任何方式影響或指揮了呢？在裝飾為了製造（透過核酸ＤＮＡ及信差ＲＮＡ）所有身體蛋白質所需的抖動模板時，每個細胞內的基因都有各自的工作要做。但如果將我們的基因天賦首先想作一個意識系統，就像轉世歷史一樣，便能看出如賽斯說的，這兩種非具體的系統如何能彼此相混，而其一影響另一個。那麼就能想像，每個人可以是一袋祖先與轉世傳承的混合物，比我們願意承認的更「混種」。有意思……我們選擇要怎麼去用在每一生展現給自己看的那些可能性，可能全然是另一個問題了。

而為了要使隨筆易於處理，在我討論的這個部分，我絕口不提涉及了基因、轉世及可能的實相必然會有的枝節。

當我在寫這篇時，珍替我寫了以下的東西：「我認為對轉世資料太明確的『解讀』（reading），令我們忘記時間的同時性質，並提倡了一種『嚴酷』的態度。例如，我們可能想要知道一個前世自己的時間和地點——而對『過去』的貫注就會深化了我們對時間的執著。尋找細節將使我們更遠離那些事實必然含在其內的更大感知次元。

「舉例來說，我覺得羅和我已一同活過許多次，並且是以許多種關係。但我並不想花許多『時間』去探索那些人生。我『知道』我們改變且補充那其他的存在。

「我寫詩時，往往能感覺到那個超越生命的焦點，而抓住『真的事實』。」

那麼，我們並不反對轉世，只是留心我們與之相關的信念。在我的討論脈絡內，就賽斯來說，轉世是對等人物觀念的歷史性版本。對等人物的觀念就是，我們每個人都在身體上與某些活在同時間的其他男人和女人有關聯，而他們也是以一個肉體自己無法相比的形形色色觀點去探索肉身生活。這意味著，每個轉世自己在它自己的時段裡，有其一叢的對等自己，而所有都在非實質層面彼此相連，像神奇的齒輪於不斷改變的模式裡嚙合在一起，跨越了時間和實相。一個人一旦了解了這種說法的轉世和對等人物概念，就變得很難想到其一而不想到另一，因為它們看來是如此的不可避免。

（顯然，有些對等自己得以實體相會，如轉世自己所不能的。再次，在某種情況下，並且以《未知的實相》卷二裡所說的方式，珍和我認為我們曾邂逅過幾位我們的對等自己。只是為了好玩，當每個人都存在於他大得多的轉世及對等自己的家庭中時，想像一下即使只有五個人的家庭裡就會有多複雜的關係。讓我們讀者中的數學家來計算，光是涉及在「過去、現在和未來」這五個人的轉世及對等自己們可能有的心靈交會數目！）

比方說，在轉世生命和／或對等人物生命的任何組合交替之間，我們可以發現什麼樣的「救贖」？一定有一些吧，而且對於救贖的特性，讀者也能想出幾個富有創意的詮釋，這點無庸置疑。不過，我寧願讓這個問題自己去搜尋最接近的答案。

無論如何，珍和我都十分確定，我們這一生經驗有那麼多心靈和物質的分枝，多到無法一一領會，而且那些分枝的發展動向對我們這個日常實相而言，是十足的「異形」。（當然，這一切適用於每一個人。）

我其實並不真的認為我們可以把任何人或事想像成「異形」，而我之所以用這個詞，只是要帶出賽斯下一個更廣闊的概念：可能的實相，或是像珍和我常說的，可能性。賽斯不只強調，在我們所知的這地球上，轉世和對等自己們不斷的心靈活動——他還告訴我們，每個這些自己都能進入**其他的**或平行的實相。我引用他在《未知的實相》卷一第六八一節的一段話。

「所有可能的世界現在就存在，任何一個實相裡，那最微細方面之所有可能的變奏現在就存在。你經常不斷地在可能性裡穿出穿入，一邊走一邊東挑西揀。你身體裡面的細胞也在做同樣的事。」

所以，如果珍在**這個**實相經歷疾病，她在另一個裡則否——但在那兩個極端之間，她也在一連串的可能宇宙裡探索了她疾病的所有階段，基本上在「瞬間」閃過那些可能的宇宙……在有些實相裡，**我**以種種不同的關係陪伴她；在其他實相中，我是那個生了病的人！在某些裡，我根本沒跟她實質地共存。但如賽斯說過的，既然我和她同住在這個實相，那麼在她任何一個實相裡，我的存在至少永遠可能。從珍的立足點上，這同樣適用於我。而雖然賽斯還沒如此說（就我記憶所及），我也認為，在可能實相自發的計畫內，每一個人同時都在探索性別和親職的所有面向。

在可能的實相概念裡，生物彼此之間或是生物之中——甚至信念彼此之間或是信念之中——以各種方式發生救贖的機會數也數不清。有多少方式呢？賽斯在很久以前就提過，以可能性本身具備的、縱橫交錯的分枝來看，我們人類至少可以接近觀念上的無限大。近年來，我很喜歡試著把這個陳述具體化，用數學方式來表達可能實相的可能數量，也就是用現代科學界對整個宇宙原子總數的評估數字：10^{79}，也就是在1後面加上七十九個零。當然，即使是這個簡單卻令人難以想像的可能性數字，也無法表現出無限的觀念，因為它代表的只是對我們所知的物質宇宙之一個測量極限。相較於數字或可能實相那富於想像力的質與量，10^{79}只不過到了意識的無限領域門口而已。多麼令人著迷啊！有那麼多救贖——或平等、愛、寬恕——的可能性，發生在可能實相如此令人目眩神迷的排列組合之中。就我們所能理解的程度，這種救贖性質可以是心靈上、物質上、心靈與物質兼具，或只是以探索我們尚未知曉的感覺和成就為依據。

那麼，越過那些人類取向的界限，必然還存在著一群可能的實相，涉及了心靈與身體形式的改變，通常來說，那是我們極難與之發生關聯的自身**非**人的面向。我們可以進一步討論這種「界」（realm），但，反之我要說，即使在這裡，我也想不出有什麼會抑止在某些那遙遠可能實相和我們現世宇宙之間發生交流。這就全看你想在哪裡停止你的思緒，看你能想像什麼了……

我們曾在賽斯的《個人與群體事件的本質》及珍的《珍的神》裡，引用許多賽斯論架構一與架構二的資料。他在那些主題的討論是個極佳例子，顯示了處理一個個人情況的企圖，也能產生能夠幫助許多人的非常具創意之想法——因為一九七七年九月十七日，在一個設計來幫助珍處理她身體症狀的私人課裡，賽斯引介了他的架構一和架構二觀念。

就賽斯而言，架構一只不過是個代表我們視為當然的日常、線性、有意識之「實用實相」。在其中，「時間」和事件自動一刻接著一刻的展現。它是我們大多數人不假思索地在裡面過活的環境。可是，在架構一之外存在著架構二，而它代表了偉大的無時間性或同時性的廣闊現在，**一切萬有**如此摯愛的一個顯現。所有我們的愛、計畫、思想、行動與選擇活在架構二裡；全都按照我們的信念由架構二流入架構一。

如賽斯四年半前在那節引介課裡告訴我們的，珍的「身體本身沒有問題，除了信念的應用之外……縱使你認為身體真的有點問題，那麼必要的調整會在另一種〔在架構二〕時間裡進行，那在架構一裡則根本不花時間——或，不花你以為需要的時間」。為了強調，我自己在最後一句畫了線，因為很容易忽略它有多重要：我們對完成一個像治療行動所需時間的個人觀念，會控制其進程。然後，過了一陣子，賽斯做了一個我隨後一直認為最反諷的聲明：「不過，就創造來說，魯柏長久以來就在架構二裡運作，而這節課應有助他達成某些關聯，使他能自動地將這種方法用在身體狀況上。」

接下來隨著有許多正規和私人課，賽斯在其間討論架構一和架構二。正如當我們有意識地太靠近一個根深柢固情況時可能發生的，珍和我很快便悟到了真相：我們並非**無法**調準到架構二求助，以使我們在架構一創造的共同實相裡替她找到治癒——而是，在物質實相裡，我們從架構二汲取**正是我們想要**的東西，縱使往往是在一個無意識或不經意的層面上。再次，是個選擇的問題，並且是很難面對的真相。如我在這些隨筆裡試圖顯示的，我們並未停止想擣到那更大架構的努力。我們以種種方法，試圖透過情感和理性銀幕所做的正是那個。就彼而言，在架構之間的溝通真是無法阻止的：我認為，如果一個人中止了那交流，就會造成肉身的死亡。就我們而言，任何時候決定一個身體疾病是「錯的」時，我們可以學習去改變它；但唯有當我們決定自己不再需要那病時，它才算是個錯誤。

我該說明賽斯曾非常簡短地提到架構三與四的存在。我相信他說，他與珍最初的接觸發生在架構三的環境。我自己則猜測，我們與不久前我提及的某些「非人的可能實相」之溝通，可能涉及了架構四——**透過**前三個架構。

但如果以我們的說法，於架構之間的互動對每個人都存在的話，那麼，在我看來它們對每樣**東西**也就都存在——而我的確是指所謂「無生命的」東西（這兒不是深入此點的地方，但賽斯認為是我們為了許多理由，片面地決定何者為有生命，何者為無生命）。每個轉世自己、對等自己以及可能自己，都有其所需要的架構。最微小及最巨大有生或無生的存有也都如此。所以，「很可能」一個人能想像到前衛的可能實相也大半如此——因為我不想逕行否認有些沒有這種架構結構的可能實相或許也存在。真是奇怪的單次元「扁平國度」！但在每個那些「架構互動」運作的地方，它們有助於每個受造物、每個存在、每個精髓或重要的原則完成「意識心目前也許無法感知的更大畫面」。以我在此甚至無法開始描述的方式，所有架構終究必然在**一切萬有**難以形容的脈絡裡結合。

在這隨筆的一開始（我在一九八二年五月七日開始寫），我提到賽斯在一九八〇年講了一連串談「探究實相神奇之道」的課。珍和我開始以不同的方式進行這個主題。由於病症日益加重，珍逐漸放棄《夢、進化與價值完成》的口述，轉而專注於私人課。幾個月來，她認真考慮製作談神奇之道的書（在我的鼓動之下），並收集了很多她自己那方面的相關資料。也就是說，她認為這本書對其他人跟對她一樣有幫助。然後，當賽斯和珍在傳述有罪的自己時（見一九八二年四月十六日的隨筆三），那些資料就取得了優先處理權。於是乎，可以預期得到的是，我們的注意力幾乎全部都集中在病症上面了。一九八一年七月，當賽斯傳來兩大筆關於有罪的自己之資料時，珍才回到《夢、進化與價值完成》這本書上，在此之前，她至少有十三個月沒有口述《夢、進化與價值完成》的任何課。

即使珍持續進行神奇之道的實驗，這本獲得她全神貫注其間的書卻還不足以成形。我們本身在心理上的不安是導致失敗的重要因素，而且珍的寫作也停滯在一些枝微末節的瑣事上，如日期、引用舊課的段落、詳盡研讀我們的夢記事，以及其他有關通靈和日常的記錄。雖然這些都是很棒的細節，但這並不是珍做事的方式，真的。

在寫出我答應要給的摘錄之前，我想說明，賽斯只不過是說，從架構二（並可能從其他架構）我們以自己選擇的任何聚焦方式：正面地、負面地、神奇地、實在地、懷疑地等等，汲取我們想要的任何資料。如他於一九七二年二月十六日在一節私人課裡告訴我們的：「你們得到你們貫注其上的東西。沒有其他的主要規則。」那麼，位於不論哪個俐落地包好的時段——過去、現在或未來——裡每個轉世、對等、可能的自己，都能利用神奇之道作為一種選擇。可是，那簡單的去利用它的宣稱，涉及龐大的了解和經驗，並且是珍和我以我們有意想要啟動它的方式，發現是極難做到的——雖然照讀者的信看來，至少許多人都能沒多大困難或根本沒困難地利用賽斯資料的種種不同部分。

賽斯在一九八〇年八月十七日的私人課裡——他談神奇之道系列的第三節——說：

「以最簡單的說法，神奇之道認為，理所當然地，任何一個個人的生命會完成他自己，會發展與成熟。環境與個人是獨特地彼此適合，並且一同合作的。這個聽起來非常簡單。可是，以口語的說法，那些是每個細胞的信念。它們被印在每個染色體、每個原子上，提供了與生俱來的信心，滲入每個活的生物、每隻蝸牛和你頭上的每絲頭髮裡。當然，那些根深柢固的信念在生物上是合宜的，提供所有成長與發展的推動力。

「每個細胞都相信明天會更好。（安靜地，帶著幽默。）我承認，在這裡我是將細胞人格化了，但這個陳述有穩固的真實性。而且，每個細胞在自己內部都對自身的『不可避免』具有一個信念及瞭解。換言之，它知道自己死後猶存……」

以及：「神奇之道理所當然地認為，人是整合的生物，就像動物一樣完成在自然裡的目的，不管那些目的被了解了沒有。神奇之道理所當然地認為，每個個人都有一個未來，一個達成目的的未來，縱使明天死亡可能就會來。神奇之道理所當然地認為，發展的辦法是在每個人之內，而完成會自然的發生。整體而言，神奇之道在你們的世界裡運作，如果沒有它的話，就根本沒有世界。如果最壞的事注定會發生，如科學家顯然這樣認為的，那麼以他們的說法，即使是進化也會是不可能的，當然——這也是一種好想法（很熱切地）。

「你們需要這個背景資料，因為我想建立一個氛圍，在其中，可以理解這個

『神奇之道』。」

在第一篇隨筆裡，我描寫曼達莉醫生如何告訴過珍，說她的甲狀腺「根本就停止作用了」，以及曼醫生如何開始小心地以每日五十微克的合成甲狀腺賀爾蒙，恢復我太太的內分泌系統。

可是九週後，珍和我卻都準備增加劑量了，因為她顯然需要。我提過幾次她在椅子裡打瞌睡，甚至公然睡著了。曼達莉醫生同意低落的甲狀腺活動與這些情形直接相關。然而所涉及的還不只是瞌睡——我還沒詳談而只能在此時提一下的效應。我們也還沒和她的醫生討論這些——我們自己祕密天性的清楚徵兆——但珍相信由於甲狀腺藥物治療，她有幾次半幻覺、半靈異的經驗。

「我有幾次新的意識改變狀態經驗，」她吃力地寫，「而這些與我以前曾做過的任何事都相當不同。因此之故，很難將它們歸類……當我們顯然在出體狀態（out-of-body state）時，她也曾與我——有時還與某些友人——長談。在這兒說是她以為她和我一起做的事，然而當她「醒來」，她發現我們並沒做任何那些事。她常常提到當她打瞌睡時「意識裡的空隙」。昨天上午十一點五分她說：「我不知道我在椅子裡做什麼。」她會在告訴我她必須用活動便器後又睡著。「我不喜歡甲狀腺這碼子事給我的感覺……我覺得我擋了你的路，或擋了生命的路……」那次她顯然感覺沮喪，而我試著鼓舞她。

此外，珍還描述了與甲狀腺藥物治療有關的一些獨特出體經驗。舉例來說，這些不像她覺得她的心靈自椅子物質組織上升的標準經驗。反之，她覺得她的身體在**椅子裡**非常令人信服地被舉向天花板……有時候那些事件真的變得很奇怪——因為珍在椅子裡翻轉過來，而腳先接近我們臥室天花板。於是，在她底下，是一個顛倒的電視螢幕，以及窗帘在頂格而非底格的兩扇窗子（譯註：他們用café curtain，即窗帘只遮住下半段窗子而空出上半段）。還不只如此，由於她的「複視」，珍有時看到**兩個**電視螢幕和**四**扇窗子！不過她還沒見到自己的身體坐在她底下，像在出體狀態可能發生的樣子，也沒有看過或與任何已逝的人談過話。

這時，在任何這些插曲裡，珍並不知道如何或到什麼程度，或根本有沒有涉及幻覺；有時夢境則顯然涉及了幻覺。但我在這兒提及的經驗，加上其他的，曾打開了她能力中一些令人驚訝的新次元，而稍後她想要徹底調查它們並寫下來。

隨筆八　一九八二年五月二十三日　星期日

到如今應該很明顯，在這些隨筆裡我描寫過的所有「自己」和處理方式，大半只代表了當賽斯試著將其種種概念讓我們了解的時候，他在語意學上所做的遊戲。基本上，所有都是一體的，如他從他的有利地位，比我們能從我們的地位要明白——且能**感受**——得多。（「現在我們既生亦死」，珍在《珍的神》第十章寫下這一句，引述自她自己的「心靈圖書館」。）

所有彷彿有的區隔，都反映了一個統一整體的各部分，這無疑是我們最老的觀念之一。就彼而言，當我們努力奮鬥去理解實相的「真正」本質時，這觀念與我們一同自史前時代長大。在傳統上，由於缺乏一個更好的架構，我們以宗教的說法去談那感受或知識，但我想現在科學也越來越常找尋一個學說——甚至一個假說——它會將我們通常主觀的變數，鎖定成物理學統一理論（unified theory）的一個更人性化同等物。無論如何，人是什麼東西？從珍和我能推斷的（尤其是經由我們的閱讀），至少有些世上領先的科學家們變得願意爭論意識本身了。我手邊部分最近的科學文章，尤其是由物理學家寫的，包含了不久前會被烙上玄學，甚或更糟名稱的參考資料。

但我帶著一些好笑的感覺注意到，科學吸收這種異端邪說，是藉由將它們織入當前已建立的想法，並在其中將它們發展出來——比如像量子力學「大千世界」（many worlds）的詮釋觀念。非常簡單地說，這個「量子的說法」，可以容納「我們每個人只住在無數的可能或平行世界之一裡」的主題。這理論甚至也採用了進化的理論，因為那些其他世界，據說是與我們所居這個世界平行的**進化**。然而在量子力學內，並沒有解釋人的個人身分如何或為何**選擇**去跟隨某一條可能的道路，而意識本身是不被考慮的（不過，有些物理學家曾暗示，當次原子核子——光子——走上它們分別卻「共鳴的」〔sympathetic〕路途時，它們彼此溝通）。在此請原諒我語帶諷刺，但賽斯一直在談意識的分枝，並且也主張，我們並不只住在一個可能的世界，而且還經常憑著選擇在它們之間移動——如果一個人做選擇的話，是在瞬息間那樣做的。

（我要補充說，賽斯和量子理論都預言，由「空的」空間能自發地創造出物質的粒子——對我來說，這彷彿是與某些能量不滅定律相違的事件。這些定律中有一個說，物質無法無中生有。賽斯說經由意識的行動，這自發的創造一直在發生。不過，在理論的量子世界，某種條件是必然的：超重核子在強力的電子場之中等等。）

我們有些讀者寄來努力於這些題目的科學家之新書和文章副本，他們說若珍和我讓體制來「證實」賽斯已討論了好幾年的觀念豈不更好。但再次的我又覺得很諷刺，大體而言，科學甚至不覺察賽斯資料的存在，儘管我們收到代表形形色色學科的個別科學家們贊同或鼓勵的信函，仍覺得沒必要證實。如我上週才給一位書迷寫的：「不論他個人做何想法，沒有一位有名的科學家會公開支持去相信賽斯資料。無疑地，在事業上那是不智之舉。」

有一天，為了我們自己的樂趣——幾乎沒有想要說服別人的念頭，更別提那些科學界的權威了——我要請賽斯評論一下存在於他的概念與量子力學概念之間的關聯。我確定這整個情況會令賽斯覺得趣味盎然——但他也會為人類的抗爭過程感到同情不已。我認為珍對於賽斯資料與量子力學理論之間是否存在任何關聯並沒有多大興趣。賽斯不曾說過這方面的觀念，而我們也沒有問過他。在我們所有的書裡面，只要有提到那方面的討論，全都是我一個人推測：我認為用一種富有創意的方式去看待一個理論是很好玩的事，別忘了，理論是以不論任何人、任何立場來看都應成立的。而且，我堅信量子力學理論確實包含了強烈的超自然觀點，不論科學界承認與否。

我想他會指出，既然量子力學概念是建立在我們「知道」的每樣東西——物質、能量、我們的感官資訊——都是由光子組成，或是由無實質的「場」之互動組成，那隨之又十分弔詭地產生非常活躍的次原子束或粒子，那麼至少量子力學類似於他的敘述：基本上宇宙是由意識組成的。但我想意識的連續體（continuum）或**一切萬有**，不只包括了量子力學的現象，而且也包括了賽斯的非實質EE（電磁能量）單位，及他的CU's（意識單位）。那麼，以那種說法，量子力學是個未足夠深入於基本實相的理論，縱使最近物理學家是將他們的統一場論（unified field theories）建立在量子思維上（這些理論本身也是相當不完整的，因為在此時，他們只併入了自然界裡四個基本互動的三個：電磁學以及強和弱的核子力。至今，引力仍未被所有整合的企圖所收編）。

對我而言，意識或**一切萬有**是個無所不在、真正無法描寫的覺性（awareness），對我們人類而言是沒有止境的。包含了不只是時間、空間及所有感受、思維與客觀屬性，並且也包含了在我們非常狹隘的內外在感知之無數的其他特性、展現及可能性。那麼，就物理學而言，實相仍然是不可知的。

縱使珍得留在像她現在的受損狀態裡，她在我寫以上的段落時說，看來我們有賽斯資料仍比沒有要好些。「我絕對寧願以它碰碰運氣，而不願沒有它！」她宣告。

六天前，在五月十八日，曼達莉醫生終於增加了她開給我太太的甲狀腺賀爾蒙藥丸劑量——從每天五十微克到七十微克，令我們大大鬆一口氣。「但還要好幾週才會見著好處。」她告訴珍。藥量的增加是幾天前醫生下令驗血的結果：一位醫院技術士到我們的坡屋來替珍抽血——執行「靜脈切開放血術服務」（Phlebotomy service）。現在每次增加甲狀腺藥物之前，珍都必須做這樣的抽血測試。

在無止境地找尋一個沒完沒了個人問題清單答案的過程裡，我們討論過一個說法，珍用自己的方式描寫過一個自她童年起的循環：她的父母，戴爾墨和瑪麗，一九二八年是在紐約州北部有名的度假勝地撒拉托加溫泉市結的婚。他們在一九三一年離婚，當時珍兩歲（她直到二十一歲才再見到她父親——他自己也是來自一個破碎家庭）。到珍三歲大時，她母親已有了嚴重的類風濕性關節炎毛病。說真的，女兒只有意識的記得看見她母親自己站立過一次。我們只有幾張他們在婚後不久戴爾墨給瑪麗照的相片，顯示一個美麗的女人穿著泳衣站在佛羅里達一處海灘上。

我們有些其他的書包含了更多資訊，關於珍如何長大：沒有父親，與一位很快變得臥病而懷怨的瑪麗住在一起。母女被社會福利養活，而多年來由一連串巡迴的管家協助。瑪麗是個聰明而憤怒的婦人，活在經常性的疼痛裡，而她以若非精神異常也很接近異常的行為例行地虐待女兒（例如，她會把棉花塞在嘴裡，假裝她要自殺而嚇年幼的珍）。珍也在一家嚴格的天主教孤兒院住過。她父親死於一九七一年，享年六十八；母親死於一九七二年，也是同樣年紀；幾年沒見過瑪麗的珍沒參加葬禮，我也沒勸她去。而我這方面，在與瑪麗見面的少數場合，我一直覺得非常不自在。

跟我們談過的醫生們，都不會公然說類風濕性關節炎是遺傳的——只說「它似乎在家族裡流傳」，而且得病的女人比男人多。然而除了她母親的病例，在珍的家族裡並沒有關節炎歷史，只有一兩位祖父母有過風濕病的「例行」痕跡。奇怪的問題產生了：那麼，為什麼首先是瑪麗，隨後是珍開始顯出她們的症狀呢？就我們盡可能接近的推測，瑪麗是約二十六歲開始發病。珍則是三十五歲發病；她明天就五十三歲了。

我自己相信，至少在珍的例子裡，那年輕女孩的**心理制約**要遠比任何身體上的遺傳傾向來得重要，也更具傷害性。我想，瑪麗對世界的傲慢怒氣（由她所選擇的，不要忘了），深深地穿透珍在發展中的心靈，而令她建立了在任何時候、某些情況下，都可以被啟動並轉變成身體症狀壓抑、保護的內在屏障。自許多可能性中，女兒的制約是心靈上被選擇及接受的，而她是要透過那個焦點來與母親的行為互動。對我而言，這是「一個可能活動過程能被所有涉及者同意的方式」之一個例子。

我甚至認為，如今已有很好的醫學證據證明我對珍「症狀」的看法。近年來，類風濕性關節炎被發現是一種複雜得令人驚異的病，涉及了很多身體的免疫因素。在患類風濕性關節炎的過程中，一個人自己的免疫系統攻擊身體而損傷了它。一個非常簡化的解釋是，在周而復始的過程裡，種種稱為吞噬細胞的單核白血球變成巨噬細胞，或清除性細胞，又轉而釋出吃掉健康關節組織的酵素。結果所生的殘渣吸引更多的單核白血球等等。一個發炎細胞碎屑的累積，最後破壞了關節軟骨而吃掉骨頭。

可是，還不只如此，因為現在實驗顯示，腦—心聯繫透過壓力的制約能影響免疫性，加強其效力或抑制它。直到幾年前，免疫系統是全然不受任何「外在」影響力的影響，還是個醫學教條。但近來某些腦化學質被發現與免疫系統裡的細胞化學「受體」配成了對，而研究者預期會發現更多的這種關聯。那麼，就身體而言，我認為在珍的例子裡，很可能始自她幼年期的長期壓力，恆常地過度刺激她的免疫系統。瑪麗一再告訴珍說她不好，說女兒的出生引發了母親的疾病。在她還不到十歲時，珍已發展出驅之不去的結腸炎症狀——常常與情緒緊張連在一起的大腸炎症。到她十三、四歲時，已有了甲狀腺亢進。瑪麗——及其他人——告訴她，她會耗竭自己而在二十歲前死去。她的視力很差，需要很深度數的眼鏡（她卻很少戴）。最後在她三十五、六歲時類風濕性關節炎開始了：珍的免疫系統大大地加強了對她身體的攻擊。

（我相信等到這本書出版時，目前有關免疫系統和風濕病的醫學想法會擴大很多。不過，關於珍的早年心理制約和她目前挑戰之關聯，我真正認為我說的沒錯。）

不久前，我提到所有與我太太有牽涉的人可能曾同意一系列可能活動的方式。

你能想到多少種可能性就有多少。我幾乎無法將之全在此表列出來。舉例來說，在架構二裡，懷著珍的瑪麗，可能與她未來的女兒決定了在她們人生中要追求的某系列行動。或在架構二裡，她倆甚至可能在**瑪麗**出生前就合作達成這樣一個決定。如果要考慮到轉世的話，她們這回失常的關係，可能反映過去的一個不同卻類似的關聯，而也可能對任何未來的一生有重要的影響。更有進者，珍可能選擇了現有的關係，以便終有一天會有助於緩和她對賽斯資料的接受和反應，令她格外謹慎；雖然她事前就照料好與生俱來的某種堅毅和天真之組合。為了使她以選擇的能力加緊前進，這組合是必要的。她可能事前便協定好，由外祖父那兒「借」一些強有力的神祕特質；她外祖父是法裔加拿大人和加拿大印第安人（我們不知道是哪一族）的混血，珍在兒時非常認同他。而珍的意志力——照賽斯說「是令人驚異地強」——在此生可能加強了她的對等人物們的了解和決心；她可能會（或已經）與這樣一個人見面；比如說，另一個人可能住在海的那一邊，而從來不會碰面。

在所有這些之中，我只略微暗示了涉及來自過去、現在和未來的其他家庭成員之複雜關係。數學上的可能組合是極大的。而**我**在所有這些裡的角色又是什麼呢？我倆何時在架構二裡做了自己的約定，而它們又將如何在架構一裡實現呢？甚至可能在我們**任何**一個人出生之前，瑪麗、珍、她外祖父和我就一同設定了最初的局面——而在某個可能實相（若非這一個）裡，我們正是如此做的！要表達我在此的感受和想寫的東西，文字變成了極不夠用的工具，因為我想同時記錄我能想像的每種組合關係……

只在這個可能實相裡，從「過去」的不論哪一點，不論最初為每個當事人同意的行動路線為何，這些年來在架構一裡，參與者讓它經歷幾乎無窮的選擇和修改：卻永遠在大自然的偉大結構之內，並且伴隨每個當事人從自身在任何時刻之著眼點去接受、拒斥、中止或改變整件事的絕對自由。

那麼，只回到瑪麗和珍身上，我認為她們長程的循環行為和互動，不論在表面上看來有多痛苦，卻代表了母女兩人為了某種她們想要體驗的整體目的、分別及共同設定的深深挑戰。橫跨實質與心理的時間，不但這兩個女人會在情感上受到考驗而更富足，她們的存有或全我也是一樣。

當然，在同樣的時間架構內，她們的一個共同創造就是類風濕性關節炎，因為珍約在瑪麗去世前八年顯示**她的**症狀。可是，珍以我在第一篇隨筆裡提到的頑固脾氣，從未告訴瑪麗她自己的疾病；既然兩人不再相見，瑪麗從未有意識地知道這事。不過，我倆都認為心靈上她是**的確**知道的。我甚至認為母與女共享那**同樣的**風濕病例——並沒有兩個分別的例子。

「哦，你為什麼非得**那樣**寫！」當珍讀到最後一句時，她痛苦地喊道。那剛好成了我今日工作的結束，我在晚餐後拿給她過目。「那是個很好的想法，但——」

「我知道那是個好想法，」我說，「我想人們一直在那樣做。在流行病裡也一定發生了同樣的事。但我無意讓妳難過——別管它吧！」

在以上幾頁裡（自從我開始討論我對珍的早年心理制約信念），我曾指出目前我個人能使我們世界有意義的唯一一種想法。尤其是當我想到典型日報頭版「新聞」：戰爭、污染、貪污、貧窮及罪案，全都太正確地顯示，在此時我們人類多不認識或了解自己——以及想到，個別與集體地我還有多遠要走。隨著這些年過去，我越來越信任自己對人類活動習性的深刻領悟，身為自然架構中的一個物種，我相信我輩與這個星球上所有其他物種共同創造了這個自然架構（在這裡，我把我的主題限制在當前環境中）。毫無疑問，這一切看起來非常複雜，但是我在日常生活進行操縱的同時，並未有意識地想著這些隨筆當中提到的可能性分枝，反之，我當它們是一個更大整體的一部分，想要讓它們留在我的腦袋後頭。我想珍也一樣吧。

就算對「生命奧祕」及宇宙，我們人類最好的了解也是極端不足的，珍和我仍不認為大自然是完全客觀地、漠不關心地殘酷，或根本不在乎，如科學想要叫我們相信的。對我們而言，遠為基本而令人滿意的是，能直覺性地理解到，這個我們裏助創造的「大自然」是**一切萬有**活生生的顯現，而在它壯麗全景裡的某處，每個行動都有意義，並且是真正有價值的。我們並沒被矮化。我們怎麼能被矮化？因為，如我先前寫的，如果珍和我同意「所有彷彿的區隔都反映了統一整體的一部分」這個古老概念，我們也認為，以某方式那整體是包含在它**每個**部分裡。科學稱這概念為「全學」（holonomy），但賽斯多年來都在講同一件事卻從未提到那個字，珍甚至不知道那個字。

當然，當我寫這些東西時，我明知賽斯和我們自己的許多要點至多不過是理論罷了——縱使是非常有意思的理論。有些可能被爭辯說它們甚至不是理論，只是假說——嘗試性推斷出的解釋，需要更進一步的實驗和檢查。更糟的話（我懷著些幽默地寫），它們可能「只是」些想法。不論其身分為何，珍和我從好幾千位來信的讀者那兒得到了鼓舞，他們曾一再說明，如何將賽斯資料非常正面的用在身心兩方面。（除了早期少數幾次不慎遺失信件以外，我們保留了所有讀者的來信，存放在地下室一堆堆的紙箱中。我們希望書迷的信件能夠提供一個研究基礎，透過種種觀點，了解社會對於像是科學、哲學、心理學、宗教、神祕學、懷疑主義、廣泛而深入的好奇心，以及精神疾病等新觀念有何反應。即使是謾罵羞辱，或近乎文盲到令人訝異的信件，也都收存其間。）

不過，由於其根本的本質，且縱使包含了足夠的「證據」，以支撐一個解釋某種現象運作的概括性原則，一個理論仍無可避免地包含了錯誤，因為它本來就建立在不完整的資訊上。因此，它可能遭到後來的理論攻擊，研究者藉以減少或消除那些錯誤。在尋找一個最後可變為「事實」的真理之過程裡，發生了持續不斷對細節的琢磨。（我也注意到，往往那些被尋獲的真理都太抽象，因此對我們而言，既失感性，也不理性，甚至逸出我們廣泛的感知之外。於是我注意到，我們可能分析再分析，最終宣布某件事不可能發生而將它從自己的實相當中剔除——可是實際上，這實相以及實相的其他版本，一直存在於種種相互關聯的可能實相之中。）

就賽斯、珍和我的觀點來看，當我們試圖找出意識的各個次元時，輪迴與對等人物的存在，以及他們衍生的所有分枝，也許共同組成一個精煉過程。這很可能是真的，無論我們相不相信前世今生，以及（或者）對等人物，但我知道此時此刻並沒有任何方式可以「證明」這項假設性聲明。

我認為我們三個持有的信念非常具有創造力；我們是因為那樣而接受它們；這些信念是我們目前僅有的最佳「明證」，還激發我們以全新方式去理解實相，如此一來，答案就在信念本身。我知道科學家與哲學家不會同意以上所說——至少是絕大部分，然而我曾讀過一句話，它說：再瘋狂的點子都可以在某個科學家或哲學家的腦袋裡找到出處。珍和我還沒有天真到以為我們提得出任何強而有力的證據來證明我們所信為真，而賽斯又不把這種事放在心上。即使當我好玩地把他的概念和量子理論扯在一起時也沒找著那樣的證據——不過我還是要將珍「令人驚嘆的強壯」（amazingly strong）當作一項觀測裝置，它自動引發了各種博學或意識的「波」——例如，在架構二——然後將不論是發自遠處或此處的波，以心靈模式結合成「粒子」，用來補償她感知為在架構一裡的形體。

隨筆九　一九八二年五月三十一日　星期一

自從我從醫院接我太太回家，至今剛滿九週。上星期（在另一次驗血後）珍的醫生才剛再一次提高她服用的合成甲狀腺賀爾蒙劑量，這回由每天七十五微克到一百微克。

在第一篇隨筆裡，我提到珍的頑固、天真與神祕主義的獨特組合，就彼而言，什麼都沒改變。不管她對接觸到的醫學做法和建議感到恐怖，不管她對風濕病在肉體上引起了實質損害的驚慌，直到她——和／或她的全我——從整個疾病症狀中得到想要的東西之前，她是不會放棄任何東西的。她對實質生活有一種不可置信的頑固耐心，這個特質支持她度過了所有的挑戰，以及成功。我想，在她早年與母親相處的可怕歲月裡，這特性也必然特別重要。她的決心甚至在她三、四歲時的照片裡就不知怎地顯露出來。珍學會拒絕去反擊病弱的瑪麗之怒氣和挖苦，而壓抑她的自發性和衝動，因此便開始了壓抑的習慣。然而她是完全不狡猾也不世故的。

透過她早年與天主教會的密切關係，她學到罪的觀念。至少在珍的例子裡，很容易看到，當天真的孩子開始保護她自發的自然神祕主義時，教會關於罪的教誨如何開始增長。我認為她的壓抑隨著「有罪的自己」上升到如此重要的地位而滋長，當時光過去時，它在心靈裡箝制得越來越厲害，繼續其誤導卻「善意的企圖以保護創造性的自己……在其方向上保持警戒，以免好幾世紀以來人類對罪的信念帶來一個真正的重負。這重負雖然也為我所分享，我卻無法理解」。因而，當然，有罪的自己過度反應，雖然沒帶「惡意」，本身卻變成了這回珍長程學習挑戰的一部分。

直到她病得如此嚴重以致可說是被逼去住院之前，我一直覺得，我太太那一心一意卻不知變通的意向焦點，能撐過要達到一個特定目標的不論多久時間——不論是五分鐘或五十年。她的病令我去質疑那個前提，但現在它又歸回原位了。當珍面對自己在物質實相裡的投射時，可能並不有意識地知道她要的是什麼，但她心靈的大部分卻是知道的（而我認為這適用於任何一個人）。

在我們結婚初期，我常常告訴她，不論我有什麼想法，或是我想要什麼，她都會有她的「症狀」，而她會否認這話。然而我認為她是這樣，因此我被迫去搜尋更大的了解。我必須學到，如果在我分享的一個婚姻裡，我太太發展出一種慢性病，那麼我的某些部分也參與了那個共同創造。對我而言，最後除此之外別的都不合理，我現在絕對相信每一個人**的確**創造了自己的實相。「當然，你與其他人之間的交互作用的確存在，」賽斯很久以前告訴我們，「但是，其中仍然沒有一件事是你所不肯接受的，也沒有一樁事不是被你的想法、態度或情緒吸引而來。」（見《個人實相的本質》第一章，一九七二年九月十一日第六一三節。）在那些存在的較大架構內，珍和我仍在探索、搜尋——一塊兒——使得像疾病這類特質成為可能且可以了解的因素。

在所有這些隨筆裡，我一直無法很深入珍和我想要討論的大多數主題，還有許多我甚至沒提及的，所以這記錄是相當不完整的。而不論我們的時間和空間在此是否很有限，要真的透入任何主題或信念更深的核心，似乎仍然是不可能的。也許如果珍和我能做到那點，偉大的蛻變便會發生：我們經由可能性越向**一切萬有**接近，與所涉及主題相關的緊張便越會將自己轉化成極為喜悅的答案和挑戰。

我幾乎沒提到我們的夢。就珍的身體症狀而言，它們大半保持為無意識的現象：我們一向知道自己常有「症狀夢」，卻沒能一貫地憶起它們，以便能在上面下很多有意識的工夫。現在仍是如此。顯然在那方面我們久已做了選擇：就珍的病這深深影響情緒的題目而言，我們決定保持大半的夢工作在一個直覺和無意識層面上，然後，精確地從架構二獲取我們想要的東西。

但那簡單的聲明也意味著，我們有關珍的挑戰的夢工作，常常被賽斯那三百四十七次完全私人及一百五十九次半私人的課有力地慫恿著。大半賽斯討論珍的症狀種種面向那迷人而有益之資料，都夠普遍化而足以公開，並且能幫助別人，但由於其非常強烈的個人意涵，它成了我們尚未開始的一個方案。（我其實已經把一些私人課的摘錄放入其他賽斯書裡。）

不過，一定有很大量貼切的夢資訊準備好為我們取用，而或許在賽斯的幫助下，珍和我對她身體上的挑戰搏鬥時，有一天我們對共同與個別的夢所扮演無疑具治療性的角色會學到更多。就算我們對過去、未來及**其他的**現在存在狀況如何，我們有個人性的隱諱，在夢的層面，我們任何一個轉世自己、對等自己或兩者種種不同組合之間的交換，又對珍的症狀有何影響？我如何捲入在其中？珍和我的家人又如何捲入，而回溯到普通時間的多少代呢？珍身體上的疾病經由夢境擴散到其他可能的實相到什麼程度？我認為珍本人能處理許多這種問題；如果她決定那樣做，可能靠她自己向它們調準頻率，或經由她「心靈圖書館」的轉達。這調查可自動地發展成一本書——我跟珍開玩笑說，甚至發展出一本「世界觀」的書。

珍在《保羅・塞尚的世界觀》（*The World View of Paul Cezanne: A Psychic Interpretation*, 1977）第一章寫到：「賽斯主張，當我們在實相的私人角落中邂逅，每個人塑造出一個以個人概念、情感和信念構成的心靈世界觀。」每個曾活過的生物持有的世界觀依然存在，而且可以在特定條件下被轉換。所以心靈形態可以是那些正活著的，甚至可以是那些尚未出生的。但這並不是說，就會與心靈世界觀的創造者直接聯繫——而只是經驗的銀行，那些經驗源於個體獨特的實相版本。既然世界觀從來不是靜止不動的，那麼相互作用與連結一直以來都在持續不斷發生。

當然，珍的書可以稱為「珍的世界觀」。而且我認為有何不可？如果她可以對準哲學與心理學家威廉・詹姆士（William James），以及藝術家保羅・塞尚（Paul Cezanne），為何她就不能對準作家與神祕學家珍・羅伯茲？後者的結果將會比詹姆士和塞尚的結果來得更深入吧。一個像那樣的作品，將會提供在各個層面上與她的救贖，還有我的救贖有關的無價線索。

在我給珍看了這篇東西的第二天早晨，我問她對這樣一本書有什麼想法。「我不喜歡談它，」她說，「但我曾考慮過這個想法——想過關於像那樣東西的一些想法。但我寧願不去討論它。」

「好吧。」我說。我為她的反應感到驚喜，因為她不想談某一個題目，往往是結果會以它做出一些創造性事物的徵兆。

當然，事實上，任何生物每一秒生命都代表最深的一種創造行動，因為它送出那個實質存有想繼續以肉身方式活下去的決定訊號。我想，自從進醫院後，珍已得到一些了不起的收穫。我們的朋友全告訴她，每次他們見到她看起來都更好。她有美麗的光潔皮膚；她種種的關節活動都更自由，雖然她離能走路還遠得很。她現在每天能很笨拙地打個半頁字。「在那些夠令人害怕的醫院插曲當中，我學會如何在戰鬥狀態——可以這樣說——信賴我的身體。」她有一天寫著——我認為是個夠合適的比喻。

她也用我去年買給她的四吋乘六吋水彩畫紙，畫了她首次的兩張淡彩墨筆畫。在這些素描裡，以它們用線條和原色畫出簡單而有力的花樣，珍不知怎地超越了她日常的挑戰，而非常清晰地反映出她對世界基本的神祕看法。她斟酌試作的小詩也有同樣的味道，其中大半她認為不僅是不完整，而且相當的不足取：「我甚至不會把它們打出來，像你那樣。」她評論道。然而我喜歡像這樣的句子：「讓輓歌被聽見，掃淨它前面的一切。」及：「我發展出一種對死亡的感受，當一個人幾乎不自知地離開了已知的路徑。」及：「我吸入公共的空氣而它變成私人的。」珍偶爾也以蘇馬利唱歌，也以那種「語言」寫下了幾首短歌而未予翻譯。為我們自己的記錄，我一直很小心地蒐集珍在這段休息和試煉期間所創作的散文、素描、詩和蘇馬利。

珍目前的情況仍然備受煎熬，她的右手還是不太能寫字。兩個月前，我建議她可以學著用活動力較佳的左手寫字，但她完全不當一回事，我也只好放棄那個點子。「不過，明天我可能會開始寫另一本書，」她說，「只是我不知道它對我有什麼好處……」

如今她複視的程度已減輕，但仍可能需要動手術以改正她視覺肌肉的不平衡。才剛問世的一種實驗性治療，將提煉自臘腸菌素的一種藥注射到眼睛肌肉裡，最後可能對她有益；顯然這種沒有副作用的措施，可藉鼓勵兩眼的再對齊而消除外科手術的需要。不過，珍仍舊非常反對藥和手術——縱使當她繼續每天服用合成甲狀腺賀爾蒙以及液態水楊酸時，也很覺察自己信念裡的矛盾。在四月十六日的課裡，賽斯告訴我們，有好幾次珍的甲狀腺已「修好了自己」，但這回我們不認為那已完全地發生了。在最近的一節私人課裡（五月十日）賽斯告訴我們：「那腺體正在由它啟動自己——開開關關，可以說，表現出一種滋滋作響的效果。總體而言，身體在探索最好的代謝節奏，並且使它自己與藥物治療配合一致。」

（這情況使我們不禁懷疑：珍的身體要如何讓我們知道，它到底什麼時候想要完全放棄甲狀腺補充劑？我們告訴自己，船到橋頭自然直。我們並沒有向賽斯提出這個疑問。）

剛才所引賽斯的話，無疑會令讀者們臆測，自從四月十六日之後我們從賽斯那兒，以及自四月二十日後從珍那兒還得到了什麼資料。答案是我們又上了十三課——其中四節是珍「自己」講的，而九節是賽斯透過她講的。最後一節是六月七日賽斯傳述的。大部分的課都很短，而且也不全是私人課。我們比較煩惱的是，我寫了很多冗長的註，大多是記錄日常生活的細節，用來給我們自己當作參考。

縱使由於明顯的篇幅限制而無法在此引用那些課，我可以特別提到，珍和賽斯都在繼續發展已上的課裡提過的主題。它們長程的重要性在於，當我們在目前人生裡尋求更加了解自身選擇的承諾時，給珍和我一個繼續不斷的密集研究進度。我們的問題反映了每個人不論有意識或無意識的問題，而其中是在我們所知的每件事背後永恆人性的「為什麼？」那些課裡的資料輪流地令人興奮、痛苦、啟發、觀察入微、困惑或使人發狂——而有時候，則似乎同時並存。雖然它很難說全是奉承話，甚至有一些，由於我們人類的侷限性可能在日常生活裡不是很有用，但我們很想出版其大部分。因為如果那資訊在珍和我內心喚起如此悲喜交集的情緒，那麼在別人身上，它一定也會如此。當它凸顯出一個人力量與弱點的同時，也可作為學到更多的一個原動力或驅策力。你創造你自己的實相。當珍開始記錄她有罪的自己資料時，我對珍和自己感覺的憤怒久已消散。我不會宣稱其殘渣不會埋在我心靈內，但當一個人同意你**真的**創造你自己的實相這概念時，就很難再氣下去了。

有時珍仍會變得沮喪，正如她仍在椅子裡打瞌睡一樣。當我在自己的寫作間工作時，偶爾會聽到她坐在起居室的牌桌邊自言自語。我知道這種情形她往往是睡著了而在說夢話，解決當她致力於自己選擇的學習過程時、由她心靈層面持續升起的心理方程式。我盡力幫助她。當我花了所有時間寫這些隨筆時，一直怕自己太讓她落單了。珍說她的確會感到寂寞。

當然，不論有或沒有賽斯資料，這篇文章必然反映出我們在生命中選擇的特定立場。我知道對於某些資料的採用上，我們顯得有些遲疑，不過，倘若不是十八年前珍開始傳遞賽斯源源不絕的訊息時，我們幾乎毫不遲疑地鼓勵訊息的傳送，並且把它寫下來，那麼，它甚至不會存在——至少不是以目前的形式存在。從這方面來看，我們絕對可以贏得最基本的尊重。所以我們的確是做了對的事情，應該得到肯定。學習的經驗有很多種呈現的方式，而且，也和連續的時間無關；如果珍和我不喜歡我們創造的某些實相面向，可以試著一同或分別去改變它們。

自從珍回家後，我們已放棄了許多舊的生活模式，而以一種奇怪的方式，現在有自由可以每天只集中焦點在幾件主要事情上。我們又重被提醒——更正確地說，我們教自己——肉體生命本身是一個神奇的表達媒介，並且在那方面也是極為變化多端的。

我們共同的貫注變成像是先照向一件事，再照向另一件事的一束耀眼光芒。由於珍仍需要經常的照顧，我們的睡眠模式保持相當平均地分配在白天或晚上。既然不再能在賽斯書上一次工作幾小時，我訓練自己在通常一小時的時段裡，在精力的集中爆發裡「生產出」文稿。繞著這些創意的流溢，我忙著照管我太太、料理家務以及與日常生活相關的許多差事、處理我們的出版事宜、見客並試著至少回覆一些信件。我再一次地變得覺察我的夢了，珍也一樣。自從珍出院後我便沒再能回到繪畫上去。我必須雇人剪草皮，也沒能恢復我慣於在社區陡峻街道上的午夜漫步。珍的護士現在一週來兩次，只需如此（舉例來說，我太太的褥瘡已受到控制了）。

在曼達莉醫生的要求下，幾天前珍在家裡接受她例行的放血。今天（六月十八日）醫生用電話通知我們，驗血的結果，能增加珍甲狀腺賀爾蒙的劑量從一百微克到一百二十五微克——一個頗受歡迎的進展，因為我們希望它會增進珍日常的精力。然而，也有**不**受歡迎的消息——因為驗血也顯示，在珍的血液裡液態水楊酸藥物的濃度太低。有將近十六週的時間她每天服那藥品四次。曼醫生指示我們讓珍再回頭服用阿司匹靈，以使任何風濕痛和發炎受到控制：「妳每天最多能服用十六片。」

珍立刻完全拒絕了，覺得那劑量高得離譜，而宣稱她可能會回到服用十粒阿司匹靈的老慣例。我們既氣憤又驚慌。知道處方的藥物終究並沒有效，令我們非常不安。我多少有點懷恨的說，至少在某些例子裡，那是一個人從醫學不完美的運作裡必須學會預期的令人失望結果。用**阿司匹靈**治類風濕性關節炎？我們總覺得那是無法置信的。但曼醫生說，縱使使與美國食品藥物管理局最近開放進市場的新消炎、非類固醇藥物相比，那仍是最好的方法，因為後者往往產生較大的副作用。而我近來為我們的檔案蒐集的出版資料，強化了她的勸告。

看來似乎再一次的，我們必須以麻煩的方式學到，在珍的例子裡，能達成的任何改進都會是來自**我們自己**內在的（因為我顯然和她一樣的捲入並且得為她的病負責）。就我們一輩子的習慣和信念系統來說，此時在我們心裡又挑起了這種感受絕非巧合。就我們喜歡隱密的傾向，及想盡可能自足的願望而言，這一回，不同的行為模式不適合我們在肉身生活裡選擇的行動方向。我再次特別提到，以我的看法，珍的依賴至少有部分代表了一個「救贖」的尋求，包括了其他不「只」是與我們此生相關的動機和實相；的確，她受損的狀態是從她神祕的天性創造出來（但卻並非由它引起）！

因此，雖然我認為在最近幾週裡珍有了「長足的進步」，我也認為，基本上她還沒解決她疾病的整個議題——甚或要不要繼續活下去的問題。賽斯於兩個月前在四月十二日那一節說得非常好——那是珍出院後第一次為他口述——我一遍遍反覆閱讀。看四月十六日那一節的一段：「這整個議題（有關珍的生命）已經持續了很長一段時間，而它的爭議點在某種程度上來看，是心靈在面對它自己的立法機構，或者就像是一個法官站在它自己面前，審查一件既私密又公開的心靈案件。生命中的決定往往是用這種方式達成的。而魯柏的審查，同時具備了心靈與身體的邏輯與經濟學……」

珍對於是否要繼續肉體生命的審查，顯然相當謹慎、緩慢，當我們看到她身體不適又心情沮喪時，更能體會她的處境，在那些時刻，我能夠感受到她檢視自我心靈狀態時的不安。雖然在她和賽斯的課程架構之外，珍並未提過這件事，但我確信，一部分的她仍然非常審慎地思考這個問題。

「我可能不想再寫什麼東西了，」她在五月二十七日口述，「我怕我已失去了所有靈感——二十年的答覆還不夠，而如果是那樣的話，可能我的人生已走投無路，我計畫再寫其他有罪的自己資料……」

但她還沒開始那樣做。

我應當補充說，我不認為珍已開始將有關她「類風濕性關節炎」的醫學詮釋「擱在一邊」，如賽斯在四月十二日傳過來時建議的。珍若想改變造成她情況的根深柢固信念，將需要她心靈好幾個部分的合作，包括她有罪的自己，而看起來在此時，我倆都沒準備好去試著達成那種整體效應。我們的害怕失敗，無疑地在此扮演了一個很有力的角色。諷刺的是，珍有罪的自己在她的病象裡是個主要創造者及參與者，所以她能引起的任何有益改變，首先都會要求她心靈那非常頑固的部分在態度上有個主要改變，如果我們能創造那樣的改變，就真正是一次勝利了。所有這些都預設了我們兩個將準備好去從架構二汲取「新的事實」到日常生活裡來。

於是，在我的年紀（六十三），我又再度學到，不論我多麼想，都無法替珍過她的人生，或保護她不受自己身心探索和**選擇**動機的影響。她也無法為我那樣做。

在許多層面上，那種心靈干擾根本就為當事人忽略，並且理當如此。無論如何，珍的決心會負責保護她自己，而她天生的神祕本質必須完全知道並接受她肉身死亡的時間、樣子和方法，**不論它什麼時候**發生，這些都和她肉體的「生」一樣是肉身生命的一部分。我深深相信，她的心靈本就會堅持不需要我（或任何別人）給她任何一種基本的保護——只需要了解。我每天忍受著這個主題：我太太是在做深重決定的過程裡，而一旦她決定了，在身體和精神兩方面都會據以反應。

從那方面來說，珍的全我或存有完全接受她的行動，透過她的個別性，作為「它」有效學習過程的一部分——我不是指它以任何被動或遙遠的方式那樣做，卻是以可能最密切、敏感的方式，而也可能是以我們現在無法理解的方式。不論她的「死亡」何時發生，在與她的全我合在一起的剎那，一切都會以最細微的創造性和了解被解決，因為我相信珍自己一定會像一個個人那樣繼續「活著」。

我也相信這樣的挑戰——涉及要不要繼續肉體生命的決定——對地球上每種生物都一直是存在的。珍和我完全不知道我們個人的故事會有什麼結局，但我們的確想講這個故事。

切合我在這幾頁裡談到的題目，我想引我一直認為是賽斯給過最好資料中的兩節來結束這隨筆。這些課仍活著，而其中他強化我們每個人的確創造了我們自己實相的想法。兩者都能在《個人實相的本質》第一章裡找到。

摘自一九七二年六月七日第六一〇節：「就算當你自己沒體認到時，你其實向來都清清楚楚地知道自己在幹什麼。就像是你的眼睛知道它看得見，雖然它看不到自己，除非是利用反映。同樣的，你所看見的世界，反映出你是什麼，不同的只是，這不是反映在鏡子裡，而是反映在一個立體的世界裡。你投射出你的念頭、感受和期盼，然後再感知它們為『外境』。因此，當你以為外界的東西在觀察你的時候，其實是你由你投射物的那個角度在觀察自己。」

另摘自一九七二年九月十一日第六一三節：「當然，你與其他人之間的交互作用的確存在，但是，其中仍然沒有一件事是你所不肯接受的，也沒有一樁事不是被你的想法、態度或情緒吸引而來。這個法則適用於你生命中的每一個領域。用你們的話來說，這個法則還適用於生前死後。你們所擁有的這個可以創造自己經驗的能力，是一項最神奇的稟賦。」

隨筆十　一九八二年六月二十三日　星期三

最後，既然我以珍的一首蘇馬利之歌的一行來做第一篇隨筆的開場白，我認為以蘇馬利來結束最後一篇隨筆也是很適當的。

不過，這一回，我有一整首蘇馬利的翻譯可以展示。昨天下午，當珍坐在我們坡屋玻璃窗圍起來的前廊上時，她即興地唱出那首歌。那是個溫和、晴朗而微風輕拂的日子，我為她打開了所有的窗子。鮮綠的草地斜下去，一直到排在路邊的楓樹和鹽膚木。我並沒請她為這最後的隨筆作一首歌；事後她告訴我，她沒想到我已那樣接近結尾。我只知珍開始以非常悅耳的調子唱歌，歌聲流遍了屋子。我從我的寫作間很容易聽到她的歌聲。「哦，妳的歌聲是如此清亮而甜美！」有一天當我太太在探訪護士幫她換褥瘡的藥時開始唱起歌來，那護士驚歎道。而現在她聲音很清晰，幾乎沒有顫抖，顯示自從回家後珍進步了不少。現在她的歌聲和二月間出院前幾天她錄下來悽愴的蘇馬利歌，相去何只千里！當時她曾悲歎：「讓我的靈魂在別處找到庇護所。」

不過，珍沒有錄這首新的蘇馬利——我們為之遺憾——因為她無法離開座椅去找她的錄音機；我只顧聽她唱歌，聽得入迷而沒想到錄音。她一唱完便寫下了譯文。當她吟給我聽時，我立刻知道它會出現在這兒，因為她無疑地以寥寥數語唱出了這些隨筆的基本主題——詠唱大地與**一切萬有**那崇高、不朽的意識，詠唱我們永遠在尋找、在每個人永恆的私人世界裡意識永遠使之成為可能、懷著愛心的救贖：

〈蘇馬利療癒之歌〉

當你
睡眠時
地球上
所有的碗櫥
都裝滿了
大地之母
找出每一項
需要

當你
哭泣時
你的淚水
如甜蜜雨滴
落在小小的
乾裂山丘上
那山丘升自
你無法看見的
世界
然而在那裡
你是被認識的

當你
睡眠時
大地之母

填滿你所有
血肉的碗櫥
直到滿溢
在那些是你們的
卻又超越你們
所知的
世界裡
沒有一個原子
沒得到安慰

Chapter 01

在開始之前

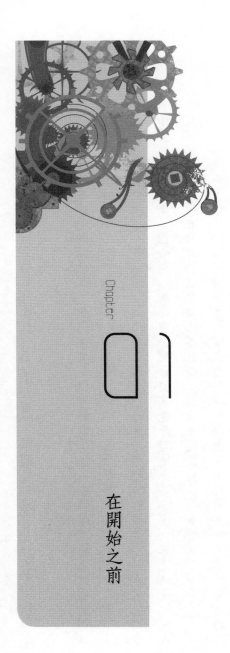

第八八二節 一九七九年九月二十六日 星期三 晚上九點十四分

（珍今晚又是頗為放鬆，但仍決定試試賽斯課。她正在閱讀我推薦給她的那本談「科學特創說」〔scientific creationism〕的書。她對那書的感覺既曖昧又怪異，她不只一次的說：「你必須小心那些傢伙，」她意指那些特創論者，「否則他們會牽著你的鼻子走。你必須不斷思索，我每回只能看那麼多頁……」好笑的是，有人寫信給我們，對賽斯資料也抱持同樣看法，但珍並沒提到這類事情。

（然而，除了和進化論〔及一個古老宇宙的觀念〕正面衝突外，特創論者的信念的確提出了一些在我們看來很有趣的問題。我這話並不指珍和我之所以支持特創論只是因為我們質疑進化論。我們認為無論任何一種信仰系統，都太不足以對實相有任何周詳的解釋。

（珍預期賽斯今晚會開始他的新書。當我們坐著等課開始時，她說：「吔，在我腦子裡有關於這本書的句子，我正等他將它們安置好。」然後，他沒有稱以下資料為第一章、口述或其他就開始了。

（耳語：）晚安。

（「賽斯晚安。」）

現在。（長長的停頓，許多次之一。）宇宙昨天將開始；宇宙明天已開始。（The universe will begin yesterday. The universe began tomorrow.）這兩句話都十分的無意義，時式錯了，或許你們的時間感完全被攪翻了，然而，說「宇宙在某個遙遠的過去開始」，在基本上也是同樣的無意義。

事實上，先前的那兩個說法，雖然不合邏輯，但的確暗示了（停頓）一種現象，顯示出時間本身只不過是個創造性構造。時間和空間，以某種方式而言，是你們宇宙家具的一部分。

對時間一刻刻過去的體驗本身，屬於你們心理上的房間，就和鐘是掛在你們的牆上一樣。一旦科學或宗教要探索宇宙起源時，他們會在過去裡找它。宇宙*現在*正被創造。以你們的說法，創造在每一刻發生，而時間的幻相本身也正於*現在*被創造。因此之故，用一個時間性的方案——其本身起碼也是非常相對的——來尋找宇宙起源，多少也是會徒勞無功的。

你們的*現在*，或當下這一刻，是個心理上的平台。似乎宇宙是以某種能量的最初爆炸開始（「大爆炸」論），而進化派卻無法解釋其原因。許多虔誠的人們相信一位神存在於一個較大的實相次元，他創造了宇宙，自身卻在其外；他啟動了這創造。許多人跟隨上面那兩種信仰的其中一種，相信不論宇宙來源為何，這〔宇宙〕❶必然會耗盡其能量。已確立的科學十分確信，現在並沒有能量可被創造或毀滅，而只會轉換其形式（如熱力學第一定律所述）。科學把能量和物質基本上視為一體，只在不同環境下顯出不同的樣子。

（九點三十一分。）以某種方式，科學和宗教兩者都在談一個客觀地被創造的宇宙。不是神「造了它」，就是在一個最初的能量爆炸之後，物質以某種不可解釋的方式形成了。而以一種尚未能解釋的方式，意識由那本來是死的物質中顯露了出來。

反之，意識形成物質。如我先前說過的，每個原子和分子有其自己的意識。意識、物質和能量是一體的，但意識發動了「能量變成物質」的變化。以那種說法，你們宇宙「開始」，是意識擴展的一個勝利，即意識學會將自己轉譯成實質形式。就與任何意念從你們認為的主觀性露出成為實質的表現那樣，宇宙以同樣方式，但以不同程度，露出成為實質。

此書每位讀者的意識，（以你們的說法）在宇宙形成之前即已存在，但那意識是還未凸顯的。你們和宇宙形成之前的存在最接近的狀態——只是個近似狀態——是夢境。（停頓良久。）在開始之前的那個狀態，你們的意識不受時間和空間之限而存在，覺知到廣大無垠的可能性。這是極難用言語表達的，然而，做這種表達的企圖是非常重要的。（停頓良久。）你們的意識是一個無限原創性的創造過程之一部分。

由於傳統宗教加諸其上的涵義，因此，我將故意避免用「**神**」這個字。在這整本書裡，我會一直試著解釋這神聖過程的特徵，我稱這過程為「**一切萬有**」。**一切萬有**是如此地為其創造物的一部分，以致幾乎不可能「分離創造者和被造物」，因為每個被造物都不可磨滅地在其內帶著源頭的特徵。

如果你曾以為宇宙是遵隨著一個機械式模型，那麼，你必須說這「宇宙機器」的每一部分創造它自己，而在整個「未來構造」中知道自己的地位。你更必須說，個別地，那每一部分很樂意由它自己的源頭中出來，剪裁得剛巧適合其地位；同時，那個別的源頭，也同樣密切地是每個其他個別部分的源頭。

我也並不是說宇宙是某個「心理機器」的結果，而是說，意識的每個部分都是**一切萬有**的一部分，並且宇宙以自發的、神聖的秩序落到一塊兒（專注的）——而意識的每部分在其內都帶有對全體不可磨滅的知識。

世界的誕生，代表一個神聖的心理覺醒。以你們的說法，在地球形成之前，每個參與物質宇宙的意識，都夢到過這樣一種物質的存在。以比你們的說法更大的說法而言，說宇宙尚未形成或宇宙已然消失是相當真實的。然而，仍以更大的說法，事實上宇宙一直是以某種狀態存在著的。

對於宇宙的目的，你們最接近的了解，可以在對於自己孩子的發展那種摯愛感情中找到，在你們要他們能充分發揮其能力的意圖中找到。

（九點五十八分。）你們最高的熱望能給你們一些模糊線索，那和在你們自己最細微行動背後的偉大創造衝動有關。而這最細微行動之所以可能，只因你們已在物質世界中被給予了身體。你們已被給予了生命。在每一刻生命都被更新。你這麼安穩不費力地騎在生命能量上，以致有時渾然不覺。（停頓。）你並非被配備了定量的能量，然後就用完了、死了。再次的，反之，你是在每一刻重新被創造。

今天說得夠多了。本節結束，祝晚安。

（「謝謝你，賽斯晚安。」）

（十點二分。「那真夠短，但我不在乎，」珍在回神後說，「我想那就是今晚所有的了。若還更多時，我不會像關上水龍頭那樣的停下來。」

（「我可以假設那就是第一章嗎？」

（「哦，好的，他一直沒說。好吧！明天我會畫畫，然後忘掉關於進化這整件事……」

（但當我兩晚後（星期五晚上）在給這資料打字時，我注意到珍根本沒畫畫，反之，繼續寫她自己的《珍的神》。她也看完了特創論的書，今天還應我的要求寫了兩頁對那本書的回應。那篇短文放在註❷，註❸則是我自己在《未知的實相》卷二裡討論進化時的一些意見。）

註釋

❶本來珍在這裡說的是「世界」，但我確定賽斯要她說的是「宇宙」。每次當我抄寫賽斯口述的草稿時，做了修正或插入一個更清楚明瞭的字或詞，就好像它是出自於他，或應該如此，那些修改我都用括弧（像這樣）標示出來。偶爾，珍或我會改寫賽斯的某一句話，但平均每一節修改的比例甚至不到一句。我們的規則是：絕對不會不加以註明就修改或刪除他的資料。

❷「羅勃要我寫一篇短文談談對剛讀完的那本科學特創論的回應，」珍寫道，「那就來吧。這本書相

信有一位具體化的神在完美條件下建造了這個宇宙（以及地球），而宇宙並非朝向更複雜的形態進化，卻是逐漸耗損；衰退與大災難是先前較好狀態的崩解，但這一切都會在衰退與災難達成它們的特殊目的後，被全能的神一概消除。這本書上說宇宙大約一萬歲（賽斯說過不只一次，以那些形式來看，它甚至比進化論者所相信的還要老），對於何以他們認為宇宙如此年輕的理由，似乎也十分充分，然而，以我的才疏學淺，真不知道這些話聽在進化論派的地質學家耳裡感覺如何，它說：『也許在上帝創造宇宙之後的一到兩千年之間，有一場遍及全球的洪水幾乎毀滅整個世界，但是有某些物種存活了下來，包括人類。』（書中甚至沒有較準確估計的大洪水時間。亞當的第十世子孫——挪亞，和他的家人，以及神命令他建造方舟的事——竟然隻字未提。但這些又怎麼可以出現在一本科學特創論的書中呢？）沒有進化，所有物種被創造之初和現在的樣貌相同。怪異的是，如果你假設一個像那樣的神，擬人化的神，那麼你不禁懷疑他為何不能——或不選擇——保持他一開始創造的盡善盡美。為何人類有罪，導致了悲慘的大洪水災難，使得所有物種都成為受害者？當然，一般的進化理論並不會引發這類的爭議，但在我剛讀完的這本書並沒有針對那類疑問給予解釋——我甚至不記得它們有被提起過。

「特創論者和進化論者一樣，貶損其他物種，以為它們沒有思考能力是事實，而我認為這項陳述未免太過於概括論定，如果對照那些對海豚所做的研究結果，這個問題就更加突顯了。還有書中對人類使用語言的解釋也有點太輕描淡寫：神造人天生如此。

「我會說，特創論與進化論雙方都同樣深受邏輯與激情之累，兩邊對於人類起源都沒有提出合理的觀點。當你用任何客觀的角度去思考，兩者看起來都同樣令人難以置信，它們也都無法被證實，而且根本是奠基在信徒對它們的信仰上！我一想到我們有生命、有意識，而且技術先進，但對宇宙起源及我們為何而活一無所知，身為一個物種，卻被同時賦予了智能與直覺力，我就有一種毛骨悚然的感覺再度浮現。不管怎麼說，我們的既定概念顯得太貧乏。所以對我而言，賽斯的一切萬有存在於宇宙內外的說法就比較講得通，我非常好奇在他的書裡，他將會如何評論這件事。今天早上我把已經口述的那幾頁內容溫習過後，得到一個靈感，第一章的標題將會是：『在開始之前』——我們等著瞧吧……

「最近我看了玄學雜誌裡的一篇文章，覺得其中所包含的概念要比那些特創論或進化論合理多了，雖然作者認同進化，但他也同時把意識列入討論。」

我很驚訝在我們今晚結束口述後，珍說她想再看第二本特創論的書，那兩本書是我在她開始為賽斯傳述《夢、進化與價值完成》之前買的。

❸打從兩個月前珍接收到賽斯新書的名字時，我就知道他要談進化——那敏感的主題。不過，面對自己最愛探究的領域，我的興致倒是一直保持相當平淡，直到賽斯在九月初確認書名的時候，我才感

覺到一股想要立刻投入、為那主題做註記的衝動。最好再等等，我告訴自己和珍，等到我們有點概念知道賽斯要如何處理他的進化資料再說。

我在一九七七年八月剛完成《未知的實相》卷二的附錄十二。我提出一篇文章作為研究既有的進化理論與賽斯、珍和我所持有理論之間的對照，並註明我蒐集的各個資訊出處為何。當然，我現在又累積了更多資料，我想過在拼湊《夢、進化與價值完成》的序時，也許會把那些新資訊放進這本新書裡。

不過在我心裡，以及我在附錄十二寫的，大部分仍證據充足，只是我永遠想要延伸（或者詳細述說？）所有的訊息。在經過兩年的洗練之後，我們有了一些後見之明，所以現在才有一些不同的東西可以放上來，但是珍和我都不曾真正想過去修訂以前的資料。我們寧願讓它保持原有的樣子，呈現出當時所擁有的最佳了解與感受，包括我們在涉及相關主題時，對賽斯資料的應用方式。倘若那「最佳了解」顯得尚在摸索或不完美，就隨它吧。我想最有趣的是，進化論竟受到像珍和我這樣只想要知道它是否有科學根據的人挑戰；進化論同時也遭受到信奉基本教義派人士的猛烈攻擊。對於進化是否真的發生過——或正在發生——不論是科學界、宗教界或一般普羅大眾都在爭論不休。

我問珍：為何那些心智高超者——至少在有歷史記載以來，那些曾發揮各種影響作用的人們——沒能對我們這個宇宙（如果有的話）的「起源」、它的運作過程，以及人類在其中的位置，達成一個合理的共識？有那麼多種形式的宗教與科學都沒有提供令人滿意的答案，不可知論或無神論也同樣沒有。自有人類以來直到現在這一刻為止，為何要有那麼多人（粗估約五百億）生存過，然後就從這一刻起，在集體智慧的凝聚中，我們認為我們也許可能要開始提供有意義的解答，來解開那些疑問？如果這是真的，這個想法就意味著在此之前，那麼長久的時光，為數眾多的人們在尋求宇宙運作的真知上竟如此無能——我告訴珍，這未免太不合乎情理了。

那麼，珍和我何以認為賽斯資料會帶給我們某些進展——如果有機會的話？為何其他人——科學界、宗教界以及政治界的領導者們，或是藝術家——沒有提出如賽斯那樣的存有所擁護的相似概念？又為何那些概念至今尚未普及？我認為賽斯那類的資訊必然已顯露過無數次，但因為許多理由陷落為各式各樣相連貫的思想系統。而神學與科學、社會學又將如何回答以上任何或所有的問題？

第八八三節 一九七五年十月一日 星期一 晚上九點六分

（上星期六晚上，珍和我主持了一堂懷舊「課」，緬懷一九七五年我們搬到坡屋之前，在艾爾麥拉寓所內每週舉行的ESP課程。大部分學生從紐約市前來參加，還有一些是本地人。那是一個非常成功的聚會，由於每個人都熟識彼此，言語交流頻繁而急切。他們也都十分有趣：我笑得太多太用力，笑到最後連肚子都痛了，到了聚會結束的時候，我的聲音也沒有了〔到了第二天，我的嗓子仍然十分沙啞〕。賽斯一次又一次傳過來，就像他以前在ESP課時那樣，而珍從頭到尾都樂在其中。我們得拷貝很多份錄音帶才行。

（經歷這一切後，我們每個人都對那些不復存在的課有一種深刻的懷念之情，因為它們是非常獨特的；我不認為可能再重溫那特殊、單純、持續的探索與興奮感。理所當然的是，我十分激賞珍在那將近七年的課程中所達到的、比我多很多的成就。

（差不多三個星期前，我在《夢、進化與價值完成》的序裡曾提到，我們正在等出版社寄來珍的《小王子艾米爾生命之旅》第一版。今天書寄到了。編輯艾蓮諾・芙立德在插圖指導以及這本漂亮小書製作上做得十分出色。我們都希望《小王子艾米爾生命之旅》在市場上能有好成績。

（今天晚上珍顯然很想舉行一節課，因為她早就告訴我，她已經準備好了。我們做了一點小改變，決定在她的寫作室，或者在屋後小書齋裡進行我們的課。她以非常輕的聲音開始為賽斯口述，但她的傳遞立刻就變得熱烈許多——然後時而大聲時而慷慨激昂，珍用了比往常還多的表情和動作，睜大雙眼瞪著我，並在搖椅上一次次地傾身向前，雙腿交叉又放下。她的出神狀態被打開了，神情亢奮，口述的步調比最近一陣子快得多。

（耳語：）晚安。

（「賽斯晚安。」）

口述。這章的標題——我忘了給你們——是：〈在開始之前〉。

現在：你無法以科學證明（你們的）世界是被一位（停頓）發動此事、卻把自己留在其領土之外的神所造。你也無法以科學*證實*世界的創造是偶發事件的結果——因此，你無法證實我將告訴你的事，不能以通常的方式證明。

無論如何，我希望隨著我的解釋而給你們看某些暗示和線索，那可讓你們知道在哪兒找主觀的（subjective）證據。

首先，你透過自己主觀知覺過你的生活。我將試著在你自己意識內喚起那些事件的記憶，那是當世界在形成時，你自己內在心靈密切捲入的事件——雖然這些可能看似為過去的事件，然而，即使現在它們也還在發生。

在宇宙開始之前，我們將假設一個全能的、創造性的來源和存在。（停頓。）我們希望能證明這神聖的主體性（subjectivity）現在仍在你們經驗的世界裡，就如在宇宙開始之前那樣。再次的，我稱這最初的主體性為**一切萬有**。我正在試著說出一些觀念，那是幾乎違抗了知性的，除非那知性是徹底為直覺的力量所加強。因此，你讀此書時，將需要用你的心智和自己的直覺。

一切萬有，在那開始之前，於自身內包含了所有可能創造的無限衝動。**一切萬有**擁有（停頓）如此宏偉的創造力，以致它最微渺的想像、夢、思想、感覺或情緒也獲得了一種實相、一種生機、一種強度，那幾乎需要有自由才能做到，是來自何處的自由？去做什麼的自由？去成為什麼的自由？

那經驗，那主體的宇宙，那**一切萬有**的「心」（mind），是如此燦爛，如此分明，以致**一切萬有**幾乎迷失了，神遊於這不斷繁生、不斷成長的內在風景之內。

每個心念、感覺、夢想或情緒本身，都蓋上了這無限主體性所有屬性的不可磨滅印記。每個因其自己的創造力而發光、顫抖。

在開始之前，有個無始亦無終的內在宇宙存在著。我用「在開始之前」這句話，因為這樣你們較易消化吸收（舉例而言，那同樣無限的內在宇宙現在仍存在）。

（在九點三十一分停頓。）**一切萬有**在其內包含了所有存在的知識，連同它們無限的可能性，而「一旦」**一切萬有**想像那無數的境況，它們便存在於我所謂神聖的事實之內。

一切萬有只知其自身。它全神貫注於自己的主觀經驗，當它自己的思想和想像獲得它們自己的活力，而傳承了其主體創造者的創造力時，它甚至感到神聖的驚奇。（那些心念和想像）開始和它們的「造物主」有了一個對話（全都非常強調的）。

具如此宏大活力的心念開始想它們自己的心念——而它們的心念又想出心念。**一切萬有**，好像在神聖的訝異和驚奇中，開始傾聽，並開始回應這些心念和夢想的「世世代代」——因為這些心念和夢想彼此也是相關的。沒有時間，因此，所有這些「發生」於同時。事情的次序是被簡化了。於是以你們的說法，同時，**一切萬有**自發地想新的心念、做新的夢，並捲入了新的想像中——而所有這些又牽涉到那些現在已歷無限世代而長存的互織互纏心念和夢想（帶著許多手勢和強調）。

因此，除了這自發的創造、這同時的神聖覺醒之「流」外，**一切萬有**開始觀察自己主體子孫之間發生的交互作用。（停頓。）他傾聽，開始對一個心念或一個夢反應或回答。他開始有意地引發這些歷代精神子孫要求的那些精神狀況。如果他以前曾寂寞過，他不再寂寞了。

你們的語言在此造成一些困難，因此請盡量無害地接受「他」這個代名詞。為了我的目的，「它」聽來太中性了；而為了一些稍後的區別，我要保留「他」這代名詞。當然，基本而言，**一切萬有**相當超越任何一類或任何性別的意義。於是，當**一切萬有**悟到自己一再滋長的心念和夢，其本身渴望享受它們生而賦予的那些創造之更大禮物時，它❶開始感覺越來越大的壓力。

很難試圖把任何像人類動機那樣的東西指派給**一切萬有**。我只能說，它著迷於「需要」從它自己的存在去鍾愛地創造，去鍾愛地以這樣一種方式改變它自己的實相，以使每個最微渺的可能意識都能進入存在（停頓良久）；它著迷於「需要」看見任何可能的意識交響有機會去出現、去感知並且去愛的這種需要。

我們遲些將討論「愛」這個字在此處更圓滿的含義，而這一章只是將來資料的大綱。

於是，當**一切萬有**的每一個無上心念、夢、心情及感覺，緊繃在它們存在的邊緣上，尋找那當時未知的、尚未被發現及尚未被想到的釋放時，**一切萬有**開始覺知到一種創造性的騷動。我說的是，這種神性的子孫包括了所有在你們地球曾出現過或將出現的意識——全都溫柔的潛藏著：第一個人類，第一隻昆蟲——每一個對其發展的可能性都有一種內在知識。**一切萬有**，愛它自己的子孫，而在它自己內尋求這神聖難局的答案（全都很專注的，眼睛大睜而顏色幽深，帶著很多手勢）。

（在九點五十七分停頓。）當那答案來到時，它涉及了先前無法想像的神聖靈感躍進，而它如此地發生了：**一切萬有**遍覽它真正無數種、不可置信的子孫，來看看這甚至更壯麗的夢，這個客體性的自由的夢，到底需要何種狀況？究竟要開哪扇門，才能使物質實相從這樣一個內在領域浮顯出來？以你們的說法，當然，當**一切萬有**把所有那些條件放在一起時，它在剎那間看到了那些客觀世界所需要的精神性創造物——而在它想像那些世界時，以你們的說法，那些世界就被實質地創造了。

然而，**一切萬有**並沒將它自己與那些世界分開，因為那些世界是從**一切萬有**的心念裡創造出來的，而每一個皆有神聖的內涵。所有世界都是被那神聖的內涵所造，雖然它們在一方面是外在的，然而在另一方面也是神聖的東西做成的。而在你們宇宙裡每一個假設的點（停頓），在最基本的說法上，都是和**一切萬有**直接接觸的。在**一切萬有**的局部裡都有整體的知識——然而，**一切萬有**是比其局部的總和要更多的。

神聖的主體性的確是無限的，它永遠無法全然的客體化。當靈感的神聖火花爆炸成為客體性時，當你們和其他的世界被如此造出時，那兒的確有一個不可想像比例之爆炸。

第一個「物」（object），雖然並沒重量，卻是個幾乎不可忍受的團塊，而它爆炸了，即刻便開始了形成宇宙的過程——卻不涉及時間。你們可能想像要花掉無限長時間的那個過程在一眨眼間發生了，而**一切萬有**之巨大心念最初的客體性物質乃爆成了實相。以你們的說法，這是個實質的爆炸——但對涉及那個突破的意識而言，它們體驗它為一個勝利的「首次」靈感之狂亂，一個成為另一種存在的突破（最專注的）。

當意識把自己變成自然的許多面時，地球就出現了。原子和分子是活的、有知覺的——它們不再只是一個神聖句法的一部分，卻正透過它們存在的本質而說出自己（手勢）；它們變成活的、有知覺的母音及音節，經由其意識才得以形成物質。

但以你們的說法，雖然它是被完全設計好了，但這仍大半是一個夢的世界。一般而言，這世界有所有你們現在已知的物種。這些全都與意識的眾多種類有關，它們吵著要被釋放，而那些意識被**一切萬有**自發地賦予了適合其需要的形體。因此，你們認為的那些個別化意識，就生成到物質的界域了。那些意識在開始之前已然個別化了，卻沒有具體化。但個別化了的意識並非都是那麼大膽，它一開始並沒全然地把自己附著於其實質形象上，卻常常在其「古老的」神聖傳承內歇息。以你們的說法，就像是，地球及其所有生物都在半做夢的狀態，而不像現在那樣地貫注於物質實相之內。

（十點八分。）且說，當個人化意識在**一切萬有**的巨大主體性之內時，除了自己的獨特性之外，它享受一種有護持性的合一之感，一種知道它與其來源為一的令人安慰知識。因此，在〔你們的〕世界開始，意識的起伏波動很大，一開始是輕輕的貫注，但並非十分像它最先的意圖看起來那麼完美的獨立。

你們曾有過「夢遊者」❷，那是你們人類古老的成員，他們主要的心志集中仍隱蔽在那更早的主體性之後，以那種話來說，他們是你們真正的祖先。

你累了嗎？

（「我沒有問題。」）

且說，早期人類必須依賴他偉大的內在知識。休息一下。

（十點二十三分，賽斯很突然的叫停。「是不是有隻貓在外面？」珍立刻問，環目四顧。比利，我們八個月大的小虎貓，睡在靠近我們的一張椅子上。兩分鐘之前牠開始發出一些我以前沒聽牠發出過的高階音，我暗忖那些噪音會不會打擾到在出神狀態裡的珍——果然。但我不知比利的小夥伴咪子在哪兒，後來我發現牠被關在四邊圍著紗窗的前廊裡了。

（珍說：「我不想失掉這資料。」她很快的回到出神狀態。在我試著寫筆記時，咪子開始在我身上爬來爬去，低聲嗚嗚並摩擦我。在十點三十分繼續。）

所有物種一開始都強調一個很主觀的取向，那是當他們學著在新的物理環境中操縱時極為重要的。

（珍停下來，眼睛閉著。咪子仍在我懷中膩著。然後：）

此節結束。

（十點三十一分。「哦。」我驚訝的說。

（珍說：「我告訴你怎麼回事。我本來正弄到更多的資料。我很有興趣去做，並且也知道來的是什麼，但像那樣子回去後我就得不到它了。」

（我告訴珍這節很精采，是她最好的一節。我告訴她，這節引起了許多問題，但我不認為有人曾對我們的宇宙、世界及歷史「起源」處理得更好。

（「在課前我得到了一些——關於在地球形成之前最先的那些人——你可稱他們為非具體的存有。但現在說出『**實體的**存有不能包容那麼多的意識』這句話像是很蠢。然而，我直到那節完了才知道，才真正的確定……哇，那真是個很好玩的情況，我真的很享受它……」她滿意地說。

（但我必須承認我也吃了一驚。當我在記錄時，賽斯這麼快而強有力的透過來，我幾乎沒時間想到問題。我問珍，他到底想做什麼——把科學的宇宙起源理論「大爆炸」說所有都發生於數十億年前，和特創論的學說所謂同樣那個宇宙是近來一個自發、神聖的創造，合在一起？我們的地球及所有它的生物到底「進化了」沒有？可能有同時的進化嗎？（我猜，這裡我們又回到了「同時性時間」那個矛盾。」賽斯即刻的「形成宇宙的開始過程」如何——不涉及時間——與地球上的化石相符合？他是不是在說，宇宙的成長或進化是經由一連串的夢境？

（我告訴珍，就我所知，原始的極度稠密情況，或存有不可想像的爆炸因而導致宇宙的形成，是個直截了當的事件：一旦開始就一直繼續。舉例而言，在實質和非實質之間，沒有任何起伏變動或時開時關的平衡狀態。這理論是科學目前假設其宇宙創造的「標準模式」❸。

（那麼，賽斯自己關於可能的宇宙與可能的地球之概念，又如何契入他今晚的資料——如我確信它們一定會的？我很快的看出我的問題可以一直繼續下去。我告訴自己，賽斯的書才剛開始，所以我只好耐心等待了。

（咪子的親熱表演早已結束，而從我懷裡跳了下來，在珍和我談天時牠就不見了。）

註釋

❶在此，賽斯顯然是在做實驗，因為當談到**一切萬有**時，他立刻回去用「它」，而不用「他」。「它」也不見得全然令人滿意，但珍和我並沒質問賽斯此事：我們偏愛「它」，因為它涵括了**一切**

萬有之內任何一種性別取向和機能（在此節稍後，賽斯講到**一切萬有**而用「他」時，我在記錄時以「它」取代了）。

❷賽斯首先在《未知的實相》卷二裡討論到「夢遊者」——見一九七四年九月三十日第七〇八節。這裡是他在當晚九點五十六分休息過後所說的超濃縮版：

「想像一個具有完整運作身體意識的身體，四肢健全、身心健康，但沒有你們那種自我為尊的意識導向。他們像動物一樣敏捷，意圖簡單。他們意識的重點放在其他的地方，主要的焦點極少集中在他們所創造的身體，但他們學會「透過經驗」、開始「醒過來」，變得覺察到他們自己，並發現或創造時間。

「對他們而言，他們並沒有沉睡，只有在你們看來是如此。那樣的人種曾有好幾個，對他們而言真實指的是夢的生活，它包含了最強烈的興奮劑。這是你們自身經驗的另一端。那樣的人種離開了物質的地球，一如他們發現它的時候。你們會稱之為物質的甦醒階段，這些個體睡著了，但他們以了不起的、天生的生理本能在運作。他們沒有用疾病或極限這些負面信念給身體增加負擔，他們不像你們那樣逐漸老去。」

可以說，賽斯在《未知的實相》中有關夢遊者的資料，預告了五年後《夢、進化與價值完成》的一個主要議題。當然，在當時我們完全沒有預料到會有《夢、進化與價值完成》這本書，那麼以後會有什麼書的源起是在這一本裡面呢？

（再說，自從《未知的實相》卷二發行以來，我們收到了好幾千封信件，在我記憶所及，竟然沒有一個人提過夢遊者——賽斯最引人入勝的概念之一。）

❸理論物理學家繪製了一個圖表（假設宇宙大爆炸源起是因為熱），顯示第一次爆炸有可能「逐漸發展」成由原先超過開氏一千億度（譯註：開氏零度是絕對零度-273.15℃）的超高溫，在大約五十萬年間降低到「只有」開氏幾千度，原子於是開始組成。珍對這個標準模型略有耳聞，但所知不多。一般來說，其他較不那麼有名的宇宙起源學說，她就一無所知了。而我並沒有和她討論過這些。如其中一個是「膨脹模型」，也許它日後會變得較為大眾所知悉。它結合了大爆炸理論的許多特點，並能實際以較科學的形式回答一些特定疑問。這兩者最大的不同是：大爆炸理論說宇宙中的所有物質是既存物質，只是以一種超高密度的狀態存在，在大爆炸後才開始擴張；膨脹模型則提出宇宙源起於虛無，或近似虛無——意思是次原子微粒經由不可預知的律動模式兀自誕生了，有一股能量支撐著它們，使它們能保持物質狀態，一場曼妙、持續膨脹的擴張於焉展開。不過，這個物質創於虛無的論點，這麼說吧，冒犯了好幾條物質守恆定律（Laws of conservation）——這可是物理學最基本也最受歡迎的教條啊！

不論如何，以我所讀到賽斯「在開始之時」的概念，雖然他的資料也許會令人聯想到大爆炸和膨脹模型中的某些部分，但我確定他不會認同這兩個宇宙創造理論。在物理學上，我們被要求去相信這個開始擴張的「超高密度狀態」實際上比質子還小數十億或數百億倍（質子是原子核的次原子組成成分）。物質是一種能量的形式。即使如此，我還是很難想像我們宇宙中的所有物質，是出自於最遙遠、擁有數十億顆恆星的銀河系外，從無法想像的小、無法想像的密度，以及無法想像的熱的「原始」狀態中生成。我能了解這樣一個概念在數學上是多麼的理所當然——但它真的能夠在正常形式下發生嗎？

第八八四節　一九七九年十月三日　星期三　晚上九點十三分

（今年秋天的氣候是不尋常的暖——溫暖並常有雨或霧，但在一年的這個時候卻極受歡迎。樹木似乎遠遠的落在時間之後，只在最近我們才看到樹葉的第一波變色。在枯乾的蟄伏了一個長夏之後，草又開始長了。

（昨晨，我第一次聽見此季的野雁南飛，但牠們在濃密的低雲之上，因此看不見。今天下午我聽到並看到了牠們，也叫珍來看——一個寬廣的、散開的、變動的人字型隊伍，消失在我們下方小城所在的山谷上。與下方的大片土地相形之下，雁陣顯得很脆弱，但這只是個幻相：就與地球上其他的每個存有一樣，那些鳥的每一隻都很知道自己在做什麼，每一隻都有能力去找出牠個別的價值完成。

（在我們坐著等這節課之前的幾分鐘，我剛打好上一週晚上的課的記錄，而珍在她感覺賽斯來到之前剛好有時間看過：「好的，我準備好了……」）

現在：（微笑，然後小心地：）讓我們回到我們的故事或起源。

我們在一個特殊的秋夜坐在此處。透過魯柏，我顯然在口述此書，而約瑟坐在一個很特殊的咖啡桌對面的沙發上，記下我的話。

今年是一九七九年，時間與日期的概念似乎不可磨滅地與〔每個人的〕心理混在一起了。你們能夠記得去年，而到某個程度可以回想生命的過去歲月。似乎是你現在的意識往回漫遊到過去，直到最後你不復記憶為止——而在一個有意識層面，至少你必須以第二手的證據來看你出生這件事，而很少人對這件事具備有意識的記憶。

為了我們討論的目的，我必須把這書多少放在時間的架構裡表達。我必須尊重你們的特殊性，不然你們不會了解我在說什麼。

（停頓，許多次之一。）因此，雖然這本書是在時間傳統裡口述的，但我必須提醒你們，基本上那個傳統不是我的——更有進者，基本上，它也不是你們的。

於是，我用「在開始之前」這名詞，而將依某種順序談地球的事件。然而，以最深的說法，頗使試圖單獨運作的知性蒙羞的是，開始即現在。由於神聖主體的同時性性質，所以那神聖主體之決定性爆入客體是永遠在發生中的，而你們在「每一刻」都被給予生命。

（停頓。）我們依然稱下一章為〈在開始之時〉，把某些事件以順序的形式羅列給你們。我希望在此書其他部分的某些精神練習，會容許你們躍過傳統的時間架構，而以統合的知性及直覺，感覺你自己存在於一個「廣闊的現在」的那部分，這廣闊的現在是大到能包含所有時間片段的。

Chapter 02

在開始之時

第二章：〈在開始之時〉。

再次，以你們的方式來說，能量等於意識等於物質；而以那種方式（界定是必須的），意識是那個原動力，指揮能量轉變為形體，形體轉變為能量。你們發現或想像中所有可能的可見或不可見粒子——意指假定的粒子——都擁有意識，它們是能量化了的意識。

在能量本身之內有某些與生俱來的特性，而既然你們到今天仍不視能量為有意識，因此那與你們對它們的解釋相當不同。

（在九點三十五分。）最重要的是，能量具有無限的創造性、發明性及原創性。能量具有想像力（任何讀這本書的科學家可以在此止步）。我並不是在把人類的特性歸於能量，反之，你們人類的特性是能量特性的結果——一個相當重要的不同點。以你們的說法，你們所認為的空間是充滿了不可見粒子的，它們是物質實相未言明的部分，是你們的世界存在於其中未具體化的介質。然而，在那方面來說，原子和分子是言明的——雖然你們用（未得儀器之助的）肉眼看不見它們。形成原子和分子的較小粒子變得「越來越小」，最後逃過了任何一種物理儀器的檢驗，而這些粒子有助於聯結未顯化與已顯化實相之間的關係。❶

為了這個對〔你們的〕世界開始的討論，我暫且只管已知的特質——原子和分子。在一開始，原子和分子想像實質上可能的無數形式。它們想像數不清的細胞可由自己的合作創造中升起。能量是無止境的、豐富的，它們不知什麼是限制（全都專注的）。以那種說法，原子將細胞夢成物質的存在——而由那物質活動的新門檻，細胞意識夢著那可從這無法形容之冒險浮出的無數組織。

再次的，實際上所有這一切即刻發生。然而，包含在其中的心理經驗深度是無法測量的，因為這涉及了一種價值完成，每一個意識都涉入其中。那價值完成的特性，恐怕是**一切萬有**這存在中最重要的成分，而且也是一切物種傳承的一部分。

價值完成本身是最難形容的，因為它把一個有愛心的臨在（presence）——一個對自己的神聖繁複性有著天生知識的「臨在」——本質，和一個無限大的創造能力合在一起，而這臨在試想把自己倒轉之繁複性最微渺、最遙遠的部分也帶到價值完成。轉譯為較簡單的話，能量的每一部分被賦予了與生俱來的創造性，而試圖以所有可能的變奏完成自己的潛能——並且在這樣一種方式下，以致這種發展，也更促進了實相的各個其他部分之創造性潛能（全都非常強調）。

那麼，以那種說法，在開始時有個幾乎不可能想像的時期，那時，有活力的意識用自己的創造能力、自己的想像，以勝利的喧囂做著實驗，試過一個又一個的形式。以你們所想到的用語，沒有什麼東西是穩定的。如你們所想到的意識轉成了物質，而又轉成純粹能量，然後再回頭。

（在九點五十六分停頓。）主體性仍大半在當家。就像個初次離家的少年，個人化的意識也多少會想家，而常常回到家園——但逐漸增加了信心，最後離開去形成一個〔宇宙〕。

且說，因為**一切萬有**在自己之內包含了如此全能、豐饒及神聖的創造特性，它主觀經驗的所有各部分全都獲得不可形容的確實性次元。舉例而言，**一切萬有**的思想不只像你們可能有的那樣只是思想，卻是至上的、多重次元的精華事件。那些事件很快的發現，如果它們想要進入客體性，必須有個變形（停頓）——因為沒有客體性之本身能包容存在於神聖主體性之內的主觀性事件之全體實相。而只有在那範圍內，它們相對的完美才得以維持。可是，它們卻在開始之前渴望其他的經驗，甚至渴望一種不同性質的價值完成。它們感覺有一種價值完成，要求應用到自己的創造能力。它們渴望去創造，如它們被創造了那樣，而**一切萬有**在一種神聖的困惑裡，還是悟到了這一直就是自己的意圖。

（停頓。）**一切萬有**明白了這樣一個分離也可容許你們（停頓）產生一種不同的神聖藝術，在其中創造者自己創造，而它們的創造物也創造，把存在帶入確實性。那些存在卻正因為在創造者與受造物之間似乎有一個區別才可能存在。因此，**一切萬有**是在意識的每個最小部分之內。

意識每個最小部分都能獨特地創造，將**一切萬有**偏離中心的（eccentric❷）版本帶入存在。以某方式而言，若無此分離，**一切萬有**是無法造出東西的。對最微渺的可能意識和顯化，給予摯愛的護持和鼓勵——那即**一切萬有**的意圖。

（停頓良久。）**一切萬有**知道，即使這個目的也是一個更大目的之一部分。就時間而言，那個目的實現，將使另一個極重要的主觀性靈感爆入客體性，或爆入另一個形式。然而，以更深的說法，那目的現在也已知道，而整個的宇宙多少在夢著它，就如一度分子意識夢著它可能「形成」的器官。

（十點十五分。）我要強調，在此所說不是關於一種靈性的進化，而是一種擴張❸。然而，我們暫且將討論限制在世界開始的意識，強調物質生命的第一個基礎大半是主觀的，而做夢的情況不只有助於形成你們人類的意識，而且，以那種說法，也用來給人對他的物質環境提供一個穩定的情報來源，並且在所有各物種間用為一個內在通訊網。

口述結束。

（十點十九分。）等我們一會兒……提醒我在下一節討論那些主觀的存有學習如何把自己轉譯為實質的個人。

（衷心的：）口述結束，此節結束。衷心祝你們晚安——

（「謝謝你。」）

——我欣賞你們小房間（珍的寫作間）安適的特殊性質，在山邊的房子裡，依偎在實質的巢窩，這特殊的街道和小城之中。尤其是當我們在討論這麼複雜的題目時——這題目似乎頗為浩瀚，但它卻正是在討論你們如何能感知到這特殊的夜晚。我最衷心的祝福——晚安。

（「賽斯，謝謝你，晚安。」）

（十點二十三分。「我不知道它會不會一直持續下去，」珍說：「但比起其他所有的書，我最喜歡這本了。我進入了某個很棒的狀態，非常濃郁、深沉。就像我知道這一課不會太長，但當他退回很遠很遠的地方後，我竟然有一種莫名其妙的滿足感。」

（我笑了。可以看得出珍剛才的工作進行得很愉快。我很開心地告訴她這一節和往常一樣棒、一樣很有啟發性，就像上一節——八八三節。她的傳遞再一次顯得熱切、慷慨激昂，還搭配了許多動作、表情。她最近常常從賽斯那兒收到《夢、進化與價值完成》資料，有時候她一收到就會告訴我，但其他時候她會忘了說，或看了口述資料才想起她早就知道賽斯要談些什麼了。）

註釋

❶我在《未知的實相》卷一第六八一節註❼裡寫過，與其說原子是某個東西，不如說它們是「過程」（processes）。傳統概念的典型原子，是由被電子環繞著不可分割的質子和中子組成之原子核，雖然這個概念已經大大的落伍了，但為了方便起見，我們仍然可以這樣描述原子（以這種說法有一個例外，氫原子顯然是由單一質子和一個電子雲組成）。為了這個註的單純目的，我就不考慮量子力學（quantum mechanics）相關的問題了，它一開始就反對「粒子」的概念。（那個觀念牽扯到更多物理學，或者「無理性的」〔譯註：irrational，同時也是指數學上的無理數〕，從科學觀點來看，這是多麼異端的想法啊！）不過，不論組合成分為何，每一個原子都不可思議的複雜，由力（force）與粒子精密平衡的排列組合精確交織在一塊兒——它是大自然無止境驚人的創造力、次序及設計的基

本範例——或者也可以說是意識的，或一切萬有的。

科學家經由粒子加速器（particle accelerators）或原子撞擊器（atom smashers）的實驗，發現質子與中子本身是由力和粒子構成，並且幾乎都是依序由力和粒子的順序組合，度量的單位也越來越小、越來越小。至今已查出超過一百種次原子微粒，現在看來無疑將有更多粒子會被發現，那些已預測必定存在但尚未發現的某些特殊粒子也為數不少。這一切使我想起早在十六年前的第十九節裡（一九六四年一月二十七日），賽斯就說過：

「你們的科學家可以數數他們的元素……那是說，他們會創造及發現越來越多的元素，直到快發瘋為止，因為他們永遠會『偽裝』。而當他們創造儀器去處理越來越小的粒子時，事實上會看到彷彿無止境越來越小的粒子。

「當他們的儀器更遠地探入宇宙時，將『看見』越來越遠的東西，但他們會自動地將明顯『看見』的東西轉變成熟悉的偽裝模式。他們會是自己工具的囚徒。

「特別設計來測量科學家所熟悉的振動之儀器，將被一再的重新設計。最後，這些儀器將發現各種各樣彷彿不可能的現象，直到科學家們了悟到有些事情錯得一塌糊塗了。那些儀器是預備用來捕捉某種偽裝的，而既然它們是被老練地想出來的，將會盡到它們的作用，我不想涉入得太深。不過，那些儀器本身自有辦法將你們不了解的資料轉變為你們能了解的說法。科學家一逕在這樣做。」

理論物理學家用他們巨大的粒子加速器所發現的——或創造的——某些粒子壽命短得令人難以置信，似乎幾乎在它們出生之前就開始消逝。不過，我喜歡從粒子的觀點來看那樣的研究，這是在我所閱讀的少數幾份科學期刊中從未被提及的一個考慮因素。請記住，根據賽斯資料，最微小的粒子基本上就是各自不同的意識。介子是粒子的一種，經由質子撞擊器產生。舉例來說好了，一個介子「選擇」參與一場原子撞擊實驗，只為了在衰退為電子或光子之前，以介子的身分對我們這繁盛的物質實相來個不到十億分之一秒的驚鴻一瞥嗎？從它的觀點來看，我們的實相之於它可能是無法理解的，就像它的實相之於我們——但兩者不可避免地走到了一塊兒。

介子以它的方式，也許有了它全部所需或想要的「時間」。也許它抬頭看到我們的世界是一個冰凍或靜止的世界，看其他的次原子則是非常慢的在運動，也有可能比它還快。（就「時間」的運作而言，有些粒子活著的時間比一兆分之一秒還短。）但我十分確信那介子，或任何短命的粒子，當它與我們同在時，它找到了自己的價值完成。還有我尚未提到的可能實相一定也深涉其中。

當然，有各種方式的運動，有些是非常平穩固定的，只是我們依然無法理解。但鑑於介子在它極短暫的存在後，又在我們視線裡消逝，證明了電子有「無窮的」壽命。想想光是在我們這個世界，它所探索的價值完成就已是無限多樣性了！再來看看它的運動：每一顆電子環繞它的電子核運動，平均每十億分之一秒可繞行一百萬次！

推論到此，我通常會導回到賽斯的EE單位（電磁能量），以及他的CU's（意識單位）。這些非物質性存有——以及諸如此類的本質——是意識或一切萬有的發射，它的「尺寸」遠比我們以原子撞擊器所觀察到的最微小粒子還要小得多。根據賽斯的說法，每一個意識單位「包含」在它與生俱來不斷擴張發展且有組織的特性中；而在自己內永遠保有個體獨立的核心……它是覺醒的能量……不是「擬人化的」（personalfied）而是覺醒了的。見《未知的實相》卷一第六八二節。

❷我一直很喜歡珍在談到意識的任一部分能創造自己的新版本時，用到「偏離中心的」這個字；她在字典上對「eccentric」的意思：不尋常、怪異或不從俗的之外，又加上自己原創性的詮釋。珍在一九七四年十月，第一次有意識經驗到她的「心靈圖書館」（psychic library）之後，開始談到「意識之偏離中心」，而在接下去一次超越的經驗裡，她突然開始看見在她周遭世界的每個部分——例如，每個人、每座房子、每片草葉、每隻鳥——的偉大「模型」；我們平常的世界相形之下突然顯得相當寒酸。珍寫道：「每個人都是個經典範本，然而每個人也是個很妙的怪人（eccentric）……我看見每個人都是個可愛的怪胎，不只由於我們有自己的內在範本，也因為我們有偏離它們的自由，這一切都使得那範本在我們的時間裡活著，並且有創造力。」見《心靈政治》第二章及第三章。

❸怎麼辦？當我在打註釋時，我不禁疑惑了，賽斯在這裡所說的意思是這樣的嗎？還有上面那段？有

時候很難精確指出他說的到底是什麼。本來他的資料通常引發的問題就比回答的多，然而他這次又再創新猷了。我試著不要小題大作，但我覺得如果賽斯回答了所有我在這一節中可能提出的疑問，一本書不就產生了？他說的是另一種大爆炸形式「極重要的爆炸」嗎？我想不是。如果不詳細說明，以我們所知，那種事件意味著我們可能的物質宇宙將會消失。相反的，我認為他用「另一個形式」的意思，也許是指在我們實相中一個概念或知識的爆炸，隨即引發無比驚人的成果。那樣的成果可「僅僅」由一個心靈的大爆炸造成。（我也可以看出賽斯一切萬有的本質概念和宇宙膨脹模型之間的關聯。見第八八三節註❸。）

由於有的時候很難界定賽斯說的是什麼，我真希望當時他有自願多講一些他的爆炸—擴張論（explosion-expansion），或者我反應能再快些，來得及請他說明。但如果語言往往顯得刻板且有限，那麼它們也同樣是善於躲藏的——這是一件很棒的事，因為這證明它們是活的，且被委以語言多變的涵義。基本上，涵義永遠無法被真的「放進語言中」。

第八八五節 一九七九年十月二十日 星期三 晚上九點二十分

（自從三週前的第八八四節之後，已過了五個定期課的日程；我們錯過了其中四個，但在十月十日的確有次私人或刪掉的課。我們很忙，珍努力寫她的《珍的神》，也寫了一些詩〔有些是談轉世的，我計畫當賽斯在這書中談到那主題時，把它們呈現出來〕。十月七日星期日那天，珍第一次看到蘇・華京斯的《與賽斯對話》——她所寫關於珍以前教的ＥＳＰ班書稿。那件工作結果比珍想像的長了很多，蘇還有幾章要寫。兩位女士花了一天閱讀手稿，我也有機會看了一些。蘇後來笑著承認，她本來有些緊張，想像珍或我可能有的各種不好反應——但她做得很好。她有全然的自由以自己的方式寫《與賽斯對話》。次日，珍開始為她將為那本書寫的序打草稿。

（在上課前的空檔，我花了不少時間處理《靈魂永生》在瑞士和荷蘭的出版社，以及Prentice-Hall的往來信件❶。上個週末晚上，我們與一位從紐約來的心理學家有個很有意思的會面。我們的訪客錄下了賽斯詞藻豐富的資料，他答應寄一份謄本給我們。

（今天珍又寫了三首精采的小詩，我希望有一天能予以出版❷。不過，我想她因為沒有寫《珍的神》而去寫詩這回事，一直喋喋不休的唸自己。

（然後，今晚珍開始寫關於我們的貓，比利和咪子的「一篇有趣東西」，牠們是十個月大的一對兄妹：「最初，比利和咪子還都不是貓咪呢，只是想要做小貓的一點雲和天。也還沒人知道貓是什麼，因為上帝還沒造任何的貓。如果不是為了比利和咪子，也許貓根本不會存在……」這故事源於她滑稽的稱呼咪子是來自上天的禮物；我告訴她，這故事可以成為很好的童話❸。在今晚她寫的幾頁裡，珍以十分幽默的方式展示她的東西，令人回想到她第二本關於「七號」的書《穿梭幻相實相》，和她的《小王子艾米爾生命之旅》❹，卻又不同。

（在最後一刻，珍令我驚訝地問我要不要上課；我以為因她對自己一般性的不滿，她會不想上課。賽斯沒稱此節為書的口述，但它確然適用於此書。而在一開始他談到珍今天容許自己享有的創造自由——雖然似與她有意識的焦慮牴觸。

（耳語：）晚安。

（「賽斯晚安。」）

幾句題外話。魯柏忘了擔心，因為「他不是在工作」，他自然的遊戲創造力就冒泡地升到表面，而今天他寫了詩。不過，詩並不適合他目前對工作的想法，因此，那精采的創造力幾乎不算數。

以某種方式，宇宙以今晚魯柏故事開始的同樣方式開始：以創造的欲望——出自歡喜，而非責任感。

我們目前書裡的許多概念，將使科學家用非常懷疑的態度看待，雖然，當然其中有些人會理解我將說的話。這對你們而言必然很尷尬，因為（停頓）最深的真理無法被實質的證明。（停頓）科學慣於問十分明確的問題，而如魯柏近來寫的（在《珍的神》裡），科學通常有明確的答案——縱使那些答案是錯的（帶著些幽默）。

不過，「錯的」答案能彼此切合，而展示一個完美的畫面，其自身是一個很棒的構造——為什麼不呢？因為任何不適合這構造的答案就被丟開，永不出現。因此，以某方式而言，我們在處理科學丟開的東西。那麼，最後展示的畫面必然不會適合已確立的科學。

但是，如果那種性質的客觀證據被認為是證明事實的優先條件，那麼，如你們所知，科學同樣也不能證明它對「宇宙」起源的看法。它只建立了一個假設，那假設在其四周收集了所有與其相合的資料，而再次忽略了那些不切合的。更有進者，科學的課題在人心中沒有找到一個呼應的肯定；事實上卻喚起了最深的反感。因為在心裡，人很知道自己的價值，並且明白自己的意識不是個意外❺。那麼，心靈，在自己之內擁有一個內在的肯定，這肯定激勵肉體的出現，這肯定使人們不至於被自己的心理構造物完全蒙蔽（全都很強調、很快的說出）。

（九點三十三分。）更有進者，在人的意識內有個很深、主觀、純潔無瑕的有見識標準，他最終用之判斷他那時代的所有學說和信念，即使他的理智暫時被卑陋的教條所淹沒，內在的完整卻永不會被愚弄。

人有個部分**知道**。當然，縱令肺或消化過程不閱讀關於身體「機構」❻的學術論文，那部分也會出生而長大成熟。因此在我們的書裡，希望能在不論從事哪一行的讀者之內，喚起一種主觀的證據，一個概念和存在之間的共鳴。許多人寫信來，說不知怎地，感覺好像從來就對我們的資料很熟悉似的——他們自然如此，因為這資料代表每個人的內在知識。（停頓。）以一種方式而言，創造性的遊戲是那形成你們宇宙更為偉大特性之人類版本。對你們自己實相的本質，有各種各類確定、甚至明確的主觀證據——你們明顯可見的證據——只要一旦真正開始尋找它，尤其藉由比較你的日常生活和夢中世界。

你們的朋友（那心理學家）懷著一切應有的敬意，及最善良的意圖，卻搞錯了對象。他對他的價值測驗非常熱心，但他的熱心才是重要的。然而，主觀心智的本質永遠不會對這種測驗開放。那個測驗比什麼都更代表一種機械的心理學，就好像你能把人類價值分解為一種心靈的原子和分子組成之合邏輯字母。那是一個很好的嘗試（幽默的），但卻代表了心理學想使一個很差的假設有意義之最佳嘗試。

當然，你可以隨你的意思去做（關於做那個測驗），但我們的主要目的是超越心理學界限，而非在現有的心理學花圃裡小心翼翼地走。

至於魯柏，他因為合約及外國糾紛之故，變得對工作過分憂心。如果你們能理所當然地認為所有問題都會創造性地依你們的利益獲得解決就好了。他對放鬆仍有些害怕，那使他感覺有罪。可是，他的身體在響應。因此，讓他記住，創造是遊戲，而當他容許他的心放掉憂慮時，創造力會不斷的顯現出來。

你有問題嗎？

（「我想沒有。」）

你做得很好，而你（為《個人與群體事件的本質》）所寫的註，正以自己的規律組合起來，就隨它們去吧。

我祝你們晚安。

（「賽斯，謝謝你，也祝你晚安。」）

（九點五十七分。「他就在那兒。」珍帶笑說，「那很好。」）

（來訪的心理學家留給我們兩套賽斯提到的測驗。在我們與他見面的期間，珍拒絕填那測驗，而現在也無意去做。甚至我們的客人也說那測驗是非常實驗性的；我相信他的一個同事實際上發明了大部分的測驗。我認為他們〔也許無意的〕採取了負面的導向——那是說，受測者必須從一系列多少是負面的可能性裡做選擇，按照他個人之信念系統將明確的選擇排出順序。

（顯然，賽斯沒實現上一節尾所做的聲明：「提醒我在下一節討論那些主觀的存有學習如何把自己轉譯為實質的個人。」不過，今晚我沒問他，珍也沒提這事兒。當課的常規被打斷時，這種疏忽很容易發生——當我們在一次中斷變得關心其他的事時，很可能沒那麼注意到某一節課。當賽斯真的傳述剛才講的那資訊時，將會是非常有趣的。）

註釋

❶十月九日（這個月）當珍和我收到荷蘭文《靈魂永生》第一版時受到刺激時寫的，我們一收到書，立刻就看到荷蘭的出版社（Ankh-Hermes）把這本書內容刪得非常多。如我在第二天晚上為私人課寫的註中所說：「我們第一個反應是震驚得目瞪口呆，連生氣都忘了。」

實際上，他們出版的不只是翻譯版，還是濃縮版。依照我們對賽斯資料以其他語言出版的熱切期待，再加上那麼長時間的等待過程，這樣的狀況實在令人沮喪不已。許多我寫的註，其中還包含了賽斯資料的摘錄，都被刪光了，連那些課本身也被大幅度削減。而《靈魂永生》原本六十七頁的附錄，也被砍到只剩下十一頁。

「我本身的立場無法像你的那樣迫切，」賽斯在十月十日說：「但不論你有什麼樣的情緒反應，我都尊重，而且你有權那麼做。（大聲且頑皮：）看起來，賽斯說荷蘭話比說英語要簡短得多了——不過資料就在那兒，如果荷蘭人縮短了它，或是你的註解，以最基本的術語來說，那是他們的損失。但不論如何，合法的訂購協議應該被遵行，而且每一個社會都是建立在那個規則上……

「不論何時一本書被翻譯以後，當然不太可能保持同樣方式去表達同樣的事。那樣的一本書永遠得經由那些與語言緊密相連的國家潛在特質來表達——如若不然，沒有一本書可以被使用外國語言的人了解。其中一定會有扭曲，但這扭曲本身是有意義的。」

我們的編輯，譚．摩斯曼證實與荷蘭出版社的合約上有一條除非珍和我的同意，否則禁止刪文的條款，而且他已經要求荷蘭那邊將縮節版的《靈魂永生》下架，並發行完整版本——這真是一個代價昂貴的要求。珍和我為此感到後悔，我們原先的怒氣已消，我們和荷蘭的出版社一樣卡在經濟現實面上，以及我們本身對賽斯書翻譯版本儘可能忠於原版的熱切渴望。我們完全同意賽斯的說法，當賽斯資料從英語轉換成其他語言時，變更和扭曲是不可避免的；我們只是希望那些變更保持在最低限度。現在看來顯然是出版商和經紀人雙方的語言隔閡，導致了整件事情從一開始就變得很複雜。

基於一些原因，精裝書在歐洲比在美國要昂貴許多，一本書在歐洲的價格至少是美國的兩倍以上。

❷珍並沒有為她今天寫的詩題名。在這三首詩裡，她用一種看似簡單、幾近純真而奧祕的方式，讚頌秋天景觀的變化。例如：

當所有盛夏
華麗繁盛的葉子落盡，
空曠彷彿將我們包圍，
從四面八方，不捨遠近。

宇宙巨大的蒼穹
變得親密，
在豁然展開的眩目亮光中，
來到我們後門外
的煙囪頂。
銀河太空
匆忙填補這片虛無，
原是千百萬樹葉的所在，
山谷於是納入
幾杯自然
裝了滿滿的清澈可見。

珍一直在畫3"×6"素描，好搭配她描述自然的詩。她用單純明亮的顏色，藉由多孔筆可局部融合色彩的特性，獲得她要的效果。我想把其中幾張小畫裱框，因為它們的視覺呈現與她詩的文字質感一樣好。不過，我們通常會把她的畫蓋起來，因為它們的色彩暴露在光線下不到幾個星期就會褪色。

❸我同時也建議珍，也許她可以把下面這首她寫比利和咪子的詩與她的故事結合。它寫在去年六月她送我當作生日禮物的小冊裡，裡頭還有一些沒有題名的小詩和素描：

動物似無
沒有表達的自我
彷若牠們即是
全部
儘可能展現於外
意識
毫不停滯
莫需填補
當我們持續
試圖
變為別的
什麼

❹我們為它取名為「超七號靈第二集」（Seven Two），五個月前（五月）由Prentice-Hall出版，《小王子艾米爾生命之旅》則剛在上個月由Delacorte Press出版。

❺至今，物理界幾個世界頂尖的科學家們已公開聲明，他們相信基本上意識在我們世界或宇宙裡扮演著主要的角色。為了在此無法詳述的太複雜理由，甚至某些數學家也贊同此種觀點，而試圖穿透到我們實相的核心。

可是，有一個大膽到足以這樣想的科學家，就有二十個堅決反對的科學家。就大多數科學的唯物論者而言，只有物質的東西是真的；對他們而言，意識只不過是一個表面現象，是大腦生理學及化學事件的消極副產品而已。他們相信身體死亡是一切的結束，而一切終究是無意義旳。他們輕蔑地稱他們反叛的同事為「萬物有靈論者」（animists）——相信所有生命形式及自然現象有一個與實質物體無干的精神起源（這種異教者也被稱為「生機論者」（vitalists），一個與萬物有靈論者有關的名詞，而長久以來為科學家所輕蔑）。

珍和我常常對此處顯然的矛盾感到好奇，因為唯物的科學家除了用心智——或意識，那可憐的表面現象——來研究並分解物質之外還能有什麼？（更別說那不可計數的實驗證明了「物質的東西」根本不是堅固或客觀的，卻「只是」能量！）那麼，我們有了心智否認其自己的實相，更別說其重要性的弔詭了。就我們所知，人類在地球是唯一認真從事此種徒勞無益行為的生物。我認為很諷刺的是，唯物論者花了許多年工夫獲致他們專精的教育及名望，而他們隨之用這兩者來告訴我們所有努力（當然也包括他們自己的）終極的無意義。但對唯物論者而言，心腦二元性在正統的說法並不科學，但它也並非可被偽造的；那是指，並不能說在什麼精確條件下心腦二元性能被證明為誤。我們同樣可以理解，那些接受心智實相的科學家們對上面那些話的回答是，「只有『物質』的東西才是真的」之概念也無法被證明為誤。

且不論賽斯對於其他可能的實相，甚或人類在地球上的起源曾說過或可能會說什麼，我認為在歷史的這個階段，任何人——不論是否為科學家——要教條式的聲明生命是沒有意義的，或是個鬧劇，或此時只能精神性的理解有關我們實相的屬性並不真正存在，都是極危險的。在「未來」的發現，很可能會證明這種侷限觀點是錯誤的。科學的歷史本身就包含了許多學說與「事實」出了差錯的例子。更有進者，人類為什麼會想依賴表面現象這樣脆弱的觀念來理解我們的實相呢？的確，我們對自己可能實相之個人及集體的無知，在線性歷史的這個時候是最重要的。如果因為人類無休止對意義的追求，我們最後也沒以一種官方的方式回到對每件東西——有生命或無生命——之內都有靈的古老觀念，珍和我也不會訝異。這樣一個最新版的萬物有靈論或生機論的觀點，會將從次核子事件，一直到可觀察的宇宙裡可想像的最大天文現象之發現，都包括進去。人類的確知道他們自己的價值，如賽斯在這節裡聲明的。

近來，珍以她自己的方式評論這些問題，她所說的將出現在《珍的神》後面某一章裡：

「無疑的，我們需要相信生命有意義。那個信念很可能是一個生物上的必要。如果我們是如科學所主張的——只是在一個本身被機率創造出來的宇宙裡，被無心組合的元素形成之生物，到處被混亂包圍著——那麼，我們又如何可能產生意義或秩序的概念呢？

「科學會說意義的概念本身只不過是大腦狀態的一個反映，就如我們意識的幻相也一樣。但一個不尊重意識的科學，結果必然會創造自己的幻相，它無視於經驗的實相和存在的證據，而在如此做時，它否定而非加強了生命的價值。」

❻賽斯這一段話使我們兩人想起珍在四個月前寫的一首詩〈倘若腳尖長眼睛〉，她把它放在《珍的神》開頭那幾章裡。以下是詩的第一節：

倘若腳尖有眼睛，
我就能理解，
腳怎知去何方，
然而腳尖看不見。
舌頭聽不到聲音，

如何把話說出去？
再多的雄辯激昂，
舌頭本是聾，
只在無聲中上下拍動。

第八八六節　一九七九年十二月三日　星期一　晚上九點二十分

（自從賽斯於將近六週前的最後一節定期課〔第八八五節〕傳過來，我們只上了三節私人或刪掉的課。我真希望我能在這兒展示那些課，在其中賽斯給了很有價值的資訊——不光是關於我們自己〔包括珍多少不健全的身體狀況，她的「僵硬」〕，還關於我們的內在和外在實相，或如他稱之為架構一和架構二之間經常發生的無數交換。那部分資料有些是個人性的，但大半是普遍性的。

（在前言，我提到珍第二本詩集的想法，她在主題上已進展到一個程度，以致賽斯能在十一月二十一日說：「愛的詩集是個好主意。」到現在，珍想要在那集子裡包括我們自一九五四年二月相遇，多年來珍贈給我的一些詩。上個月她打電話給譚・摩斯曼談這本書，他們討論書可能的標題，但珍還沒有喜歡的。

（在前言中，我也寫過關於三哩島和瓊斯鎮或伊朗事件所掀起宗教意識和科學意識的偉大盛放：我認為它們一旦生出便會繼續長大，似乎自己有生命似的。自第八八五節後，珍和我一直看著這些效果穩定地增長。現在，我們國家對三哩島意外的最初關切已大到包括浮塵問題，關於我們為何在靠近龐大的人口中心建了這麼多核能發電廠；當一個嚴重意外發生時，要在那些地點實施大規模疏散，似乎是暴露出一連串無法克服的挑戰。

（至於伊朗，在一九七九年二月時，一群馬克思主義暴民領導的伊朗游擊隊，在該國首府德黑蘭占領了美國大使館，暫時俘虜了七十餘位美國人。我說這種情形可能會再度發生——果不其然：在十一月四日，伊朗學生攻擊美國大使館區，抓了六十三個人質；另三個則被監禁在伊朗的外交部。伊斯蘭教好戰份子釋放了十三名美國公民，他們在感恩節前回到了家，但伊斯蘭教好戰份子繼續囚禁其餘的五十三個美國人。伊朗藐視我們整個國家。

（此處所說可能並非原創性的想法，但這些意識的增殖，暗示我們人類這方面某些相當驚人的能力——因為這種發展顯示，縱令我們活著，像是在一個全盤意識或**一切萬有**的不可置信豐富之內的小小生物，我們的行動仍能致使那偉大意識探索它自己的新範圍。我得說，這是我們這方相當可怕的創造能力，而我們不知不覺的視之為理所當然。當然，我們個人和集體一直在這樣做。

（今天早些時候，珍和我曾談到賽斯恢復寫書的工作，但當他如此做時，我仍感驚訝。珍同時也強烈的希望在這節中得到一些個人資訊。

（在開始時相當緩慢和慎重的：）好：在一開始，並沒有天父、阿拉、索羅亞斯德（譯註：祆教鼻祖）、宙斯或佛陀❶。

反之，在最初，再次的，是有個神聖的心理完形（gestalt）——我是指一個存在，其實相不能以「存在」（being）這個字來定義，因為它即所有存在由之而出的那個來源。那個存在存於一個心理的次元（長長的停頓），一個廣闊的現在，所有過去、現在或未來的一切全都保持在它密切的注意裡，在一個神聖的脈絡裡安立不動——這脈絡是在這樣一個燦爛的貫注裡，以致最偉大和最低下的、最大和最小的，都同等在一個多重眷愛的不變焦點裡。

你們對開始和結束的觀念，使得這樣的一個情況極難解釋。因為以你們的說法，宇宙的開始是無意義的——即是說，以那種說法，並沒有開始這回事（熱切地）。

如我解釋的，宇宙是永遠在進入存在，而每個現在的一刻，都攜帶著它自己固有的過去。大幅度的可用資料個別地或全球地組合成每一個片刻，然而你們卻協議只接受這資料其中的一小部分為事實。舉例而言，你們只接受合乎你們對在時間內運動的概念那些資料，結果考古學的證據通常展示一個符合你們對歷史、地理時期等等概念的畫面。

（九點三十四分。）意識心（conscious mine）以一個壯麗卻有限的眼界去看，它缺乏所有周邊的視覺。我用「意識心」這如你們所定義的名詞，因為你們只容許它接受五官所及的那些實質資料為證據——同時，自然，五官只代表了一個實相的相當平面看法❷，那只與最明顯的表面相關。

內體感官是內在感官（inner senses）❸的延伸，內在感官是每個具體物種的一部分，不論其程度為何。內在感官提供所有物種一個內在的溝通方法。那麼，細胞擁有內在感官。

原子感知它們自己的位置、速度、運動、周遭環境性質和所組成物質。你們的世界並不是就這樣聚到一起，無心的原子在這兒那兒成形，無腦的氣體聚合成元素——再次的，世界也非什麼遙遠客體性的**神**所創造的，像在宇宙生產線上那樣，裝上一件件零件，有的還帶著缺陷（帶著些幽默），而在每個地方季節都推出更好的產品。

宇宙是自**神**的本質生成的。

宇宙是神聖的創造性和意圖之自然延伸，鍾愛地由內而外形成——因此，在有物質之前先有意識，而非其反面。

在某些基本而重要的方面，你們自己的意識是那神聖完形之一部分。就你們的塵世經驗而言，把物質與意識分開是個形上學、科學和創造性的錯誤，因為意識在物質生命中將它自己具體化成物質。

（停頓良久。）你們的意識在肉體死後仍會存活，但它們採用另一種形式——一個本身由「意識單位」組合成的形式。你們有一種習性，想要以意識的階級組織來思考，而以地球來說，人類居其首。例如，聖經說人是被置於宰制其他動物的地位，而看起來彷彿是，若把動物的意識升級，就必然多少貶低了你們自己的。可是，那神聖的完形是以這樣一種方式來表現，以致它的品質（停頓）是未被稀釋的。它不能被摻水稀釋，以致基本上，存在的一部分是比其他部分在尺度上更高或更低。但它們全都是A級品（好玩的）。

拒絕容許意識心用更大的注意範圍，你們就限制了它的容量，以致對其他物種不同、變化多端卻豐富的經驗，一直是關閉而無知的：它們的確看起來比你們低下。你們容許了某種頑固、不知變通的頭腦來提供定義，對除了你們之外的實相加以分類，而非加以照明。

（在九點五十五分停頓很久。）那麼，在一開始，有個變成客觀化了的主觀世界，以你們的說法，那時物質並非永久性的，因為意識也還沒穩定。於是，在一開始，有一個夢的世界，在其中意識形成一個物質實相的夢，而在那世界之內逐漸甦醒。

山嶽升起，又傾頹。海洋漲滿，浪潮鳴嘯。島嶼出現，季節本身也未穩定。以你們的說法，磁場本身起伏不定——但所有物種一開始就在那兒，雖然是以同樣不穩的方式。因為當夢的世界突破進入物質實相時，那兒有著一個群體創造事件被完成時所具有的喧囂的興奮和混亂。當意識試驗它自己的形式時，有更多的可塑性、動態、變化及消長。物種和環境一同在協奏中、在光榮的組合中形成它們自己，以致每個都成就了它自己存在的要求，同時也增益了物質實相的所有其他部分（全都非常熱切的，帶著許多手勢）。

那種樣子的事件，根本就不合你們對「世界的開始」的觀念，以為意識是從物質升出，幾乎像是個慎思熟慮後的決定，或以為有一個外在的**神**，創始了一個神聖卻機械化的自然世界。

（停頓。）這個觀念也不適合你們對善與惡的想法，如我在這本書後面解釋的。**神或一切萬有**，在最深的意義來說，是完成的，卻又未完成。再次的，我明白對你們的心智來說，這似乎顯得矛盾。可是，以一種說法，一個創造性的產品，有助於完成一個藝術家，雖然一個藝術家當然永不會被完成。且說，以某種方式而言——這是個附有條件的說法——當你們在學習時，**一切萬有**或**神**也在學習，而按照你們的知識做調整。我們在此必須非常小心，因為對神聖的妄想有時來得太輕易，但在一個基本的意義上來說，你們內在全都帶著**一切萬有**不可否認的印記——以及與生俱有的能力——去以你們的方式瞥見自己更大存在的不可否認證據。你們與亞當和夏娃、羅馬人、埃及人或索馬利亞人一樣接近「你們的」世界的開始。這世界的開始只在這片刻的一步之外。

在這本書裡——因為這是口述——我有個目的，那就是改變你們對自己的概念，在你們不朽的意識和肉體的傳承兩方面，顯示你們歷史的更真實畫面。

口述結束。

（十點十三分，賽斯在給了珍一些資料之後於十點三十二分結束此節。珍說：「我沒想到他會用那種方式進行，我真高興又回到書上了。」）

註釋

❶據賽斯說基本的宗教覺察這回事永遠與人類同在，在這裡他指出了歷史上和神話中有關直覺領會的幾個指標。

一、天父（God the Father）。在聖經的第一卷〈創世記〉（*Genesis*）中，沒有任何合理確切的日期說明天父是何時創造了所有事物（聖經中對於創世的描述，使演化成為不可能的事）。就算去計算舊約全書（*Old Testament*）中所記載的世代，也無法決定創世的時間，因為記載也許並不詳全。

二、伊斯蘭教創始人穆罕默德（Mohammed，約西元五七〇至六三二年）堅稱阿拉是唯一的神，早在伊斯蘭教之前，阿拉伯地區早已熟知阿拉之名。

三、索羅亞斯德（Zoroaster，約西元前六二八至五五一年）是袄教的宗師及先知。

四、宙斯（Zeus）是古希臘至高無上的神，古希臘人信奉祂，幾乎將日常生活的每一個層面都與之相連。祂是克隆納斯（Cronus）與莉雅（Rhea）之子，是其姊妹希拉（Hera）的丈夫。羅馬書認為宙斯與他們所信奉的至高無上之神朱比特（Jupiter或Jove）為同一個。

五、佛陀（Buddha）。悉達多．喬達摩（Siddhartha Gautama）的尊稱，佛教創始者。住在印度的宗師及賢哲，生卒年約西元前五六三至四八三年。（譯註：悉達多．喬達摩為釋迦牟尼的俗名。）

❷我了解賽斯針對我們感官知覺所提出的「實相的平面觀」，與宇宙學家觀察太空時的「平面」視覺之間的相關性。在愛因斯坦的相對論中，他假設空間可以彎曲，而這假設已經在我們的太陽附近被證實了。但當科學家檢視宇宙銀河及各星系時，他們實際上看到的太空是平面的，而不是應該有的彎曲。宇宙起源大爆炸論無法說明平面宇宙的均質現象（homogeneity），宇宙膨脹模型可以解釋平面與均質的現象——但是，就像所有理論一樣，它還引發了其他還未被解答的疑問。

❸珍在《靈界的訊息》第十九章曾給過一部分關於內在感官的列表。

第八八七節　一九七九年十二月五日　星期三　晚上九點十七分

（今午珍和我在我們的遺囑上簽了字，我們的律師和他太太作證。珍今晨有些沮喪，她沒能好好寫作。遺囑的明顯涵義沒使她開心❶。在信賴她的衝動下，她午睡了兩個小時——然後，當她醒來，因為她睡了覺，而病態的對自己不高興。晚餐時她比平常安靜，雖然她說她想上課。

（她身為賽斯的傳述大部分是比較抑制的。

（耳語：）晚安。

（「賽斯晚安。」——）

現在：口述。（帶著許多停頓：）當我說到夢的世界，我不是指某些想像的領域，而是指像概念、思想及精神行動的那種世界，你們所知的所有形體從中而出。就事實而言，這更是個內在宇宙而非內在世界。你們的物質實相只不過是那內在組織的一個物質化而已。所有可能的文明首先存在於那內在心智的領域。

（停頓良久。）那麼，在一開始，物種尚無它們現在所具的形體，它們有假形（pseudoforms）——如果你喜歡的話可稱之為夢的身體——而且它們在肉體上無法生殖。它們對時間的經驗完全不同，在一開始，整個地球在一種夢的時間裡運作。以你們的說法，這指時間可以加快或拉長。那是一種心理時間。

再次的，形體出現又消失。（停頓。）然而，以你們的時間而言，夢的身體採取了實質的形體。肉體的生殖是不可能的。不過，那並沒對所有的物種同時發生。於是，有一陣子地球有一個混合的物種人口，有已完全採用實質形體的物種，也有尚未有實質形體的物種。然而，不論有無實體，形體本身是完成了的。鳥是鳥，魚是魚。

（九點三十分。）在一開始，也有其他不同的物種：「人—動物」及「動物—人」的組合，及許多其他的混種；以你們的說法，有些還持續了相當長的一段時間。這適用於所有的範圍。有夢的樹木，長著夢的樹葉，它們逐漸在那夢中有了知覺（帶著溫和的強調），轉成實質，越來越貫注於物質實相，直到它們的夢之種子最後帶來了實質的樹木。

也許有其他我可用的術語，在某方面比「夢的世界」要有力。可是，我在強調這夢的聯繫，因為夢境是每個讀者都熟悉的，而它代表了與你們物質世界從中露出的那種主觀實相最接近的標準。夢境之所以顯得混亂、朦朧、可疑甚至無意義，就正因為在生活裡，你們是如此燦爛地貫注於每日的實相，以致夢顯得像是靜態的客觀背景噪音，是當你睡覺時遺留下來的。但對一個不是貫注於實質經驗或對其組織無經驗的人，實質經驗也會顯得是那樣。

（停頓。）再次的，世界是以任何意念產生的同樣方式產生的。物質世界的擴張，正如任何意念的擴張一樣。我為了你們的啟發而談你們所認識的世界、所知道的地球，但當然，有可能的地球，與你們的一樣真實。它們與你們自己的共存，而且全都在某一方面相連；每一個帶著關於其他地球的暗示和線索。以科學術語而言，並沒有線性的進化，卻有意識的大爆炸（停頓）、能力的擴張，在所有物種的各部分展開著，而這些仍在繼續。它們是意識用以表現自己的內在操縱。

在此書的稍後，我將討論其中一些，但它們代表新的了解之直覺性跳躍。例如，動物的行為模式，完全不是如你們所假設那樣固定與完成了的。你們的實質經驗，是夢事件與你們所謂客觀行動交織而成的。

要不是由於你們的神話，你們不會發現任何「事實」。

請等我們一會兒……口述結束。

（九點四十八分。現在賽斯過來，就珍和我在架構一與二之間所做的心理操縱，以及我們如何能在那些過渡期互助，發表了很長的議論。在十點十三分結束。）

註釋

❶在這個註裡所描述的是對珍和我極為重要的事情。

縱使立遺囑的事使我們想到死亡——以一般形式——但是成立遺囑意味著後事的優先順序及物件都可以在活著的時候安排妥當。我們達成了一個對所有人都有益的局面——因為珍的遺囑和我自己的都聲明將我們兩個所有遺留下來的東西和房地產捐給康乃狄克州紐哈芬市耶魯大學圖書館的手稿暨文件管理部（The Manuscripts and Archives division of Yale University Library）。我們的財產即使將坡屋和車子包括在內其實很少，然而我們的作品才是最重要的，所以作品本身以及所有附屬於它的一切，都會被移送到一個能夠保存、管理，同時又能一視同仁地供給研究人員和社會大眾研讀的地方。

整體收藏將包含我們的族譜；我父親的日誌和照片；珍和我自己小學、中學、大學和家族的詳細資料；我們初期的寫作和繪畫創作；我畫的漫畫和其他商業作品；我們早期已出版及未出版的短篇故事；我為賽斯課所寫的筆記原稿；出版及未出版「正規的」、私人或ESP課的抄本；錄音帶，包括那些珍在ＥＳＰ課為賽斯發聲，以及唱蘇馬利歌曲時錄下的；我們的筆記、夢的記錄、日誌，還有手寫原稿；我們的素描和畫作；珍數量龐大的詩；商業往來信件；書籍、合約、檔案；美國或國外地區發行有關賽斯資料的通訊刊物（與珍和我無關）；還有數量繁多的讀者來信——簡言之，就是一份龐大的資料，它展示出各個不同的起點如何匯聚在一塊兒，並最終成就了一個共同的終生事業。

一開始我們本想將這些收藏保留在自己身邊，直到我們死去，一般捐贈者都是這樣要求的，但是我們決定要儘快讓學術單位和社會大眾可以很容易接觸到這些資料。為了要實現這一點，我們將要把許多文件和錄音帶副本傳送到圖書館，把原稿暫時留在身邊繼續工作。在那裡留一份副本是個非常恰當的決定：我們很高興知道有一份「安全副本」將存放在某個地方——例如珍的日誌，以及許多我自己的筆記。

為了拷貝副本，我打算在屋裡裝一臺機器，這樣我就可以一有空檔，就去做這件事。這個工作將會耗費很多時間——也許好幾年——說不定我得雇個幫手；拷貝成千上萬張文件給圖書館將是不小的開銷。另外還要複製錄音帶和相片給自己。

珍的編輯，譚．摩斯曼畢業於耶魯大學，一年前（一九七八年十二月）他幫我們聯繫斯特林紀念圖書館（Sterling Memorial），之後就由珍和我完成所有的協商，圖書館方人員向我們說明這些收藏將會補足其他已保留在裡頭的資料。手稿暨文件保管部的檔案管理人來拜訪過我們，了解一下捐贈品的大概數量。我們不知道自己作品能提供研讀的確切時間為何：首先我們必須把它送進圖書館，然後館方有一定的處理程序——這本身就是一個大工程。珍和我最開心的事，莫過於賽斯資料和一切與它相關的物件都將被妥善保存。

第八八八節 一九七九年十二月十日 星期一 晚上九點四分

（上週六晚上蓋博士〔姑且稱之〕來訪，他是附近一個著名大學的心理學教授，在十一月十六日寫信給珍。當珍回蓋博士電話時，他說一位甘博士〔另一個假名〕❶吩咐他與珍聯絡。甘博士是一個中西部大學的社會系教授，他要蓋博士叫珍接受一些通靈能力的測驗〔這兩個科學家未曾謀面〕。

（當晚的會面很愉快。蓋博士認識一些超心理學界的重要人物。蓋博士和甘博士都對巫術深感興趣。賽斯透過來幾次，對蓋博士傳遞了組織得很美的小小論文，談到他如何能夠放鬆，以使他如此感興趣的通靈信號能透過來。奇怪的是，蓋博士沒帶錄音機，而我們也不用錄音機，因此，長久以來的第一次，賽斯資料一邊來就一邊同樣快的消失了——這對我們是個怪異的經驗。賽斯也與蓋博士討論巫術的施行和其後的動機。而為了回報賽斯，當我們三人圍坐在客廳桌旁時，蓋博士也為我們演出了他自己小小的魔術表演，使我們甚感驚訝與好奇。

（如珍事後評論的，蓋博士沒對我們說一句他對賽斯的反應，雖然我觀察他像許多人一樣的對那個人格全神貫注。珍說：「我猜他會寫信給甘博士。」我們沒問蓋博士他想做什麼。就那事而言，我們甚至沒問他甘博士到底叫他對珍和賽斯——或甚至我——調查些什麼。蓋博士留給我們一本書，是一個科學家寫一位有名的靈媒，我們看完後會立刻寄還給他。

（帶著微笑：）晚安。

（「賽斯晚安。」）

口述：你們只能對以某種方式落入你們感知範圍的一個事件正確定位。

你們無法精確的定位微觀或宏觀事件，也無法精確定位「看不見」的事件，因為縱使令你們精密的儀器能感知它們，它們並沒在同樣的時間脈絡裡會面。我要簡短地談談這種概念，以便稍後我們能討論宇宙的位置。

任何你們感知的事件，只是那事件真實幅度的一部分。觀察者和被觀之物為同一件事的一部分，彼此改變了另一方。在任一實相系統和任何活動層面，這相互關係永遠存在。例如，以某種說法，甚至一個電子也「知道」你們透過儀器觀察它。在儀器本身之內的電子，與科學家也許試圖「孤立」來觀察的電子之間，有一個關係。

可是，撇開那個不談，還有我們暫且稱之為所有電子的集體無意識這東西，它組成了那彷彿是在科學家觀察的電子之外的整個事件。在你們活動的範圍，想要能適當的鑑定一件事，在時空中投射它們，唯有把大得多或小得多的事件某部分孤立出來，而把一事物極度特定的定則認作是真的。

（停頓，許多次之一。）光可被定義為波或粒子❷，而在許多其他例子裡也是同樣的情形。例如，意識可被定義為波或粒子，因為它能以其中一種來運作，而顯得是其中一種，縱使它的真實定義也必須要包括將自己形成這種形式的創造能力。

你們無法給宇宙的開始精確定位——因為（突然較大聲）那個開始同時地是太大和太小，無法被含容在你們任何的明確陳述裡。雖然在那些明確陳述裡，每件事似乎都乾淨俐落，而且完整。你們在時間與空間的戲院裡，實在是以無比漫不經心的方式運作的。時間和空間，每樣都是心理屬性的結果。（停頓。）當你們問宇宙有多老，或世界有多老時，那時已認定時間和空間多少是幾乎絕對的性質。你們問的問題，只有走出通常經驗的脈絡之外，才能找到答案——因為在那通常的經驗之內，你們總是被帶回到開始和結束、順序而來的時刻，和一個在其內似乎找不到其他來源證據的世界。

（在九點二十三分停頓。）你們所知的物質世界是獨特的，對宇宙本身的重要性是不可或缺的，它是那個宇宙天生的一部分。然而，它也是相當自主的實相，那實相是依賴組成它的每一種生命感知力。那意識的一個創造，由那神聖的存在完形升起為一個獨特表現——而那神聖的存在完形具有如此不可思議的幅度，以致它全部實相無法出現在自己的諸多實相、諸多世界中任一個之內。

再次的，空間是個心理的屬性。時間亦然。那麼，宇宙並沒有在某個時間的特定一點，或在空間的任何特殊位置開始——因為（較大聲）說真的，所有的空間和時間同時出現，而看起來是同時的。

你們無法精確定出意識的位置。

（停頓良久。）當你在做夢時，你無法精確定出夢的位置，好像你能決定你做夢的床邊椅子或櫃子位置。可是，內在的位置是真的，而有意義的活動能在其間發生。物理的空間以同樣方式存在，只不過它是個為群體分享的心理屬性——但在開始的某個「時候」這並非如此。

在一開始，物理空間有著你們現在所知夢的空間那種特性，它似有個較私密的性質，而以那種說法，它只是逐漸變得為公眾所分享。

（停頓。）這樣一個世界是什麼樣子呢？你們又如何能把它與你們所知的世界連起來呢？

此章結束。

註釋

❶去年夏天，我們與甘博士透過信件往來。那些事件太複雜，難以在這裡詳細說明，不過珍在她自己的《珍的神》中用了不少篇幅談論它們。

❷賽斯應該是說光可以被定義為由波和粒子所組成，但他並不是那樣說，而我也沒有修改他的話。他在傳遞這一段時，給了我一個會心的微笑，他的資料很顯然和我今天拿給珍看的一個註解有關——那是我為《個人與群體事件的本質》寫的。在那個註裡頭，我試著簡單敘述測不準原理（Uncertainty principle）和互補原理（complementarity of light）等幾項物理信條（它將會是第八二三節的❷）。

Chapter 03

夢遊者。在早期出神狀態的世界。物種的甦醒

（九點三十六分。）第三章。

（「第三？」）

第三：〈夢遊者。在早期出神狀態的世界。物種的甦醒〉。那是標題。

（停頓。）請等我們一會兒……你們曾教自己只對某些神經模式反應，而忽略替代的那些，而到現在只變作了背景活動。可是，那些你們在生物學上認為真實的百萬種神經刺激的衝動，卻是由這背景活動支持的。那些其他的背景刺激現在已很難被你們認明，但它們一直是在你們清醒意識的腹地裡，在你們通常的聯想之下，像是夢中的囈語。

神經學上來說，你們只對準著身體一部分的實相，而對那偉大、微小卻喧囂的通訊無所知，那是一直在精微卻重要的細胞世界裡飛來飛去的。

以你們的說法，電子能預知，而你們的細胞意識亦然。你們身體在時間中相對的恆久性，就依賴著電子在處理可能性時了不起的行為。（停頓。）細胞的穩定性，以及它在肉體環境中的可靠性，就是依靠它即刻通訊和即刻決定的天生屬性。因為每個細胞都與所有其他的細胞在通訊，且透過意識場（fields of consciousness）❶而與其他的聯合，在其中，不論哪種程度的每個存在體都參與其事。

在一個層面，你們的細胞遵守時間法則，但在其他層面卻違反它。所以這些通訊是實相中屬於人類部分的一部分，而它們全存在於你們所認為的正常意識之下，是心理活動的結果。

（九點五十一分。）請等我一會兒……「在一開始」你們只覺察那種心理的活動，它「還」沒有自己變濃厚而成形。形狀是在那兒，但它尚未顯化（專注的）。我並不特別喜歡這比喻，但心是有用的：並非有小粒子（停頓良久），反之，是有意識的小單位，逐漸的把自己建造成大的——但你明白，意識的一個小單位並不「少於」大單位，因為每個意識單位在其內包含著**一切萬有**天生的傳承。

你們想到所知的意識心，以為是唯一一種意識，具備有意的意圖，覺知自己為它自己，而有能力了解邏輯和象徵。其實那只因為你們特定的活動範圍，並因你只能在一特定心理頻譜（spectrum）之內給事件定位，所以那才看來彷彿是真的。

口述結束。為我們的朋友……

（十點一分。現在，賽斯給了珍幾段資料，而在十點十分道晚安。即使他今晚有多次停頓——我大半沒予指明——珍的傳述仍常是十分熱切而很有意義的。那些停頓以其自己的方式，給賽斯的某些資料額外的標點和強調。）

註釋

❶賽斯的「意識場」聽起來很像一個物理上已確立的場理論，不過，那個場的名稱不是意識場，而是「能量—動量」（energy and momentum）場。

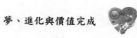

第八八九節　一九七九年十二月十七日　星期一　晚上八點四十五分

（十二月十三日，珍為剛整理好的詩集取了名字：《如果我們再活一次：愛的生活與可能的自己們》（*If We Live Again: Love's Lives and Probable Selves*）。她目前正在寫《珍的神》，同時幫這本書寫一些很棒的新詩。我的妻子也要寫幾首詩送給我當耶誕禮物——不過她對這件事保密到家，所以我其實不應該知道她的計畫。

（我相信昨晚是入冬以來最冷的——差不多華氏九度——而今晚當我們坐著等上課時，也沒暖和多少。不過，在我們這地區，今年冬天是特別的暖和。至今地上大半尚無雪跡。

（珍在八點三十分叫我，說她準備要上課了。她說：「我最好開始，不然可能會延期，我覺得這麼放鬆。我也從賽斯那兒得到關於這書的許多好東西……」而那就是上週三晚上我們沒上定期課的緣故：她變得太放鬆了，而懶得去專注在進入出神狀態的事。）

口述。

現在：我叫物質的建材為CU's——意識單位（units of consciousness），它們形成存在於你們理解和經驗之中的物質。意識單位也形成其他你們並不感知的物質❶。

CU's也以「粒子」或「波」的方式運作。不論它們以何方式運作，它們是覺察自己的存在的。以你們的話來說，當CU's以粒子運作時，它們在時空中建構了一個連續性。它們採取了特殊的特徵，藉由建立明確界限而確立自己的身分。

（停頓良久。）那麼，當它們以粒子來運作時，是採用某種形體，而由那些形體的「中心」體驗其實相，並集中或貫注於它們獨有的特殊性。以你們的說法，它們變成了個體。

可是，當CU's以波狀運作，它們在自己的自覺四周並不建立界限——而當運作如波時，CU's的確能同時在不只一個地方。

我了解這多少是難以理解的資料。不過（停頓），在其最純粹的形式，一個意識單位能同時在所有的地方（有力地）。既然它是有能力同時在所有的地方和時間，那麼，要說當它運作如波時，一個意識單位是有預知性的或具有千里眼，就是多此一舉的。

那些意識單位是建材，建構了你們實質的肉身、樹木和岩石、海洋、大陸，以及如你們所了解的空間本身之顯化。

（當我第一次沒能聽懂時，賽斯非常大聲的重複最後一句。）

這些CU's能如分別的存有或如本體（identities）般運作，或它們能如一個力量在浩瀚、和諧的活動之波中合流。事實上，意識單位一直在以這兩種方式運作。沒有一個本體，一旦「形成」後曾被消滅，因為其存在是「它所屬整個意識波」中不可磨滅的一部分。

（在九點四分停頓，許多次之一。）可是，每個「粒子化」的單位，凌駕在波和粒子兩者同屬的意識場所設立持續不斷衝力上。意識的每個粒子化單位，在其內天生包含著對所有其他這種粒子的知識——再次的，因為在其他層面，單位是如波般運作。基本上，這些單位運動得比光還快❷，以你們的說法，它們慢下來以形成物質。（停頓。）再次的，這些單位可被認作存有或力量，而它們能以任一種方式運作。形而上地說，意識單位可被認作**一切萬有**採取行動以形成〔你們〕世界的那一點——那永不終止的創造靈感的即刻接觸，進入精神焦點，那確然神聖本源的變形，這本源從神聖事實的更大實相中，將物質世界帶入了存在。再次的，科學上來說，這些單位能被認作物質的建造材料。倫理上來說，CU's代表世界在價值完成中的壯麗基礎，因為每個意識單位都彼此相關，為另一個意識單位的一部分，都參與了「生滅經驗」之整個完形。我們將看看這如何應用於你們對物種的態度，以及人與其他有意識的存有與它們共有的行星之間的關係。

（在九點十七分停頓。再次的，就像珍開始口述本書後常有的事，她替賽斯的傳遞顯出一種充電、振奮的味道。像上面那段字句，以一種強而幾乎莊嚴的樣子由她口中滾出。很容易看出她喜歡做這件事——如果必要的話，她會允許自己忘形。也許她展現的方法與三個月之前賽斯在序中所宣告的相符合，他說，「這本書將是至今我最具野心的作品。」）

那麼，在一開始，意識單位存在於一個神聖的心理完形內，被賦予那「超越的本體」之不可想像的創造力。它們自己開始創造、探索，並完成那些使它們獨具特性的天生價值。它們以波和粒子兩者運作，一部分為它們自己的創造性騷動所指揮，一部分被**一切萬有**不可滿足的創造力所指揮，而開始了那將時間、空間和你們整個宇宙帶入存在的工作。那麼，它們是最先的存有。

我要你們試著想像一種情況，在其中（停頓良久）存在著一個心理力量，在其性能內包括了同時在微觀及宏觀層面活動的能力；這心理力量能在其自身內形成

（停頓良久，眼睛閉著）上億各自分開、不可侵犯的獨特身分，而它仍可作為那些身分的一部分而運作，作為一個是它們來源的較大單位——在那情形下，它是粒子由其中浮露出的一個波。那描述適合我們的意識單位。

（九點二十六分。）意識單位由內而外地建造你們的世界。作為實質的生物，它們貫注於你們所謂的實質身分上：分開的、個別的差異性，將自己的創始變化和創造潛能，以及自己獲得全然創始經驗的機會，賦予每個實質的意識，並提供給它一個從中參與實相的觀點或高臺——在那個層面，這觀點是別的個體無法以相同方式體驗到的（全都非常熱切地）。這是任一物種或任一程度的所有個體，當它碰到客觀宇宙時之獨享、永遠常新、私密而親切的直接體驗。

在其他層面，雖然每個個別性仍維持，它卻跨在意識的波狀構造上。意識單位同時存在所有的地方，而造成你們細胞的意識單位知道所有其他這種單位在時間與空間裡的位置。

那麼，在一開始，這些單位同時以身分或粒子及波運作，以你們的說法，主要的貫注還不是實質的。你們現在所認為的夢境，在那時是清醒的境況，因為它仍是被認可的有目的活動、創造性和力量的形式。夢境一直仍是兩個實相之間的聯繫。

而作為一個物種，你們真的是先會夢遊後才學會走路——在睡眠中走路。你們夢到你們的語文，在夢中說話，而後寫下字母——而你們的知識和知性，總是由心智之所從出的偉大內在實相來發動、銳化和推進的。

物質靠它本身永不能產生意識。光是一個心智不可能只由機率而進入存在；如果物質本身最先並未有意識地活著，充滿了要存在的意圖，則一個念頭無法從無量數的神經末梢躍過。一個相信生命無甚意義的人很快就離開了生命——而一個無意識的存在永不能產生生命（熱切地）。宇宙也並非單單為了一個物種，而被一個只是那物類超級版本的**神**——和最壞時候的人類一樣地剛愎和具毀滅性——所創造。

（九點四十五分。）反之，你們有一個內在的活動次元、一個廣大的多重空間創造範圍、一個變成它每個創造物的一部分，卻是比它所有部分總和還要大的**創造者**。一個**創造者**，它能知道自己如一田間小鼠，或如那田野，或如田野所倚之大陸，或如支持著大陸的行星，或如支持這世界的宇宙——一個完整卻可分割的力量，它是一個，又是無窮多個；一個同時是永恆而又會死亡的力量；一個一頭栽入自己的創造性，形成四季，而又體驗四季的力量；在個別化中享榮耀，卻又永遠覺知所有個別化經驗之內、之後、之中的偉大合一：每個過去與未來的片刻從它向每個想像得到的方向流出之力量。

（珍以了不起的流暢熱情傳述那一整段，而我在它剛透過來時盡我所能的打上標點。我想，我沒聽過她比這次更辯才無礙地、更篤定地為賽斯說話。這書使她振奮。

（停頓良久。）可是，以你們的時間來說，我們將說到一個開始，而在開始，是早期人類的夢容許他能應付物質實相的。夢的世界是他最初的學習園地。在乾旱時他會夢到水源所在；在饑荒時他會夢到食物所在。也就是，他的夢讓他可以千里眼方式看到大塊陸地。他不會在你們現在視為理所當然的嘗試錯誤過程上浪費時間。在夢裡他的意識以波狀運作。

在那些早先的時代，所有物種以一種對現在人類而言相當無意識的方式共享他們的夢，因此在夢中人也向動物探詢——遠在他學到跟蹤動物之前。食物或水在哪兒？那塊地的方位如何？人類探索這行星，因為他的夢告訴他陸地在那兒。

那時人們不是像現在看起來那麼孤立，因為早期人類在夢裡互通他們各自的位置、文化和理解之象徵及藝術的性質。你們現在常以為頗為偶然的所有發明——從第一件工具到火的重要發現，或鐵器時代或不論什麼的來臨——所有那些發明，即為夢世界靈感和通訊的結果。人夢到他的世界，而後創造它，而意識單位首先夢到人和所有你們所知的其他物種。

（在十點二分停頓。）在我講得太遠之前，要強調一點，就是：夢世界不是個漫無目的、非邏輯或不具知性的活動場。只是你們自己的視野關掉了它廣大實相的大部分，因為在做夢的知性可勝過你們的電腦。因此，我並不是把思考能力放在不重要的地位——而卻是說思考能力以你們所知的樣子出現，乃是因為做夢的自己不受阻斷地利用了聯合的知性和直覺之全部力量。

如你們所知的思考能力（停頓），無法與那些即是你們自己內在實相一部分的更大性能相比。

口述結束。

（「好的。」

（十點八分，現在賽斯透過來給了珍和我一段——此地節略——然後：）

你有問題嗎？

（「關於我對每天看電視新聞這件事的評論，你有什麼想法？」❸）

你們看新聞或否無甚相關——但你們對世界事件的想法卻是極要緊的。

你們從哪一個視角看世界事件是極重要的，而真的，現在大眾傳播帶給意識心比以前多得多的槍林彈雨。但那也是個令人看見他自己活動的槍林彈雨，甚至包括在第三世界內成長的新民族主義，那些國家的確是從一個在被世界之眼注視的新視角開始。

你們國家面對著它自己政策的後果——它的貪婪及善意，但它們是一個新的方式被公開出來。世界將被視為一體，但是，可能在整個稅法的評估上有所改變，而那些過去沒付多少稅的人現在會付得更多些。

狂熱主義的後果也被公開出來。以你們的說法，以前從來沒有一個私自的個人能以這樣的方式來看世界，或被迫與他政府的政策認同。那在其本身就是一個創造性的成就，表示人對他的世界不平等並沒閉上眼睛。

口述結束。祝你們晚安。

（「賽斯，也祝你晚安，非常謝謝你。」）

（十點十八分。「好大的能量喲！」珍一離開她極佳的出神狀態便喊道，「我就覺得我們在得到些好棒的東西——我就有那種感覺。我不那麼記得他說了什麼，但我就感覺到那棒極了的信念。你懂我的意思嗎？」

（我當然懂，我為這一課恭喜她。）

註釋

❶後來我請賽斯評論他最令人好奇的聲明，他的答覆很短，而雖然我很想請他再加以說明，但我並沒要求他。不過，我確信「其他種類的物質」這題目有著幾乎無限的延伸。賽斯：

「意識單位的確形成了不同類的物質實相——如魯柏本身在他有些詩裡的確暗示過的。可以說，有許多次元與你們自己世界一樣的實質，但如果沒聚焦在它們上面，你根本不會覺察它們的存在，卻只感知到空無一物的空間。

「在宇宙裡從沒有東西被遺失、錯置或浪費掉，因此，你們自己思維的能量，雖然仍是你們自己的思維，卻有助於形成你們沒感知到的物質實相自然屬性。因此，你們的世界也是由意識單位形成的，其自然成分是你們看不見的其他意識單位閃閃發光之殘餘物。」

❷據亞伯特．愛因斯坦的說法，我們的宇宙裡，沒有任何實體的粒子可以從靜止狀態加速到光的速度，光在真空中的行進速度相當於每秒十八萬六千哩。不過，在《未知的實相》卷二第七〇九節註❶中，我寫到我認為依照愛因斯坦的特殊相對論（special theory of relativity），比光速快的粒子應該是存在的。

賽斯在兩卷《未知的實相》中都給了我們極佳的資料，例如一九七四年二月十三日的卷一第六八二節。

❸今晚稍早我問珍，我們為什麼每天晚餐時都拿電視上那壞新聞無休止的槍林彈雨來餵自己。在伊朗的人質危機就是一個例子。我說我們世界大部分的問題彷彿都是來自架構一的思考方式，而人類是如此沉湎於這種有意識的行為——地區性、全國性及世界性地——以致好像我們很少有機會掙脫那鐵籠。我進一步告訴珍，歷史反映出，我們頑固的拒絕去調整自身對「架構一」操縱法的深深依賴，縱使我承認這種長期的群體行為有許多複雜的理由。

我也覺得我的質疑是由於珍和我近來的努力，我們想改進習慣性的思考方式，從架構二提取更多要素來幫助我們創造每天真正想要的結果。我用賽斯在一月一日給我們的一套勵志箴言作為輔助——雖然很奇怪的，珍並沒對它們那麼在意。不過，我倆都注意到自己近來在心態與內心的平靜上都有進步。

第八九〇節 一九七九年十二月十九日 星期三 晚上九點十七分

（當上課的時間迫近時，珍處在一種煩躁的情緒中。當我問她今晚有沒有問題要問賽斯時，她的態度既古怪又尖銳。她想在八點開始，但沒成功。在九點十分時她說：「但現在我感覺他就在附近。」課開始時她的傳遞相當慢。）

現在，晚安。

（「賽斯晚安。」）

口述。這個內在宇宙是由有知覺的能量形成的完形，它包含了我們將暫稱為「資訊」（information）的東西——但將來我們要做些評論，因為這不是你們習慣的資訊。

每個意識單位天生在其內擁有全體所能得到的一切信息，而當它以一粒子運作時，它的特殊性質就是依賴那偉大內在知識之「整體」。只因所有其他這種粒子的位置、相對位置及情況是已知的，任何一個這樣的粒子才能在其所在之處、在其所在之時，成為其所是之物。

（在九點二十三分停頓良久。）再次，以最深的方式，你們的物質世界是在每一個點開始，在每一點這些意識單位肯定自己去形成一個物質實相。不然的話，生命不會一代又一代地「傳下來」。每個意識單位加強、放大自己生存的欲求，而你可以說，由其內部激出一個原始欲望的爆炸性火花，而「爆」入一個肇始「實質的物質化」過程。意識單位變成我稱之為EE單位的東西，而以那方式開始了它自己那種實體經驗。

就如意識單位那樣，這些EE單位也以「場」、波或粒子運作——但以你們的說法，它們更接近物質取向。可以說，模子已定型：它們已然開始那些必要的特別過濾過程，而那將帶來物質的形體。那些EE單位開始處理將助你們形成世界的那種信息。在EE單位用自己的方式組合、以形成最微小的物質粒子前，真的是有無數步驟。這裡甚至發生了最偉大、最溫和的揀選過程；這些單位在某個運作層面把它們從其更大的「信息」場中解放出來，以便專門化成各種不同的成分，而那將容許無懈可擊地適合你們世界的原子和分子之產生。

（到現在，珍正從上一課她為賽斯說話的那種流利渾厚聲音之中，進入一種較柔和的方式。）

首先，再次的，你們有不同階段夢形象的假物質，可以說，那只逐漸地——以那種說法——凝聚，而變成實體上有生活能力的東西，因為在你們認知的物質和物理學家理論上的反物質當中，有數不清的種種「物質」。

換言之，形體存在於你們所認知那些層面之外的許多其他層面。你們的夢中形體與具體形體一樣真實，只不過是在另一個活動層面。它們適合自己的環境，而相當令人想起在（你們的）世界開始時的那種形體。

雖然你們及所有其他物種在那時是我所稱的「夢遊者」，但你們的身體已經能作用了；而以一種方式來說，那時你們尚不知如何正確地用身體。且說，從一個清醒狀態，你們不了解夢中身體如何似乎能飛過空中，違反了空間甚至時間，及與陌生人交談等等。然而，以同樣方式，你們會一度必須學著應付地心引力，應付空間與時間，在一個物體的世界裡操縱，只簡單地呼吸、消化你的食物，及做所有你們現在視為當然的生物上的操縱（全部極為強調地）。

你們擔當不起與這種身體太過認同，直到學會如何在它們之內存活。因此，在夢境中，當這些新的身體和地球取向的意識，看見它們自己精神性地演練這身體的所有部分時，生命的真正過程於焉開始。在所有那些背後，是組合這身體的所有意識單位聰明絕頂的理解及合作。每個加入自己的資訊和特殊知識到整個身體組織，涉入最錯綜複雜的關係場中，因為身體效率的奇蹟是存在於所有部分之間關係的結果，而把身體與不具體呈現的其他層面相連接。

（九點四十八分。）以一個你可稱之為圓形的迂迴方式，意識單位以同樣的過程將自己變成ＥＥ單位，並形成環境及其所有居民，而非線形的方式。當然，以那種說法，有其他形形色色意識的具體顯化，不只是一個行星及其居民，卻是一整個有知覺的意識完形。以那種說法，實體取向的意識每一部分，由其特有的觀點來看實相與經驗，其他一切似乎都繞著它而轉，雖然這可能涉及一個比你們自己的場較小或較大的一般性的場。

因此，對岩石而言，比如說，你可被認作它們環境的一部分，而同時可能認為它們只是你環境的一部分。實際上（停頓），許多其他類的意識，雖以它們個別的方式集中焦點，卻比人對地球統一的性質更有所知覺——但人在走自己的路時，卻以相當不為平常知識系統所知的方式，也對一切其他意識的價值完成有所增益。

如果你記得，基本上，每個意識單位對其他每一個單位的位置都有所覺知，而這些單位形成所有的物質，那麼，也許你能直覺地了解我的意思。因為不論人獲得什麼知識，不論任何一個人能累積什麼經驗，不論你生產了什麼藝術或科學，所有這種信息都即刻地被那組成物質實相的每個意識單位在其他活動層面感知——不論那些單位形成的是一塊石頭、一滴雨滴、一顆蘋果、一隻貓、一隻青蛙或一隻鞋的形狀。製造出的產品也是由原子和分子組成，也是跨在轉變成EE單位而後成為物質成分的意識單位上。

真的，你們所具有的是個已具體顯化及未顯化的意識，但這只是相對地說。你並不感知物體的意識，它不對你顯現，因為你的活動範圍要求以界限來框起你們的實相畫面。

你們所有的成品也是源自夢的領域，顯然它們最先是被抽象地構思，而以同樣方式，人造出他最先的工具。人天生具有（停頓良久）所有那些能力——給予他特徵的能力——以及以你們的說法尚待發展的能力。並非他到現在還沒用它們，而是在你們所認為的文明之連續性主線上，他還沒貫注於它們。有關那些能力的暗示，永遠在夢境，在藝術、宗教甚至科學裡出現。它們出現在政治與商業裡，卻是作為大半未顯化的直覺背景，而大半被忽略。我們在此書稍後會回到這上面。

（十點十二分。）人的夢一直給他一種動力、目的及意義的感覺，並給他形成文明的素材。世界的真正歷史即為人的夢歷史，因為它們對所有的歷史發展多少都要負責。

夢對農業的誕生負責，對工業、對國家的興亡、對那曾為羅馬的「光榮」以及羅馬的毀滅也一樣。（停頓。）你們目前科技的進步，可幾乎直溯到印刷術的發明，到愛迪生的發明，那是夢中靈感的直覺閃現。但如果我現在告訴你們的是真的，那麼很顯然，當我說你們的物質世界是源自夢的世界，我必然是指與通常對夢實相的定義非常不同的東西。再次，我可以選擇另一個用語，但我想強調每個人與那另一個實相的密切聯繫，那實相的確發生在你們認為的夢境裡（全都很熱切地）。

那比喻將助你們至少直覺地了解像痛苦、貧窮等情況的存在，否則那些似乎沒有適當的解釋（如今天珍和我曾討論過的）。我希望也能對大自然那確然似乎暗示弱肉強食、適者生存的部分，或對一邊是個有報復心之神的懲罰行動，而另一方是個邪惡力量的勝利情形有所解說。

不過，在我們伊始的故事裡，暫且仍有一個時隱時現的間歇性宇宙——以那種說法，它逐漸地顯現較長的時間。你們在一開始真正有的是沒有形體的意象（images），慢慢地採取了形狀，如燈光明滅閃爍，而後穩定成尚未完全實質化的形狀。然後這些採取了你們現在認為形成物質的所有特徵。

當這一切發生了時，在你們這一端，意識負擔起越來越多的特殊化取向及更大的組織。在「另一端」，意識使自己從較大的活動場中掙出，以容許這特殊化的行為。再次，所有這些意識單位以存有（或粒子或波或衝力）的樣子運作。以那種說法，當然，意識形成對時間的經驗——而非其反面。

（在十點二十九分。安靜地：）口述結束。一個小註……

（賽斯透過來給了珍兩句話。然後：）

我祝你們晚安。我們將有一節課，題目任你們選，時間隨你們訂。

（「賽斯，謝謝你，晚安。」）

（十點三十一分。我覺得賽斯最後的話頗為幽默，反映了在課前珍心情不好的理由之一：在寫書的課和在其他我們一直想獲得一些賽斯資料的主題之間，她感覺矛盾。目前這些題目包括像瓊斯鎮、伊朗、架構一和二等話題，以及今年早些我提出的關於人類生殖的一個題目，稱作「精子社區」〔community of sperm〕。我在兩篇論文中討論過，並且也問過問題，那是關於兩億到五億在受孕時沒與卵子達成接觸的精子所扮演的角色。我也想知道在一個男人的身體裡，所有的精子之間必然在進行的深層生物性交流，以及為什麼在一次特定的射精裡，最「適合的」精子顯然並不永遠會使卵子受精。賽斯已在一、兩節裡給過一些答覆，而我們想要更多。我原本計畫在此從我們共同的資料裡提出一些摘錄——但我現在看出我沒有篇幅這麼做。

（結果珍今晚的傳遞很棒，她的態度穩定，而且比她在星期一晚上的課要少些停頓。雖然她沒有達到在上一節中她觸及的那雄辯滔滔的高峰，但那種情況的成分今晚也還是有的。）

第八九一節 一九七九年十二月二十六日 星期三 晚上九點七分

（週一晚上是聖誕前夕，我們沒上課而邀了幾個朋友來，大家互相交換禮物。聚會結束後，珍和我把送給彼此的禮物交給對方。收到那本她為我做的詩和素描合輯的小書，是我一整晚最興奮的事（倒是我從來沒為她做過像那樣的禮物）。當她唸詩給我聽的時候，我又再一次強烈感受到她的純真與洞察力：「宇宙不停地變成我們……」我們度過了一個靜謐而喜悅的聖誕節。

（今晚的課並非正式書的口述，但它包含了與此書相關的許多內容。當我們在八點五十分坐著等課開始時，珍說：「我不在乎我們是否有一堂講書的課，或談其他事情的課。我只在等，我甚至沒感覺到他在附近……」她認為這很奇怪，因為在過去兩天她從賽斯處拾到了一些對各題目的洞見。我們曾對那些加以討論，卻沒記下來。

（在九點六分。「我想我準備好了，它卻不像是關於書的。有時我得到第一句……」

（柔和地，眼睛黑而發亮：）晚安。

（「賽斯晚安。」

（幽默地：）今晚的主題：「偉大的期望」（Great Expectations，譯註：中譯為《塊肉餘生錄》，為狄更斯著名小說）——因為我在此提到狄更斯的書。

現在：這一刻，一九八〇年它所有的潛在版本存在。當然，因為涉及了群體事件，所以對地球表面的每一個人而言，並沒有一個完全不同的一年——但真的是有數不盡群體共享的一九八〇年世界「在側翼」，可以這麼說。

以你們的說法，既然你們已然建立了某種可能性作為來年的素材，那麼，這就不是只決定你想要把什麼事件物質化為實相那樣簡單的事了。舉例來說，如你，約瑟，相當不可能忽然變成一個裁縫，因為你對可能性的選擇中沒有一個曾導向這行動。

相似的，英國再怎麼樣也不會在明年突然變成一個伊斯蘭教國家，但在可行的可能性、私人和群體的選擇範圍之內，世上的人在選擇他們可能的一九八〇年。

（停頓良久。）我在慢慢地來，因為有些問題我想澄清，那是很難解釋的。

一個人考慮的任一可能的行動，是那個人有意識思想的一部分。不過，就在那之下，人們也在考慮其他的可能性，那也許會或不會到達有意識的層面，只因為它們被推到了一邊，或因它們沒被有意識的認知。當你們想到真實事件的時候，我要你們試著把它們想作可能性之活化了的代表——即是精神上可能性之實質版本。你們沒有意識地關切的那些可能性留在心理外圍！可以說，它們在那兒又不在那兒。

你們的意識心只能接受一個順序之可能性為被認可的經驗。如我說過的，在可能性之間的選擇經常在進行，在有意識和無意識層面皆然。你們未感知為有意識經驗的事件（停頓），到某程度卻是你們無意識經驗的一部分。這對個人適用，當然整體來說，同樣也適用於世界事件。每個行動尋求它自己所有可能的完成。**一切萬有**尋求所有可能的經驗，但在這情形，這樣一個更大的架構裡，以致好比說痛苦或死亡的問題，根本不適用，雖然〔顯然〕它們在物質層面是適用的（全都十分有力）。

（九點二十五分。）基本上，偉大的期望與程度毫不相干，因為一枝草也充滿了偉大的期望。偉大的期望建立在一種對實相本質的信心、對自然本身的信心、對你被給予的生命——不論它的程度為何——之信心上，舉例來說，所有孩子是生而具有這種期望的。童話故事的確常是——雖非永遠是——一種地下知識的傳訊者，像你們對灰姑娘的討論，最好的童話故事中總是最偉大的期望獲勝：物質世界的不幸成分能透過偉大的期望在一瞬間改觀。

你們的教育告訴你們那一切都是胡說，而說世界是單單被它的物質面所界定的。當你想到動力時，你會想到好比說核能或太陽能——但動力是人心智內的創造力，那容許他們去用這種動力、能量及力量。

真正的動力存在於敢臆想尚未實現之事的想像力裡（熱切地）。想像力，輔以偉大的期望，可帶來在可能範圍之內的幾乎任何實相。一九八〇年的所有可能版本都將發生。除了那些你們選定的，所有其他的將留在心理外圍，在你們有意識的經驗背後——但所有那些可能版本將在某方面相連。

在你們的社會裡，最重要的教訓從沒真正出現過：帶著偉大的期望，連同對架構一和二的活動知識，對被導向的意志之最有益的利用。非常簡單地：你要某樣東西，你有意識的凝注於其上一會兒，有意識地想像它來到可能性的前列，更接近你的現實；然後你把它像個小石子似地丟入架構二，兩個禮拜盡量不去想它，以某種節奏這樣做。

去年我給了你們一些新年的志向，我看它們似乎（帶些反諷）可以起死回生。

（我告訴賽斯；「我每週讀它好幾遍。」實際上他是今年一月一日給我們新年志向的❶。）

告訴魯柏——魯柏現在沒讀了——它現在與那時一樣的好。它有助於集中心智和想像力。那種集中幫助你去行動、去存在。現在，請等我們一會兒……

（九點三十七分。賽斯過來給了珍兩小段。然後：）

現在：在我們的書裡，我將盡所能解釋你們宇宙的起源，並且是以這樣一種方式，以致回答了大部分最切身的問題，但人們目前對實相的觀念是如此狹窄，因此我必須常常訴諸比喻。

以最基本的說法，當一九八〇年發生時，進入你們宇宙的能量（以你們的說法）就好像世界昨天才被創造那麼的新鮮——相當難解釋的一點。一九八〇年的所有可能版本，旋轉分出它們自己可能的過去，就如旋轉分出它們自己可能的未來一樣，而任何在一九八〇年存在（再次以那種說法）的意識，也是你們所認為世界之始的一部分。

（對我：）在你母親老年，她不只簡單地選擇去相信一個和其他家人所接受的不同過去——她有效的改變了可能性，並非自欺或執迷。且說，她在那方面的記憶並沒出毛病：那是她所變成那可能的女人之記憶❷。

像整個的美國人質事件（在伊朗），任一實質事件成為一個焦點，吸引了它所有的可能版本和結果。人質的情況（現已是第五十三天）是一個具體化的群體夢，它意在將其重要性與活力顯示在實相的政治和宗教舞台上，意在將信念的衝突戲劇化，並把那衝突向外投射到眾所周知的領域。在人類行為最基本的層面，每個涉及的人都有意識或無意識地自願參與，當然，一九八〇年即刻被那事件先罩上了陰影。這世界將拿它怎麼辦？

當然，你們電視和新聞的通訊體系是這事件本身的一部分。在某方面，這事件此時以這種方式發生要好得多，以便問題在世界舞台上清楚地呈現。如此，它們實際上就會遠不如它們可能會是的那麼暴烈。

前所未有的，宗教信念將被檢查，還有它們的聯繫以及和政治的掛勾。阿拉伯世界仍需要西方，再次，當他們至少到某程度必須考慮世上其餘的人時，那些問題現在曝光比較好。

對於你們不想要它發生的事，不要再給它任何個人的有意識考慮。（停頓良久。）不論什麼程度的任何這種貫注，都把你們與那些可能性綁在一起，因此，貫注於你們要的事上。至於就公共事件而論，要了解到，有時候甚至人們也比他們所知的要聰明。

你有問題嗎？

（我想，恐怕有一百萬個呢。但我告訴賽斯：「不，我想沒有。」）

那我祝你們結婚週年快樂！

（「謝謝你。」）

──以及最吉利的一九八〇年。晚安。

（「謝謝你，賽斯晚安。」

（九點五十八分，珍和我明天慶祝我們結婚二十五週年。）

註釋

❶在此說明賽斯提出的新年志向，我認為非常有效；我努力將它們謹記在心：

「一、我要贊同我自己、我的特色、我的能力、我的好惡及我喜歡和不喜歡做的事，了悟是這些形成我獨特的個人性，它們被賦予我是有其道理的。

「二、我要贊同並為我的成就感到欣慰，我同樣要元氣旺盛的把它們條列下來──同樣有力地記得它們──就如我曾奮力地記住及計算我的失敗或無成就。

「三、我要記住我生存於其中的『存在的創造性架構』。因此，架構二的可能性、潛能、看似奇蹟的事及快樂的自發性將在我心中，而因此『創造性生活』之門打開了。

「四、我要明白將來是個可能性，就平常的經驗而言還沒有任何事存在，它是塊處女地，被我現在的情感或思想所播種。因此我將種下成就和成功，我將藉著記住在未來沒有我不想要它在那兒的事存在而做到這個。」

❷賽斯這裡指的是我母親，史黛拉·柏茲，以一種非常引人注意的方式重建一個她對丈夫（我父親）的較佳「記憶」。老羅勃·柏茲逝於一九七一年二月，三十四個月後她也走了。所有柏茲家的親戚都發現史黛拉對她丈夫的記憶有明顯的改變，珍和我是唯一把她的改變歸因於她正在遷移到另一個可能實相中。

第八九二節 一九八〇年一月二日 星期三 晚上八點四十七分

（十二月二十七日我們結婚紀念日的晚上，珍為我們一些已婚的年輕朋友上了一節沒在計畫中的課。雖然她因為所涉及的工作量而很少再做這種事，但她這種創造性的自發表現，對她的幫助和對相關其他人的幫助一樣多。我用聖誕節我送珍的錄音機錄了下來；我們的朋友將寄給我們一份錄音帶副本。

（週一是除夕，賽斯沒來。反之，珍和我開了個派對，第二天我們已準備好回到寫作和繪畫上，但首先我得先把假日的道具——包括我們美麗的聖誕樹——都清掉。我小心翼翼地扶正那一棵膠冷杉，把它種回坡屋後的樹林裡。我告訴自己，到了夏天，它的枯幹將會提醒我從一九八〇年開始，已經過多少個日子——以我們的形式；我知道我會感激曾親身經歷過的每一天〔身為一個畫家，我對樹木裸露的架構與覆滿綠葉的濃密，一樣感到興味十足〕。

（週末期間我們和出版公司Prentice-Hall為《個人與群體事件的本質》和《珍的神》簽了約，今早寄給他們了。我們在那兩個案子上都進行得很好。我告訴珍，我給《個人與群體事件的本質》所寫的註是我寫過最具挑戰性的。我們每天六點就起身，以便在午餐前能好好做一上午的「工」。

（耳語：）晚安。

（「賽斯晚安。」）

恭賀新禧。

（「謝謝你，也祝你新年好。」我說，明知賽斯對「時間」的了解定然與我們的大相逕庭。）

口述。那麼，在世界一開始時，你們每個都在場，雖然你們也許現在是以略微不同的方式在世界裡。

記住，每個意識單位都是**一切萬有**的一個片段、一個神聖的部分。那麼，也許我馬上要解釋的會比較合理些。

以你們的說法，有那麼一段時間，夢遊者多少停留在那個活動層面；而有許多世紀之久，他們將地球表面利用為好像是其他活動的一種背景。他們真實生活是你們現在會稱之為做夢的那種。在睡著時，他們做精神性的工作（停頓良久），在個別的心智以及其聯合的心理工作中，構築所有令人目眩的意象（images），那在後來會變成一個精神的水庫，人們可從中汲取。在那多次元的陣式裡，意識精神性地學習，把它自己形成EE單位、原子和分子、電子和染色體。意識精神性地形成那些模式，而所有實質生命可以流過其中。世界於是進入了物質的存在。不論它們採取什麼形狀，那些意識單位都是不可毀滅而有活力的，而雖然人的形狀是夢的意象，意識卻把形狀帶入實質的物質裡。

意識擁有最不可想像的機敏，而從不失去任何的效能及潛力。例如，那些意識單位可以和其他的相混與組合，形成記憶和欲望、神經的成就與認知，以及結構和設計的百萬種不同順序。

你們現在以一種垂直的方式讀自己的意識，只與它的某些部分認同，而在你們看來，彷彿任何其他的感知組織、對身分的認知，頗為必然地會否定了你們自己的，或使得它不能運作。可是，在世界的開始，意識有無數的集團及聯盟，許多也被承認的其他身分組織，以及你們現有的那種心理取向——但〔你們的〕這種取向並非最高的一個。雖然一般而言，地球上的物種在一開始就以你們現在所知的形狀存在。但物種的意識卻頗為不同。所有物種透過林林總總的身分認明而更親密相連，自那時起，這身分認明便已進入知覺底層了。

（九點五分。）那麼，最初，世界是一個夢，而你們所認為的醒時意識是那個在做夢的意識。那樣說來，整個地球環境是精神性地建造，由一個個有意識的原子建造的——每個原子最初是由意識單位形成的。我說過，這些單位能被當作存有及力量來運作，因此，我們不是在說一個精神力學，卻說的是「存有」（entities）這個字真正的意義：具有不可想像的創造及靈異屬性的存有，當那無限心智（infinite mind）充滿了給予世界光明的靈感時，推動出來的有目的片段。那些存有，以你們的說法，是如此的古老，留下它們自己在出神狀態的有目的片段體。可以這麼說，那些形成了岩石和丘陵、山嶽、空氣和水，以及所有存在於地表的成分。

（在九點十三分停頓一分鐘。）以那種說法，那些存有是在出神狀態，但它們的潛力並沒有減少，其間永遠有經常的溝通。

（停頓良久。）在其他你們並沒認知的層面，它們和你們之間也有經常的溝通，以致每個物種和其環境之間有無止境的相互作用。

（停頓良久。）並沒有一個地方，在那兒意識停止而環境開始，或其反面。每種生命形式是與整體每一分子一同造成的——以那種說法，環境和有機體彼此創造。可是，在形狀完全地實質化後，所有物種仍以夢遊者的方式運作了數世紀之久，雖然以那時存在的尺度來說，時間的過去並非以現在同樣方式來考慮的。在那期間，把非實質的意識和物質聯合在一起的工作完成了。例如，地心引力的影響被穩定了，季節採取了最適合在各個不同地方的生物節奏，環境和生物彼此適應。

一直到那時，主要的溝通仍遵循著意識單位的典型模式（停頓良久），每個單位知道它與地球上所有其他意識單位的關係。生物仰仗著內在感官，同時學習運作新的、高度特殊化的肉體感官，它們將感知瞄準在時間和空間裡。這種感知的瞄準是極為重要的，因為當在肉體裡的意識被完全喚醒時，它與時空的交叉〔必須是〕無懈可擊的。

夢身體變成了肉體，藉著感官的應用向肉體頻率調準——這種頻率是如此有威力及誘惑力，它們搆到了每一種生物，從微生物到大象，把牠們全包容在一個時空定位（space-and-time alignment）有內聚力的網裡。

在最開始，人的夢是與切身肉體存活相關的，它們給人信息——那種信息是新的肉體感官出於必要而不能容納的。那些感官只能感知切身環境，但人的夢彌補了那個缺失，藉著給它以前很容易得到的那較大一般信息的利益，而填滿了他的意識。當他睡著時，人能利用那包含在組成他肉身的意識單位內之信息庫藏。

（九點三十分。）現在：當人做夢時——當人做夢時——人實際上回到了一種醒前的狀態，那是他肉體生命本身由其他露出的狀態，只不過現在他是一個新的生物，一種新的意識，而所有其他物種也一樣。在夢裡，所有物種使自己和它們的老聯盟相熟，而以不同方式讀自己的身分。「它們記起以前的情形」，記起它們形成彼此。

我承認，這故事比一個簡單的上帝創造世界的故事，或在一個無意義宇宙裡透過不可靠的機率而實際造出世界的故事要難懂多了。我的故事卻較莊嚴偉大，因為其真理的成分，將在那些夠開通而願傾聽的心智裡找到共鳴。因為人的心智本身，就有願意正確閱讀的活生生欲望，而對自己廣大的傳承有所覺知。並非只是人有一個不知怎地受到祝福的靈魂、他的其餘部分卻沒被祝福，而是，以那種說法，（他所知的）每件東西，不論其尺寸或程序，都是由「靈魂質」（soul stuff）做成。每一部分都有自己的身分和有效性——從沒有任一部分曾被消滅或毀掉，雖然形狀可能會改變。

（全都流利而熱烈地：）我出於必要，必須以連續系列的方式來說這故事。但世界和其中所有生物，實際上，像某一首隨興作成而一直在演奏的樂曲那樣地組合在一起。在其中，音符本身是活的，並奏出它們自己，以致演奏家和音符是同一個，目的和演出是一體，而每個奏出的音符繼續彈奏它所有可能的版本，形成自己所有可能的曲子，同時又參與在所有其他樂曲的主題、旋律和音符裡——因此，每一個音符奏出來界定自己，卻也藉它在整個曲式中的位置而存在。

有意識的心智無法處理那種多重次元的創造性，但當它被自己的主題帶著跑——仍是它自己——時，卻能擴張到一種新的認知。

以某種方式，你們世界在創造力所作的曲子裡追隨著自己的主題。可以說，你們想知道自己是在哪兒進入這音樂產品中的（停頓）。我在此用一個音樂的比喻，來指出我們也在與感知的頻率打交道。（你可以說）你們對準了地球的交響樂，而對時間的感知只是習性的結果——在世界開始時你們必須學會的感知習性。在肉體感官逐漸變得較警覺和明確化時，你們學會那些習慣。

（九點四十七分。）你們為自己「設定了時間」——但更廣大的感知總是出現在意識和夢境的背後。是夢境的偉大活動使你們——作為心理和肉體的生物——可以去認知和居住於你們所知的世界（較大聲）。

口述結束。

你對自己夢的解釋做得非常好，而魯柏無意中以他的詩增益了它❶。

你有什麼問題嗎？

（「你對今年的開始有什麼話要說，像你在去年開始所說的新年志向？」

（帶著相當的幽默，瞪著我說：）我以為上回我給了你一九八〇年的演講。

（「好吧。」）

繼續講志向。我期望像今晚這樣的課將助你們了解架構一和二的本質，以及你們的精神活動在形成實質事件上的重要性。

（「我正想到那個。」）

我祝你們晚安。

（「謝謝，賽斯晚安。」

（九點五十二分，珍說她在課中跑得很遠——後來當我們聊天時，她說她從賽斯處得到下節他要給的關於我們自己的世界、物種和文明資訊。那麼，賽斯是有能力現在就把那些資料傳過來的。縱使在關乎像賽斯課這樣不平凡的現象上，只有珍和我自己對時間和習慣的習性才不讓賽斯如此做。不可避免的，下週一晚上珍將為賽斯傳遞的課，將與她今晚能製作的略有不同。這裡有很多有趣的弦外之音。）

註釋

❶我的夢象徵再度證實我在早期的人生觀——也許是自我出生後就有的觀感。簡短描述：我夢到我是小伙子，在賓州薩爾市（薩爾市距離我們現在居住的艾爾麥拉僅十八哩遠），白雪覆蓋了我們柏茲家旁的田野，而我卻得擔負起照顧一棵美麗小樹的責任。雖然是寒冬時節，那棵小樹上仍長出了稀疏的綠葉。夢中有一些老舊的工廠，我在裡頭迷了路——但還是找到了出路，回到小樹旁。我對那個夢的解譯是，在我還很小的時候，就視樹為生命之樹，我選擇了親近自然界和藝術，而非將自己埋進較安全的工業世界。我的夢激起了珍的靈感，今天她寫了一系列和那個夢有關的優美詩篇。

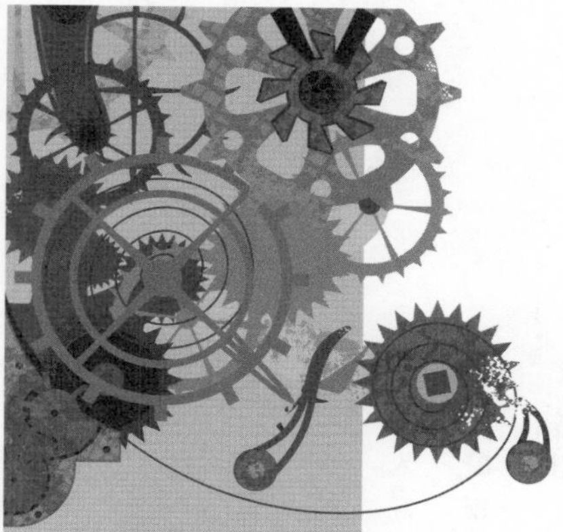

Chapter

04

古老的做夢者

第八九三節 一九八〇年一月七日 星期一 晚上八點四十三分

（珍早早的叫我上課，只為確保在她變得太放鬆之前上一課。她曾計畫要回到中間有休息的方式，以使她能上長些的課。到八點四十分時，她感覺到賽斯就在附近。「如我所說的，我會盡量去做……」

（帶著令人驚奇的豪爽：）晚安。

（「賽斯晚安。」）

口述：新的一章（第四）：〈古老的做夢者〉。

請等我們一會兒……按照你們的時間尺度，有對你們而言如永劫那麼長的時間，人在夢境遠比他們醒來的時間長。他們睡很長的時間，如動物們都是的那樣——可以說，醒來只為運動他們的身體、補充體力，後來則為了交配。那的確是個如夢般的世界，卻非常迷人又充滿了活力。在其中，做夢的想像力騷亂地玩這新冒險惹起的所有可能性：想像各種可能的語言和溝通方式，織出偉大未來文明之夢的故事，其中充滿了它們自己的歷史——並建造精神架構，而因為他們現在和時間聯盟了，這架構自動地創造了過去就如創造了未來一樣。

到某個程度，這些古老的夢為每一個從事塵世冒險的意識所分享，以致生物和環境一同形成偉大的環境實相。河谷與山嶽及其居民，一同把他們自己夢進了存在與共生狀態。

就彼而言，人類——從你們的觀點——以一種慢得多的步調生活。例如，血液不必那麼快速的循環過靜脈（及動脈），心臟不必跳得那麼快。並且以一種重要的方式，生物在其環境中的合作不必如此精確——既然兩者之間有一種彈性意識之相互取予。

以幾乎不可能描寫的方式，基本法則還未很堅固的建立。地心引力本身還沒行使它遍及一切的支配力，以致空氣是更有浮力的。人以一種奢侈、親密的方式覺知空氣的支持力。他以一種不同的方式覺知自己，以致與自身的認同並不僅止於他皮膚之內的範圍：他能跟著它出去，進入他形體四周的空間，而以一種你們已遺忘的原始感官經驗感覺他與大氣合而為一。

（八點五十八分。）附帶地說，在這段時期，最高級、最有創始的精神活動，就是最強的夢特徵，而人獲得的知識印在肉體的腦子：現在所謂的完全無意識活動，包括身體的機能、它與環境的關係、它的平衡和溫度，以及它經常的內部改變。當意識單位藉做夢狀態把它們內在的知識轉譯成實質形式時，所有這些非常複雜的活動都在夢中為人所學習及修練。

然後，以你們的說法，人開始和其他物類一起更完全地醒轉到實質世界，發展外在感官，與時間空間更精確、更微妙的相交接。然而，人仍然睡眠和做夢，而那個狀態仍然牢固地連接著自己的本源，以及他所知的宇宙本源。

（在一個穩定卻大致相當沉抑的傳遞中停頓。）

人夢到他的語言。他夢到如何用舌頭形成字句。在他的夢裡，練習把字串起以產生意義，以致最後能有意識地開始一句話，而並不真正知道它是如何開始的，卻有他能夠並願意完成這句子的信心。

所有語言都以在夢中所說的語言為其基礎，不過，當人變成較少是個做夢者，而較多地沉浸在特定時空裡時，語言的需要就升起了。因為在夢境他和旁人及其他物種的溝通是即刻的，那麼，語言升起以取代那內在的溝通。在人所謂的早期文化——洞穴繪畫和宗教——裡，有個很大的、在所有之下的根本統一性，因為當人試著將內在知識改換為物質的確實性時，他們全是由那共同的來源所餵養的。

身體學會維持其穩定、其力量和敏捷，在對天氣和地水火風四大的互補反應裡達成一種平衡狀態，去夢到那意識心獨自無法包容的計算。睡眠裡，身體學會在其夢中治癒自己——而在那狀態的某些層面，甚至到現在，意識的每個部分仍對其他所有部分的健康和穩定有所貢獻。你們的宇宙遠非一個劍拔弩張的宇宙，而根本是建立於其所有各部分懷著愛心的合作上。那是被賜予的——生命的賜予本身就帶來那合作的實現，因為一個合作的內在關係，身體各部分以一個單位存在；而那些在你出生時就存在（最強調地），當你還沒有浸染於任何相反的文化信念時。

（九點十四分。）如果不是為著這最基本、原始的愛的合作，那是生命本身的一個先天特質，則生命不可能持續。每種物類的每一個體，把那初始的熱切和生命的歡喜當作它自己的準則。不論哪種物類的每個分子，以及每個意識，不論其程度如何，都自動地尋求去增強生命品質——不只是為它自己，也是為實相的一切。

這是生命的本有特性，不管有什麼可能引導你去誤解大自然行動的信念，使得有些生物顯得彷彿應受譴責似的。

（停頓。）以某方式，那些古老的做夢者透過他們廣無邊際的創造力，夢到在其過去、現在與未來裡的所有「生命之生物」（life's creatures）——就是說，他們的夢為那些非如此不能被釋出而進入實際性的存有們，打開了時間和空間之門，舉例來說，就像意識單位是一度由**一切萬有**的心智中釋放出來的一樣。

從古到今，所有可能被確實化的存有一直是存在的，它們〔以前〕一直存在，而將會一直存在。因其特性，**一切萬有**必須以所有可能的形式存在（be all that it can ever be），因此，存在不可能有終結——而以那種說法，也沒有開始。但以你們的世界而言，意識單位同時扮演為力量，以及扮演為勢力強大的心理存有，把你們世界的種子種在一個想像力量的次元裡，而這次元生出了物質的形相。以你們的說法，那些存有是你們的祖先——但〔它們〕並非只是你們的，卻是所有你們世界意識的祖先。

你休息一下。

（九點二十五分。很久以來第一次，珍真的在一節中間休息。我告訴她：「妳做得很好。」

（「是啊，我真的很成功。」縱使她的傳遞是較安靜的，賽斯有時仍以相當的能量透過來。珍說：「在冬天我喜歡早些開始上課，以使我能早些結束，而看個半小時的電視——這樣很輕鬆安適，尤其是當我倆獨處時……我想剩下的課將是關於我的。」

（她說對了。從九點三十四分開始，賽斯回來給了她相當分量的資料❶，然後在九點五十八分結束此節。）

註釋

❶看看賽斯給珍的資料如何從他今晚寫書的工作中衍生出來，是很有意思的。在此我只摘出我筆記中的幾頁——剛夠顯示即使在他較私人性的資料裡，他如何能違反常俗：

「現在：活著是很容易的——如此的容易，以致雖然你活著、休息、創造、反應、感受、觸摸、觀看、睡覺和醒來，你卻不必努力去做那些事。由你們的觀點，它們已為你做好了。

「它們在架構二已為你做好了——附帶地說，對架構二進一步的討論將與我們現在的書攪在一起。不過，你們的信念常常告訴你們，生活是艱難的，再次的，宇宙是不安全的，而你們必須用盡所有的資源——當然，不以任何像是快樂的放縱這類態度去度日，卻要保護自己不受生命暗含的威脅之害；你們被教導去預期那些威脅。

「但你們的信念還不止於此。在西方的文明裡，由於來自科學與宗教兩者的影響，你們相信也有由內而來的威脅。結果是你們忘了你們自然的自己，而變得捲入於一個二手的、大半是想像的文化裡：個人及群體地，被負面地投射到未來的信念。人們以某種疾病或誇張的行為來反應。

「生活是容易的，因為它是容易的，所以是安全而可靠的。這話是為了魯柏的好處……」

稍後，很幽默地：「只要你們受得了我，我是願意給較長的課的。如果你們喜歡，我願意一個晚上做這本書，下個晚上做另一本，或討論私人的資料，或其他一般性的問題，或一週兩次講我們現在的資料——不論什麼你們想得出來的妙法都可以。」

珍在課完了後說：「就某個心不太在焉的人來說，我做得還不差。」她精神振作了些。我們重又被賽斯現有與潛在的創造力所懾。「如果不是為了我們收到的所有那些信件，我要試試至少一週上三節。」她又說：「但以你目前正在做的那麼多工作，你不再有打字的時間了。」

「我會挪出時間。這是值得的。」我提醒珍，在她當年開ESP班的時候，她常常一週上三節。當一九七五年我們準備從城裡公寓搬到這山坡小屋的時候，我們上最後一節ESP課。

第八九四節　一九八〇年一月九日　星期三　晚上九點八分

（對此時節而言，天氣仍然是不合理的溫暖，地上仍光禿無雪。今冬我們很少有雪，真難以相信。

（我們在八點五十分等著上課時，珍覺得很累，她剛讀完今天中午從我們出版商轉來四十八封書迷來信中的二十五封；在課前她需要一點時間來放鬆，並且做點筆記。不過，那堆信意味著人們在讀我們的書，而為此我們真的很感激。在假期當中，我們從讀者那兒收到比以前都多的聖誕卡，事實上，我們仍繼續收到卡片。「看那些信我真的累壞了，」珍說，「但它們有些寫得真好。」因為我沒時間幫她，這些日子她都自己在回大半的信。）

晚安。

（「賽斯晚安。」）

（一開始帶著許多停頓：）口述：在這段我們標明為屬於做夢者的期間，當對準地球的意識「結構」形成了「自己」（the self）這現象，某些主觀的行動發生了。

所需要的是可以在一個時空架構裡有效運作、高度集中及精確對準的實質自己，那個架構是與實質生物一同形成的——不過，那個自己卻多少必須被某種基本上獨立於時空之外的信息和知識領域所支持。一個不可或缺卻也不允許去使實質焦點偏離的知識。

（停頓良久。）那內在信息必須多少連接地球表面的每個意識。地球生物必須能在一剎那之間反應，然而，使得這種反應成為可能的內在機制，卻是建立在無法被大腦有意識記住的計算上。舉例來說，在你們的時間架構裡，如果你必須有意識運用參與動作——或說話，或任何這樣的身體動作——的所有肌肉，你就永遠不可能像現在這樣迅速的動作。如果你首先必須覺察所有語言的機制，而在一個字被說出前有意識的運作它們，你顯然無法在這樣一個物質層面上溝通。然而，你必須有那種知識，而且還要以一種不會干擾你有意識思想的方式去擁有那知識。

基本上，自己並沒有真正的區隔，但為了解釋之故，我們必須以那種說法來討論它們。首先，你有內在的自己，那創造性的做夢自己——再次，由那形成你及最早地球居民之本體的意識單位、有覺性的能量所組成。如先前解釋過的，這些內在自己們（內我）在它們四周形成自己的「夢體」（dream bodies），但那些夢體並不需要有具體的反應，它們不受地心引力及時間、空間的束縛。

（在九點二十三分停頓。）可是，當身體變成具體時，內我形成了身體意識以使具體的身體更覺察自己、其環境，及它在環境內與其他東西的關係。然而，在這事可以發生之前，身體意識必須被教會變得覺察它自己的內在環境。身體是由電磁單位懷著愛心，經過所有原子、細胞、器官等階段形成的。身體的模式來自內我，因為所有涉及這冒險的意識單位，一同形成這環境與生物的組織，彼此密切配合。

那麼，討論到現在，我們有一個主要住在精神或心靈次元的內我，將它自己夢成物質形象，最後形成一個身體意識。內我給了那身體意識「它自己的一堆具體知識」，勝利地製造出具體成就的廣大庫藏。（停頓。）身體意識並非「無意識的」，但為了你們所說的操作目的而言，（身體）擁有自己的意識系統，那到某個程度是與你們認為自己的正常意識分開的。身體意識幾乎不能被認為比你自己的意識要差，或比你內我的意識要次等，因為它代表了由內我來的知識，並且是內我自己意識的一部分——派給了身體的那部分。

那麼，如我常常說的，每個細胞在時間裡運作得這麼好，是因為以那種說法它是預知性的。細胞覺知地球表面所有其他細胞的位置、健康及活力。它覺知每個海岸上每粒沙的位置，而以那種說法，它形成地球意識的一部分。

在那個層面，環境、生物及自然世界的元素全都聯合在一起——我們常常會重複談到的一點。你們所認為的自身智能，如此清楚而精確、充滿邏輯（帶著幽默）、有如此高傲的運作，乃是因為智力跨在那偉大密碼化之「古老的」「無意識」力量——立即知曉的力量——衝刺上，那即身體意識的一個特性。

（停頓，許多次之一。）我們討論到現在，仍只有一個內我及一個身體意識。當身體意識發展它自己、完美其組織時，內我及身體意識一同道出了一種心理雙關語。

（在九點四十二分停頓。）請等我們一會兒……我所能想到的最好比喻是，直到那時，自己是像一條心理的橡皮筋，以極大的力量與活力向內及向外，卻沒有任何一種夠穩固的心理架構來維持一個身體的姿態。內我仍與夢實相保持關係，同時，身體的取向，以及身體的意識，獲得一種偉大的身體冒險、好奇及驚奇感——如本來計畫的——因此，再度的，內我將其意識的一部分放在一個不同包裝裡。如它一度形成了身體意識，現在它形成了一個向身體調準的意識，一個自己，其欲望和意圖取向是內我無法單獨做到的。

（全都帶著強調的節奏：）內我太覺察它自己的多重次元，因此以你們的說法，它透過在時空中的身體，給自己一個心理上的誕生。認識它為一個實質生物的自己的那個部分，即你認識為通常有意識的自己的那個部分，在看來彷彿來了又去了的文明中，活在季節的架構之內，覺知於時間的設計之內，且在燦爛覺性的一剎那中發呆。那就是警覺於當下精確性裡的那個自己，其肉體感官和光與暗、聲音與觸覺密切相關。那就是過著肉體生活的自己。

它就是那個向外看的自己，它就是你稱為自我覺察的自己。內我變成了我所謂的內在自我。它看入你自己意識及身體意識兩者由之浮露的那個內在實相，那覺性的心靈次元。

那麼，你是一個自己，但為了操作的目的，我們將說你有三個部分：內我或內在自我、身體意識，以及你所知的意識。

可是，這些部分是密切相連的，它們就像是意識的三個不同系統，在一起運作以形成整體。那區分——那彷彿的區分——並非固定的，而是在不斷的改變。

（在九點五十七分停頓良久。）請等我們一會兒……到某個程度，在物質宇宙、所有物種及所有粒子裡，這三個意識系統都多少在運作。以你們的說法，這意味著這三個系統的比例可能會有所不同，但它們永遠在運作中，不論我們說的是一個人、一塊岩石、一隻蒼蠅、一顆星星或一個原子。內我代表著你主要的身分、你真正的自己。

（非常快速地：）「地球是個好地方，但我不會想要住在那兒。」我相信這是一個略微修飾過的老生常談——事實卻是，你是物質性的生物，因為你真的「喜歡」住在地球上，你真的喜歡這狀況，整體而言，你真的享受這特定的一種挑戰及這特定的一種感知，即地球環境提供的知識和了解。

（全都非常熱切地：）以你們的說法，那個環境無疑地包括了受苦。如果喜悅一向是地球經驗的一個特性，那麼，受苦也是一樣，而那個主題將在這本書裡談及。不過，在此我只想提及一個面，即身體覺受的重要性，不論是哪種覺受——因為除了其他的事之外，肉體生命還提供給你一個感受及感覺的生命，一個光譜，必須包括在其整體範圍內所有可能覺受的經驗。

現在，如你將看到，所有的生物，不論其高下，能而且的確會選擇在實相範圍之內那些它們會經驗的覺受——但到某個程度，所有的覺受都會被感覺到。舉例來說，稍後我們會討論心智的部分及其對痛覺刺激的詮釋，但我要指出，那些被肉身生活吸引的人，首先而且最重要的是覺受的品嘗者。基本上，除此之外，在刺激之間有種種頭腦上的分別。身體天生就是要反應的，它天生就是要藉由一個不是它自己的環境反應，藉由面對你可以稱為自然壓力的東西，去感覺生命及活力。藉由對地心引力反應，藉由與其他身體接觸，藉由改變它自己的覺受，藉由洋洋自得於平衡在平衡與不平衡之間，而維持住其平衡。

（在十點十四分停頓良久，然後緩慢地：）請等我們一會兒……所以身體意識被給予了對它自己實相的一個極好的感覺、一個對身分的確定感、一種天生具有的安全感，那允許它不只在物質世界裡運作，並且成長。它被賦予了一種膽大無畏的感覺、一種天然力量的感覺。它是完美地形成以切合其環境——而那環境也是完美地形成以保有這種生物。

存有或意識單位——由**一切萬有**廣大無垠的心理領域或爆入客體性的那些古老片段體——無畏無懼，因為它們在時間與空間裡喜悅地放縱自己。它們創造新的心理存有，打開了「在之前」都關閉著的一個神聖創造力區域，因而，到那個程度，擴張了**一切萬有**之經驗及廣大的存在。在如此放縱自己時，既然它們在自己內包含著和**一切萬有**與生俱來的關係，它們當然並未被拋棄。以那種說法，**一切萬有**也變成了實體，在其神聖的深處，被從泥土竄入空氣的每片草喚起，被每個出生及每個生物存在的每一片刻喚起。

所以**一切萬有**是沉浸在你們的世界裡，現身在每個假設的點裡，而形成物質的每一部分都由之創造出來的那「材料本身」。

那就可以了。

（十點二十五分。）現在，我為魯柏歡呼。他的確有很好的心理進展，那意味著他有身體上的進步。

我想再補充一點，我的能量是常常以你們未預期的方式與你倆同在的。此節結束，並祝晚安。

（「賽斯晚安。」

（十點二十六分。「老天，還沒上課前我就累壞了，但我真的感覺到我們接收了不少好東西，」珍一離開出神狀態就說。這整節課她也都沒有休息。「我好喜歡早起，因為不論發生任何事，我就是知道我們會有很棒的晨間工作……」

（珍說的那個「任何事」，指的是今天早上接到的一通電話：將近五年前解散的ESP班裡的三位年輕學員，從紐約市前來造訪了另一位住在這裡的學員朋友，當然，他們四人都是我們親近的友人，所以想要來看我們。不過他們要先去鄰鎮拜訪另一位學員，他手上有一些早期上課時錄的帶子，珍完全忘了有那些東西，他們會拷貝幾份錄音帶，然後明天早上再打電話來，看看珍是否要見他們。〔午飯後一小時，他們打過電話來了，而珍也見了他們。〕

第八九五節　一九八〇年一月十四日　星期一　晚上九點十七分

（我們的朋友，大衛・約德〔非真名〕，今年四十八歲。他是個單身漢，在高中教書。當我們在一九六〇年五月從塞爾市搬到靠近艾爾麥拉市中心的一間公寓時，認識了他。那棟房子一度曾是豪華的私人宅第。三年之後珍在那兒開了班；的確，我們在那兒待了十五年。最初大衛住在我們二樓公寓的對面，最後，剛好我們下面的一間大公寓空出來時，他就搬到樓下去了。再過後，珍和我租下他在二樓住過的公寓，所以，結果我們有了並排的兩間公寓；那時我們需要更多的空間，但並不想搬家。

（大衛是我們認識過最好心的人之一。珍在一九六七年底開創了她的ESP班——因此，以後的七年半，每星期二晚上我們這位朋友都在忍受他頭頂上一大堆的叫嚷及敲擊。他知道珍在幹什麼，但對「通靈現象」只有一丁點的興趣。大衛從來沒抱怨過那喧嘩，雖然有時他躲到後面的一間小房間裡，或離開那房子直到課結束。好像我們一直為吵到他而道歉。

（當我們自己裝不起電話的時候，大衛讓珍用他的電話打給我們的出版商。他給我們他的雜誌和報紙——一直持續到現在。有時我們跟他交換家具，有時他以非常合理的價錢賣給我們他要換掉的家具。他非常注重整齊，而過著井然有序的生活。他買了一部電動割草機，多年來他都自己割草而沒向房東要任何補償。

（一九七五年三月珍和我買了就在艾爾麥拉城外的坡屋，而幾週之內大衛也在下面山谷離我們不遠處買了他自己的地方。我們沒像以往那樣常常看到他，但每週的一個早晨在他去學校的路上，大衛都會將他的雜誌及報紙留在我們的後門——不論我們有沒有起來或看到他。

（在上兩週裡大衛沒有按時上坡來，但珍和我是如此的忙碌，以致幾乎沒注意到那件事。然後，上週四早上當桃樂絲——她也是個老師，並且是我們住在公寓時的一個朋友——打電話告訴我們說大衛住院時，我們真是大吃一驚。大衛第二天要做冠狀動脈繞道手術。我們一直以為大衛的身體狀況極佳；他不久前開始慢跑，而到現在每週跑三天，每次跑十五哩。當大衛躺在醫院時，他問桃樂絲為什麼這發生在他身上，正當他試著照顧自己、幫助別人，並且「做好每一件事」時？

（每次我們認識的某人碰到嚴重麻煩時，珍和我都會重新質疑我們的價值，以及我們置身其中的社會價值，因為這種挑戰彷彿從每個人實相中某個遠遠的角落不招自來。我們心裡也想著去年死於癌症、年方三十九歲的另一個朋友。

（現在大衛恢復得很好，但尚無法接見訪客。珍每天打電話到醫院去問候他；她正準備做一本獨特的詩畫集要送大衛。我在替大衛跑腿，最後會接他回自己的家。

（今晚賽斯談到一般的疾病與受苦，而特別談到了大衛。我將他資料中一般性的部分摘錄於下，卻完全不談大衛本人。我們完全沒想到要強迫賽斯談大衛的資料；那樣做會是侵犯了大衛的隱私。不過，今晚的資料增益了我們對像自由意志與選擇、善與惡、疾病與健康等主題的了解，並且反映了多年來人們問過我們的許多問題。

（當我們坐著等上課時，珍說：「我幾乎寧願覺得你是盲目機率或意外的受害者，而非由於你自己愚笨的無知或選擇才生病的……」當我說我試著不再擔心這種事時，她回答說，她最好也回到寫書的工作，而忘掉世界的問題。「來吧！賽斯，我在這兒。」但縱使她覺得賽斯在身邊，她知道賽斯不會給書的口述。

（耳語：）晚安。

（在回答時也開玩笑的耳語：「晚安，賽斯。」）

多少世紀以來，羅馬天主教會的結構將西方文明保有在一起，而給了它意義及箴言。那些意義與箴言流過了整個社會，而被用為知識、商業、醫藥及科學等等所有已建立的模式基礎。

教會對實相的觀點是為人接受的那個。那個時代的信念結構了個別人類的生活，我再怎麼強調這事實都不為過，所以，個人生活最私密的事件被詮釋以賦予如此這般的意義，而當然國家的事件、植物及動物的現象也是一樣。世界的觀點是一個宗教性的觀點，被教會明確規定，而其用語同時是真理及事實。

疾病被默默忍受，疾病被上帝派來以清算靈魂，以清潔身體，以處罰罪人，或只是教導他安分守己，不犯驕傲之罪。那麼，上帝帶來的苦難被認為是一個生命的事實，並且也是宗教的事實。

（在九點二十五分停頓良久。）有些其他的文明曾相信，疾病是惡魔或邪靈派來的，世界充滿了善靈與惡靈，無影無形而與自然本身的元素混合在一起，而人必須走一條謹慎的路線，否則他將冒犯那些較危險或淘氣的存有。在人的歷史裡有各種各類的咒文，以安撫在事實及宗教真理裡眾人信以為真的邪靈。

去看著那些信念結構而聳聳肩膀，訝異於人對實相的扭曲觀點是很容易的。不過，對疾病的整個科學觀點也幾乎一樣的扭曲（帶著好笑的強調），它是同樣費力地醞釀出來的，並且與「無稽」交纏在一起。它與上帝派出疾病作為懲罰，或疾病是淘氣惡魔不受歡迎的禮物之「事實」，幾乎沒有兩樣。

現在，中世紀的教會人士可以畫人體種種不同部分的圖表，說明人們由於沉浸在特定的罪裡而患了某種病。邏輯的頭腦有一度覺得那些圖表頗為令人信服，而在身體某個部分患了某種病的病人，會承認他犯過所涉及的種種罪。那整個信念結構在其本身內被視為合理。一個男人也許由於他父親的罪而天生畸形或多病。

現在，基本上，科學架構是同樣的不合理，雖然在其中事實也往往看似證實了它們自己。舉例來說，有病毒的存在。你的信念變成了自我證實的實相，而在討論人類苦難時，不可能不將之納入考慮，理念是由一代傳給一代——而那些理念是你們所有實相的載具，包括其喜悅及苦痛。可是，科學根本就是個很差的治療者。教會的觀念至少給了受苦一種高貴：它的確來自上帝——或許是個不受歡迎的禮物——但畢竟是由一個堅定的父親，為了孩子自己的好處而給予的懲罰。

當然，科學將事實與宗教的真理分開。在一個由機率形成的宇宙裡，適者生存是好的行為之主要法則，疾病變成了不容於其族類本身的一種犯罪。疾病意味著你不適合，因而帶來了所有種種先前沒被認真地問過的問題。舉例來說，那些「基因較差」的人有沒有權利生殖？[1]

疾病被認為是來得像一場暴風，個人沒有什麼辦法去反抗的物理力量的結果。對令人厭惡的無意識那「新」佛洛依德式概念，更導致了一個新的難局，因為那時——就如現在——人們廣泛的相信，由於在嬰兒期經驗的結果，潛意識或無意識很可能會破壞有意識人格的最佳利益，將之誘騙到疾病和災難裡。

以某種方式而言，那觀念以心理的魔鬼取代了形而上學的魔鬼。如果生命本身被科學視為沒有真正的意義，那麼，當然，苦難也必然被視為無意義。就他的出生、他人生的事件及他的死亡而言，個人變成了機率的受害者。疾病變成他與「個人存在看似的無意義」最直接之接觸（全都十分熱切的）。

你透過自己的思想影響身體的結構。如果你相信遺傳，遺傳本身在你的生命裡就變成一個強烈的暗示因素，而能將你相信一直在那兒的病痛帶到身體來。直到最後，你們的科學儀器發現了那「出了錯的機制」或不論什麼，而就有了每個人都可看見的證據。

（在九點五十分停頓。）以你們的說法，顯然有一些狀況是遺傳的，而在出生之後幾乎立即顯示出來，但與你們相信是遺傳性的那些疾病——許多癌症、心臟問題、關節或風濕性的病變——比較起來只占了非常少數。而在許多遺傳性疾病的病例裡，透過應用我們有一天無疑會談到的其他精神性方法，可以造成較好的改變。

苦難有許多種，就如喜悅也有許多種一樣，而我無法給你一個簡單的答覆。作為人類這種生物，你接受生命的條件，然後再從這些條件裡創造生活的經驗。你生入信念系統，就如你生入實質的世紀裡一樣，而自然有以種種方式去詮釋生活經驗的自由（全都熱切的）。苦難的意義、本質、高貴或恥辱，將會按照你的信念系統被詮釋。我希望一邊講，一邊給你一個實相的畫面，把苦難放在它適當的視角。但這是最難討論的一個主題，因為它深深觸及了你們為自己與人類所抱持的希望，觸及了你們為自己與人類所感到的恐懼。

請等我們一會兒……你曾教自己只覺察且追隨自己意識的某些部分，所以，思想上你將某些主題認作禁忌。對死亡與受苦的思緒包括在這些當中，那麼，在一個將適者生存及物競天擇視為最重要的族類裡，任何一點點受罪或痛苦，或對死亡的思緒，就變成了丟臉、生物上的恥辱、懦弱及近乎精神失常。生命必須不計代價的被追求——並不因為它是天生地有意義，卻因為它是唯一的遊戲，而再好也不過是個機率的遊戲。你只能活一次，而那一次還處處被疾病、災難及戰爭的威脅所圍堵——而如果你逃過了這種激烈的環境，那麼，你頂多只能有這樣一個生命，那不過是由於無生命的元素短暫地進入意識與活力裡的結果，且這生命必然會終止。

（在十點五分停頓。珍以一種混合著速度、諷刺與幽默的強調語氣，替賽斯傳述了以上的資料。）

在那個架構裡，即使愛與狂喜的情緒，也被視為只不過是神經元放電或化學素對化學素之不穩定活動而已（停頓）。光是那些信念就帶來了苦難。在你們的時代裡，所有科學都被設立來宣揚直接相反於人心知識的信念。你們注意到，科學曾否定情感上的真實，科學不只否定了情感經驗的有效性，並且還如此堅定地相信，知識只能從外面、從觀察自然的表象而獲得。

我談到生命的品質，說真的，至少在許多世紀之前，男人和女人們也許死得早些，但他們卻過著更充實、品質更令人滿意的生活——而在那方面我不想被誤解。

現在，宗教在其某些面裡也真的曾頌揚受苦，將之提升為主要的美德之一——而在其他時候，卻也曾貶低受苦，將病人視為被惡魔附身，或視瘋子為非人。所以，這兒涉及許多問題。

可是，科學視身體為機械，提倡意識是困於一個機械模型裡，以及人的受苦是來自機械性的原因等觀念：你只不過給那機器一些較好的零件，一切就會沒問題了（好笑的）。當然，科學能運作得像魔術，所以，在某些場合，對科學的信仰本身彷彿會造成奇蹟，舉例來說，新的心臟會給一個人新的心。

（十點十六分。在討論大衛的個人情況後，賽斯在十點三十分後回到他較一般性的資料。）

疾病被用為人的動機之一部分。我的意思是，人類的動機在某些時候會涉及疾病，因為疾病常常是達到一個想要結果的方法——一個達成某些事情的方法，那是一個人認為除此之外也許無法達成的。

一個人可能用疾病來獲致成功，也可能用疾病來獲致失敗。一個人也許用疾病作為表示驕傲或謙遜、獲得注意或逃避注意的方法。疾病往往是另一種表達模式，而科學從來沒有提及疾病也許有其目的，或很多目的。但我並不是指那些目的的本身必然是很糟的；疾病往往是一個人為了獲得他認為重要事物的被誤導企圖。疾病可以是一個榮譽或不榮譽的標誌——但當你看著人類的畫面時，毫無疑義的，到某個程度，並且是個重要程度，受苦不只有其目的和用處，並且，為了某些理由，還被積極地追求。

大多數人並不尋求受苦的極端經驗，但在那些極端之下，有各種可以被認為是痛苦不同程度的刺激，那是被積極地追求的。當然，人之涉足於運動裡是一個現成的例子。在其間，社會的獎賞與身體上偉大成就的希望，將運動員導入普通人會認為是最痛苦的活動裡；人們爬山，在追求這種目標上，心甘情願地承受很大的痛苦。

（十點三十七分。賽斯再傳來一些更多關於大衛的資料。然後：）

我並不想讓任何這些資料顯得太簡化，但在這種討論裡，我們必須從某個地方開始……這離疾病的整個故事還差得遠呢！但就今晚而言，這些是足夠了。如果你可以的話，鼓勵你的好太太跟著你的榜樣決定不再擔憂。這該是第一誡。

（「好的。」）

我最衷心的祝福，並祝晚安。

（「謝謝你，賽斯，也祝你晚安。」）

（十點四十五分。「我的天，你的手指一定快要斷了，」當珍很快地從極佳的出神狀態回神時，她喊道。她從她的搖椅中挪到沙發上。「你為什麼沒有要求休息？」

（「妳似乎不需要休息。」但我也變得對這課如此感興趣，以致什麼都忘了。不過我的右手現在很瘦。

（「我不大記得他說什麼，」珍說，「但我有個感覺，賽斯意思是要用這資料來解除我自己最近一些想法的危機——對在世界裡所有的痛苦與受罪根本沒有任何解答——這整件事是如此之大，以致你無法說或做對任何人有用的事……」

（我告訴珍，那也許可解釋她對大衛生病的反應，包括她為大衛製作的書。我又說，雖然賽斯沒稱這節口述是為《夢、進化與價值完成》，他卻大可這麼說：它的一大部分至少可以有助於回答人們的問題。）

註釋

❶賽斯無疑地提出了一個充滿道德與法律困境的難題；近來基因科學的進展，使得道德與法律都已顯得不合時宜。某些滿嘴仁義道德的哲學家、遺傳學家、醫生、律師，還有宗教領袖都認為那些基因不健全的人無權繁衍後代。另外還有一些背景相當的學者專家則持相反意見——生殖權不可被剝奪。羊膜穿刺術（檢驗子宮內的羊水以查出胎兒是否有基因缺陷）、治療性流產、試管嬰兒、胚胎

移植（代理孕母）、法律及醫療與宗教團體的責任歸屬，以及精神發育遲滯的基因缺陷者是否該給予延長生命的醫療等等諸多難題族繁不及備載。要等我們的司法體系跟上基因科學發展的腳步，恐怕還得等上好幾年——然而諷刺的是，基因科學這個領域的持續進展一定會使這一連串問題更加複雜。

第八九六節　一九八〇年一月十六日　星期三　晚上九點九分

（珍揶出寫《珍的神》和《如果我們再活一次》的時間，為蘇．華京斯的《與賽斯對話》寫序。蘇和她的兒子以及父母一起前往佛羅里達度假時，將《與賽斯對話》帶在身邊。就算其他三個人很享受他們的假期，蘇卻沒有——但至少她是在溫暖的氣候中工作。我根據我的筆記打完了星期一晚上的課後，剛好來得及準備上這堂課。同時，珍打電話給在醫院的大衛。令她驚奇的是，大衛聽起來比上次珍和他講話時更衰弱了，而他要我將明天的訪問延到週五下午。

（其次，珍迅速瀏覽了我近來的一批賽斯所謂「塞爾背景之夢」。自從十二月二十二日起，我已經錄了六個以我家鄉為背景的長而複雜之夢；在其中我探索關於寫作與繪畫，我與社會及畫市的關係之形形色色、有時互相矛盾的信念，還有與我已逝父親的關係，因為他代表了一些其他的信念。最近我問珍，賽斯會不會有所評論。

（今晚賽斯真的評論了——而非常有見地的將所有的夢放到一起。「在你的心裡，塞爾代表了你的童年，」他在結論裡說，「而到那個程度，對你個人而言，也代表了所有人的童年。因為，再次的，到某個程度，每個人都覺得，作為一個整體，人類多少是在他自己出生的那一刻誕生的。」

（我們在九點四十分休息了一下，當我稱讚珍說得好時，珍說：「我要告訴你，我只不過看了一眼你筆記本裡的那些夢，我花了不到五分鐘，真想不到。」她笑了起來，對賽斯的能耐頗為高興。

（「我對那些夢事件的記憶，就與我對最近做的任何其他事的記憶一樣真實。」我說，「去買東西，或工作，或不論什麼……」我一直對我簡單的觀察感到好奇，因為至少對我而言，一旦它們開始成為過去時，夢事件在我生命裡占據了一個越來越重要的地位。我想，當一個人在現在醒來時，他遠為可能稱一個夢「只是個夢」，而不賦予它一個與他在醒時狀態裡「真的」經驗相等的實相，也不認為它是確有其事。

（珍想趕快回到課上。縱使以下資料並非書的口述，但為了明顯的理由，我將它放在這兒。在九點五十二分繼續。）

繼續我們對受苦的討論。我覺得有時候好像人們期待我來將人生的狀況合理化——當它們其實並不需要任何這種合理化的時候。

你們的信念令你們看不見關於人的心理上許多否則輕易可得的知識——可以用來回答許多關於受苦原由問題的知識。說真的，其他問題還更難回答。不過，男人和女人生而就有關於所有覺受及可能人生經驗的好奇心，他們渴求各種經驗，他們的好奇心並不限於漂亮或現世的事物。

人們生而就有一種去突破限制的欲望——去（幽默而大聲地：）「探索人類足跡從未到過之處」——我相信這是對一個著名電視節目引言的盜版。人們生而就有一種戲劇感，一種對刺激的需要。生命本身就是刺激。最安靜的情緒凌駕在壯觀的分子活動衝勁上。

當你們成熟為成人時，忘記了自己許多十分自然的傾向、感受及內在幻想，因為它們不適合你們曾被教以相信自己是的那種人，或經驗，或族類的畫面。你們生命中，原本是那些感受自然延伸的許多事件，就因此顯得陌生（停頓），相反於你們最深的希望，或彷彿它們是被外在的力量，或是淘氣的潛意識投擲到你們身上似的了。

兒童的思想給了人類天性的極佳線索，但許多成人並不記得任何童年的思想，除了適合或彷彿適合他們關於童年信念的那些。

孩子們玩被殺死的遊戲，他們是試著想像死是什麼樣子，想像如同「蛋頭」（Humpty-Dumpty）從牆上掉下來（譯註：英美著名兒童詩集裡的詩），或跌斷自己的頸子會是什麼樣子。他們想像成人會贊同的角色，也放縱同樣多的創造力去想像悲劇性的角色。他們往往相當覺察到以「意願」使自己生病來逃避困境——而也以意願使自己再好起來。（帶著幽默。❶）

他們很快學會去忘記自己在這種插曲裡的角色。所以，後來當他們是成人而發現自己病了時，不只忘記了是他們引起那病，並且很不幸的，也忘記了如何以意願使自己好起來。

（十點五分。）如我所說，有各種等級的受苦（suffering），而我以一種非常一般性的方式開始這個討論，在正規的書的口述之間，我也會不時的繼續討論。尤其是在過去的時代，人們清算自己，把灰抹在頭髮上，並且以鐵鍊鞭打自己，或挨餓，或做其他的自我懲罰。換言之，他們為了宗教的緣故受苦，而這習俗至今也尚未完全消弭。他們並不只是相信受苦對靈魂有益——附帶一句，這個聲明可以是真也可以是假，而我稍後會再加以說明——但他們也了解另外一件事：身體只能承受這麼多的苦難，然後它就會釋放掉意識。所以，他們希望達成宗教的狂喜。

宗教的狂喜並不需要身體上的受苦作為一個刺激，而這樣一個方法終究會有損於宗教上的了解。不過，那些插曲是諸多方法之一，代表人能主動地尋求受苦，作為達到另一個目的手段。而說這種活動是不自然的並不切題，因為它存在於自然的架構之內。

（停頓良久。）苦行是應用「受苦」的一種形式，它通常是如此為人所用的。人們並沒被教以去了解自己對經驗的巨大胃口。一個小孩很自然會對受苦感到好奇，想要知道它是什麼，去看它——而藉此學會去避免他不想要的受苦，去幫助別人避免不想要的受苦，而更重要的，去了解本為他傳承的情感與覺受之種種層次。如果他了解這個，作為一個成人，他不會造成別人的痛苦，因為他會去感覺自己情感的真實性。

如果你否認對自己情感的直接經驗，並透過太嚴厲的苦行去掩蓋它們，那麼，你就能非常輕易地傷害別人，因為你將麻木的情感狀態投射到他們身上——如在納粹俘虜營，人們遵守命令折磨其他人——而你首先藉由麻木了自己對痛的敏感度，並壓抑自己的情感，你才能那樣做。

（十點二十五分。）人對痛的易感性幫助他同情別人，因而幫助他更主動地減輕存在於社會裡各種不必要痛苦的起因。

請等我們一會兒……今天晚上就到此為止，我對你倆最衷心的祝福。我只要再說一點：每個人具痛苦性質的經驗，也記錄在我們將稱為世界之心的那個東西之上。造成痛苦的每個失敗、失望或未解決的問題，變成了世界經驗的一部分：這個或那個方式是行不通的，或這個或那個方式曾被試過，但結果不好。因此，以那種方式，甚至受苦的弱點或失敗也都被解決了，或毋寧說被彌補了，因為在那些資料裡做了一些調整。

就彼而言，每個人私密地，卻也是為所有人類過他的生活。從一個獨特的觀點，每個人為自己也為人類整體嘗試新的挑戰、新的情境及新的成就。

（快活地：）此節結束，並祝晚安。

（「賽斯，非常謝謝你，晚安。」）

（十點二十七分。「天啊，那真是精采極了。」當珍從很好的出神狀態及傳述裡出來時我跟她說，「我真希望能找機會在某個地方用到這資料，而不是讓它束之高閣。」因此，縱使我將上一節非寫書的課插入本書裡，卻沒有很快地對這節做同樣的決定。

（「我也在想該怎麼做，」珍說，「但別去管它了，也許有一天我們能在一本書裡用到它，但同時我才不會去操心這件事。也許賽斯會繼續這樣做，而有一天它會變成另一本書也說不定。誰知道呢？」

（我笑了，並告訴珍她不去擔憂的新決心聽起來很像我。）

註釋

❶賽斯關於兒童在遊戲裡「試著想像死是什麼樣子」的概念，無疑地對我自己兒時活動增加了一個直覺性的次元。在二〇年代末期，我們那夥孩子最喜歡的遊戲就是「牛仔與印第安人」。而當我們在附近的田野裡遊玩時，所有人假裝我們殺了敵人，或我們被殺了。我們玩得開心極了，經常玩這種遊戲直到筋疲力盡。

我也贊同賽斯說的，兒童「往往相當覺察到他們以意願使自己生病來逃避困境」。我記得很清楚，我在某些場合那樣做——通常是要避免一些學校的活動——而甚至在那時我也覺得很驚奇，因為父母沒有弄清楚我在搞什麼鬼。（在危險期過了之後，恢復健康簡直是易如反掌！）

珍說我從沒告訴過她有關故意生病的事，雖然我以為我有。我問她有沒有那樣做過，「當然囉！」她說，「在天主教的小學裡，我知道有時候我令自己生病，以逃避像圖解句型及背乘法表之類的事。我好怕那些東西——我想是在四年級左右。我想有一次我也令自己得了腮腺炎。」

珍又說她那群玩伴沒有玩我們那類的遊戲。「我們也許偶爾裝死——你知道，躺下來閉上眼睛，但也只是那樣。」在五年級的歷史課裡，珍學到關於法國皇后瑪麗·安東尼的故事，她於一七九三年在巴黎被送上斷頭台。「我常常一個人假裝是她，」她說，「我會是勇敢而輕蔑的，知道我將被砍頭——諸如此類。」

於是，我倆都有點驚奇，覺察到對我倆而言，至少有些「想像的」經驗都圍繞著我們早年學校生活打轉。

第八九七節 一九八〇年一月二十一日 星期一 晚上九點十五分

（對一年的這個時候而言，天氣仍然非常暖和；在白天溫度往往不到冰點，而當真的飄了一點雪時，也馬上就融化了。今天早晨我從醫院接大衛回家，下午我帶我們的虎貓比利去看獸醫。自從上週六比利就不太對勁，牠美麗的皮毛失去了光澤，體溫高達華氏一百零五度，獸醫給了牠一針並開了些藥丸。然而那獸醫並不真的知道比利為何生病。珍和我好奇比利的病在我們和大衛的事之間扮演了什麼角色——那的確是在賽斯資料出現之前我們不會有的一種想法。

（我們也注意到，當比利失去了胃口時，牠的同胎小貓咪子就變成如珍形容的「無事忙」，在房子裡及走廊上玩耍奔跑，好像以牠自己的方式，在試圖補償比利不尋常的缺乏活動。

（「我希望賽斯會談談比利為什麼生病！」晚餐後我對珍說。她回答說她寧願慢慢來：她變得非常的鬆弛，而不想捲入可能會干涉到她越來越舒服狀態的「深入問題」。事實上，我太太只希望她還能上課。她一直在憂慮大衛、世界的情形、人類的脆弱、比利及她自己，而必須很努力才能改變她的思緒。

（不過，珍知道若是她上課的話，賽斯資料會是為書的口述。今晚當她在洗碗時，她從賽斯那兒接收到這訊息。）

晚安。

（「晚安。」）

好，口述：那麼，再次，你們的世界並非被某個外在化、客觀化的上帝從外面創造了它，而令之開始運作的。舉例來說，許多宗教的理論家相信，有這樣一位上帝以這樣一種方式創造了世界，而敗壞的過程幾乎在那創造結束的同一假設瞬間就開始了。

這樣一個概念很像一些科學概念，後者認為宇宙在衰退中，其能量在消散，而秩序逐漸的瓦解成混亂。兩種說法都想像一個完成了的創造，雖然其一是一個神聖的製品，而另一則不過是偶然事件的結果。

（停頓。）可是，整體而言，雖然我必須以系列性的講法來解釋它，但我們說的是一個經常不斷的創造。我們在討論一個宇宙的模型，在其中，創造是繼續的、自發的，並且同時在每個地方發生。在一種廣闊的現在裡，所有我們對時間的經驗都是從那裡浮現出來的。在這個模型裡，永遠有新的能量，而所有系統都是開放的，縱使它們看起來也許是分別的運作。再一次，這個模型建立在它每個部分的主動合作之上，那些部分以某種方式也參與了整體經驗。

在這個模型裡，形式的改變是創造性合成（creative syntheses）的結果。這個模型的來源，被了解為出自一個廣大、無垠及神聖的主觀性——在每個意識單位之內的主觀性，不論那單位的層次為何。那麼，那是在創造本身之內一個主觀的神聖性，一個如此大的多次元創造性，以致它本身同時是創造者及創造物。

（在九點三十七分停頓良久。）這個神聖的心理過程——而在這兒「過程」並非最好的字眼——這個神聖的心理上的彼此關聯，由它自己的存在形成了層出不窮的世界。你們的宇宙並非唯一的一個，在自然界裡沒有東西孤立的存在；而以那種說法，你們宇宙的存在本身就預設了其他宇宙的存在。

這些宇宙在過去、現在及未來會以我解釋過的同樣方式被創造——而再次，所有這種系統都是開放的，雖然在運作上來說，它們也許看起來並非如此。

真的有無限量的序列（sequences）無誤地被啟動，那使得你們自己的世界之存在成為可能。我承認有時候我無法想像一個人能想像他的世界是無意義的，因為一個人體的存在本身，就涉及了幾乎不可置信的分子與細胞之合作，那是即使透過機率最順遂作用的豐富結果，也不可能造成的。

（無論如何，今天珍為賽斯的傳述都不是她最快的，雖然那個「能量人格元素」相當熱切且帶著不只一點的幽默感結束了上面一段話。但是，現在珍的步調更慢了下來；她停頓了很多次。）

以一種說法，你們的宇宙及所有其他的宇宙躍自一個次元，那是所有實相的創造源頭——可以說，一個基本的夢宇宙，一個神聖的心理苗床。從那兒，主觀性的存在被自己想創造的無限欲望所點燃、光照、刺激及穿透。其力量的泉源是如此之大，而使其想像物變成了世界。但它被賦予了如此光輝燦爛的創造力，以致它尋求最精緻的完成，因為即使它最微小的思維及所有潛力，都被一個真正超過一切想像力的善良意圖所引導。

（九點四十七分。）那個善良意圖在你們世界裡是很明顯的。它在聯合礦物、植物及動物王國的合作性冒險裡，在蜜蜂對花朵的關係裡，是很明顯的。而你們卻相信其反面；你們已對人類自己的合作天性、天生對同伴之誼的渴望、想照顧別人以及（帶著苦口婆心卻溫和的強調）利他行為的天生傾向視而不見。但我們將在本書的後面討論那些事。

稍微休息一下。

（九點五十分。當珍從出神狀態出來時，她非常的放鬆，我沒提及她中間有很多長的停頓；光是最後一段她就花了三分鐘，她的頭輕晃著，眼皮顫動者。「他不該讓我休息，」她說，「這是我最糟的一次……我想回到兩小時的課程……」當我在寫這筆記時她安靜的坐著。當然，她說「最糟」是指太放鬆，我告訴她並不一定要繼續上課。「我不知道我還能回去嗎？我是如此……」她的頭一直要垂下來。她點了一支菸說：「我只是在等。」

（這一節其餘的內容見註❶。）

註釋

❶（賽斯在九點五十九分回來。）

「口述結束。

「現在：生命或者有意義或者沒有，它無法有時有意義有時沒有——或人的生命有意義而其他物種的生命卻沒有。但意義並非永遠都是明顯的，因為當我們討論它時，當然是從一個人類的觀點去討論。

「舉例來說，為什麼大衛生了病？我們曾討論過那點，那涉及了幾個層面——但意義往往落入一些幾乎無法形容的脈絡裡。」

（十點五分。）「以一種奇怪的方式，你們的貓對天氣反應——倒不是反應太大，而是與牠對天氣的情緒性詮釋認同——以一種方式，變成了天氣的一部分，對天氣開放；但以你們的說法，卻變得沮喪了。

「對那貓而言，這是一個經驗。還有一些額外的暗示，在於牠接收你們對朋友大衛的共同感受——但那些並非原因，只不過是個附加色彩。天氣狀況及動物行為之間的互動很少被了解。舉例來說，你們另一隻貓以一種相反的方式反應，積極的提供牠自己額外的刺激。

「稍後有一天我們會說得更多。祝你們晚安。」

（「謝謝你，賽斯。」

（十點十分。「我以為今晚你不要賽斯說任何有關比利的事呢。」當珍很輕易的回過神來時我問她。

（她以自己的方式回答這問題：「不過，那是我的錯——那是附帶了很強情緒的資料，他本來還要說更多的。關於疾病的資料對我而言仍是相當的令人激動。」我想她自己身體上的困難必然在此扮演了一個強烈角色，雖然她並沒這樣說。「這件事令我生氣，」珍安靜的說，「在休息時我可以感覺到他已完全準備好去深入比利的狀況，而我開始覺得心中糾結起來。我沒有告訴你。然後我對自己說：『賽斯，你就去談吧！』所以他為什麼沒有說那隻貓將會沒事呢？」

（在回答我另一個問題時，她說她情緒上的激動也涉及了在一九七九年二月，我們的貓比利一世的死。顯然地，比利一世曾是我們現有比利之前任；現在的比利在外表及脾氣上都與牠非常相似。

「我真受不了我自己，」珍說：「我希望我們當初叫這隻為威立，但我知道那全是迷信的胡說。」

（而就在結束的時候，我聽見咪子在廚房玩著我替牠紮起來的紙球。地下室的門是開著的，牠再三將紙球踢下地下室的台階，跟著球追下去，再把球帶上台階，而又再踢飛下去—看起來好像牠仍然必須為我們表演。同時，在恢復中的比利，則在客廳一張舒服的椅子上打瞌睡。）

見《個人與群體事件的本質》第六章第八四〇節，我對比利一世死亡的記述。

第八九八節 一九八〇年一月三十日 星期三 晚上九點二十八分

（一月二十三日，我將珍為蘇·華京斯《與賽斯對話》寫的序寄給出版社。

（自從在九天之前上了第八九七節後，珍替賽斯傳述了三節不凡的私人課❶。今晚她相當的輕鬆，有點想蹺課去畫畫。她真的很迷戀鮮豔明亮的色彩。「我好喜歡你現在坐的那張紅色沙發套。」她在我們等待上課的時候這麼說——說真的，這紅色燈芯絨在沙發後屏風上那一盞檯燈溫暖的光線投射下，色彩豔麗奪目彷彿在燃燒。那張屏風隔開了廚房和客廳。

（我告訴珍如果她想畫畫，她並不必得上課，但如果她真的進入出神狀態的話，我倒希望賽斯談談我今早的夢。在那夢裡我是一個與我父親同齡的婦人，而我父親已死的事實並未進入那個夢。）

口述。

（「好。」）

（停頓良久。）如果你所認為的醒時狀態，是夢境的一個專門化的延伸，而由之浮現到你們覺知的表面；正如你們的物理位置，是首先存在於心智領域裡的位置之明確延伸。

那麼，清醒狀態的源頭是在夢境裡，而在清醒狀態裡你熟悉的所有物體、環境及經驗，也都源自那內在的次元。

（停頓。）不過，當你檢查夢境時，通常都是從醒時實相的架構去那樣做。你試圖應用通常判斷事件標準的實相規則，去度量夢經驗的幅度，所以，你沒辦法感知夢境的真實特性。除了在那些稀有的場合裡，當你在夢境之中「變得覺醒」時——我們在本書稍後會討論這件事。但以一種說法，說宇宙是以你自己的思想與夢發生的同樣方式被創造出來是真的：自發性地，卻又有一個天生固有令人驚異的秩序，以及一個內在的組織。你想你的思想、做你的夢，而對其中涉及的不可置信過程沒有任何清晰的知識。然而，那些過程正是在宇宙存在本身背後的過程。

同時，以一種說法，你自己就是那將你們世界夢入存在的古老做夢者。你必須了解，我並沒有說你們是被動的、倏忽即逝的夢者，失落在某個神聖的心智裡；而說你是一個神聖智慧之獨特創造性示現，那個神聖智慧之創造力為所有的實相負責，而那些實相本身被賦予了自己的創造能力，且帶著想要圓滿的潛力及欲望——的確那神聖過程本身的繼承者，自發性知道它自己的秩序。

(九點四十一分。)我已說過許多次了，世界的各部分以基本上違反了較小因果律或前後關係的一個秩序，自發的聚到一起。再次的，就彼而言，你的夢境帶給你關於自己生命及世界來源的許多線索。

電腦不論多偉大、多複雜，卻不會做夢，因而，就所有它們不可置信的資訊儲存而言，必然缺乏那最小植物或種子所擁有未言明的天生知識。任何電腦擁有或處理的任何數量資訊，也無法與組成這樣一個儀器的原子及分子所擁有未言明的天生知識相比。電腦沒有被配備去感知那類知曉，因為它無法做夢，所以沒有配備來做這種事。在夢裡，原子和分子天生的知識被組合及轉譯，這被用為感知到的資訊及知識之苗床，而夢境由之升入其物質形式。

在生前你是主觀的「活著」；在死後你也將主觀的活著。你的主觀生活現在是透過你稱為清醒的那種專門化意識狀態來詮釋，在其中，你只承認將落入某些時空座標裡的經驗為真實。你的更大實相存在於那些座標之外，而宇宙的實相也一樣。(停頓。)你們為自己創造生活，當你一邊走你一邊改變它們，就像一位作者可能改變一本書，變更那些環境及改善那些情節。那作家只知道他創造了，而並沒了解創造力賴以發生的自發性秩序，那過程發生在意識的另一個層面。

以最基本的方式，世界是自內而外地形成的，並且是自做夢實相形成為具體實相——而那些過程發生在實相的另一個層面（安靜地強調）。

休息一下。

（九點五十五分。我認為休息來得相當早。珍的口述時而停頓時而快速，顯得起伏不定。「我在晚餐後就有點知道今天要講這類事了。」她說，而且她認為這一節應該不會很長。賽斯在十點十分回來，而他的確討論了我的夢，直到十點三十分道晚安。）

註釋

❶我們稱那三節非常深入的課為私人或被刪除的課，因為它們生自我們自己對大衛的挑戰、對我們的貓比利、對比利的同胎小貓咪子的頑皮動作，及對幾個其他個人問題的反應。不過，所有那些資料有一種一般性的吸引力，而我希望我能在幾句話裡顯示賽斯資料的變化多端及深度。

舉例來說，他在一月二十三日告訴我們：「你們的身體意識就像任何動物的意識一樣。咪子在階梯上跑上跑下，是人和動物天生被賦予對興奮與活動之喜愛的一個例子。動物們喜歡被拍、被摸及被愛，牠們以自己的方式對暗示反應，就彼而言，你們的身體意識對你們對它有意識的對待反應。為了這個討論的目的，且將你們的身體設想為一個健康的動物……動物們及你們自己的身體意識對年齡沒什麼概念，以一種幾乎不可能描寫的方式，那些意識——身體及動物們的——在其存在的每一瞬間都是『年輕的』。我認為你們當然了解我在談的是動物及身體意識的『心態』，因為它們的確擁有自己的精神屬性——心理上的色彩——而尤其是情感『狀態』。」

賽斯資料大半反對身體在某個年齡限制內會衰退的科學機械式模型，那個模型被認為身體會衰退的信念力量所煽動。透過對未來的恐懼投射，我們是如何為自己加上不必要的壓力，而不利的影響了我們那聚焦於現在的身體意識，關於這些賽斯說了很多。心電感應、「分子的精神狀態」及細胞意識，全都深深捲入所有這些討論裡。

第八九九節 一九八〇年二月六日 星期三 晚上八點五十一分

（這星期一晚上沒有上課，所以我們得以休息。

（我估計我已完成了我想為《個人與群體事件的本質》寫的三分之二的註。珍一邊做這本書，一邊又回去寫《如果我們再活一次》以及《珍的神》，對後者她正在一種「創作興奮」中❶。伊朗和三哩島事件的態勢發展愈益複雜，就好像意識正在那些地區探索自我❷。

（昨天及今天早些時候，珍曾將她從賽斯那兒接收到的東西潦草地寫下來；她將之放在課的筆記本裡，如果我有時間就可以打字下來〔我沒有打〕。今天稍後她重讀所有賽斯給本書的資料。）

晚安。

（「賽斯晚安。」）

口述。（停頓。）當然，當人光是有他們的夢體時，享有極大的自由，因為那些身體並不需要吃飯穿衣，並不需要在地心引力下運作，人們可以如他們所願的在風景裡四處漫遊。他們還沒有認同自身為他們自己到任何很大的地步，或與環境及

密切相連。其他生物分離。他們知道自身是他們自己，但身分感並不像現在這樣與他們的形體

不過，夢世界是一定會醒來的，因為那是它替自己設定的方向。再次的，這個醒轉自發地發生，然而，卻有自己的秩序。就這個討論而言，地球上其他的生物實際上比人醒來得早，比較地說，在人這樣做之前，牠們的夢體已形成物質身體。所以，動物變成在身體上可以有效的操作，同時，到某種程度，人們仍流連在夢的實相裡。

植物先動物而醒——而這些不同程度的「清醒度」是有其理由的。基本上，那與科學從外在界定的物種分類無關，卻與意識的內在聯合及與意識的族類或家族有關。當所有踏上物質實相的意識，分享（停頓良久）那造成物質上有效世界不可思議的創造性成就時，那些聯合就發生了。

（九點四分。）再次，如你們所認為的環境，是由活生生的意識組成的。舉例來說，古老的宗教談到自然的精靈，而這種說法代表來自史前的記憶。那麼，部分的意識將自己轉化成你們認為是大自然的東西——綿亙不絕的大洲、海洋與河流、山嶽與山谷及大片的土地。物質世界的創造性衝動，必須從那活生生的結構升起。

（帶著強調：）以一種說法，鳥類與昆蟲的確是地球正在活生生飛翔的一部分，再次的，以一種說法，就像是熊與狼、牛與貓，代表了地球將自己變成活在它表面上的生物。而再次的，以一種說法，人變成在思想的地球，當人在想著自己的思想時，人以自己的方式專精於世界之有意識的工作——那工作是依賴其餘的大自然，一個維護他生存的大自然之不可或缺的「無意識」工作（全都非常熱切地）。而當他思考時，他在為微生物、為原子及分子、為他體內最小的粒子、為昆蟲、為岩石、為天空的生物及空氣與海洋思考。

人思想就與鳥飛翔同樣的自然。他替其餘的物質實相看著物質實相：他是活了起來的地球，透過有意識的雙眼看著地球自己——但那意識是受到恩寵而存在的，因為它是地球架構如此親密的一部分。

（停頓。）當人從夢世界醒轉時是個什麼情形呢？

本章結束。

註釋

❶昨天珍完成《珍的神》第二章最終稿的打字工作。不過這本書的工作還在塑形階段，就像她在今天

的日誌裡寫的：「很棒的一天……開始打《珍的神》第三章，這本書真的開始起飛了；我忍不住開心的笑了；我做得非常好，打字的時候還當場加了不少料，一切順利到我都差點忘了休息一下去做午後的運動。」

那就是她陶醉在創作時的狀況，不過那對她來說還是遊刃有餘，她接著寫：「感覺我又想做些什麼不一樣的事。一個小型創意寫作課？或是用錄音帶做點什麼？」

我個人喜歡把所有準備工作都做足了才開始去幫手稿打字，這使得我在疾速前進的時候，不至於有太多的變動。

❷今天是伊朗扣留美國人質的第九十五天（一九七九年十一月四日），我們國家對人質能早日被釋回的期望早已破滅，我只能將現今整個中東複雜情勢作一個簡單說明。舉例來說，俄羅斯在聖誕假期期間入侵阿富汗，此舉嚴重地激怒了伊朗，使伊朗國內普遍激憤的民情更加一發不可收拾：現在，伊朗強硬改革派政府追隨伊斯蘭教狂熱教義，必然會對付入侵阿富汗、進而威脅到它國土東方邊境地帶的邪惡俄羅斯。珍和我發現一個震懾人心的想法——嘗試去追溯——美國社會整體意識開始變得與俄羅斯和伊朗等敵手的意識產生密切關連（糾纏不清）的一些方式；那樣的意識一旦被創造，就會以全新方式在我們的「時間」概念中持續擴大、日趨複雜。很顯然的，在一個更大規模的活動主軸上，全世界所有國家的意識都捲入並加強了那環繞著伊朗形勢挑戰和困境的漩渦。

至於三哩島核能發電廠這邊，工程師仍無法進入被污染封鎖的二號反應爐廠房內，這座反應爐爐心的鈾燃料棒在一九七九年三月二十八日幾近熔毀。現在已計畫要在今年（一九八〇年）四月進入廠房內採集輻射數據。為了保障工作人員的安全，超過五萬五千居里的放射性氪氣（Krypton-85）將會先從廠房釋放到大氣之中。（譯註：居里為放射性強度單位。）

事態的展望已經引發強烈的反對聲浪——這是強加在南賓州人民身上的心理壓力之另一例證。現在有越來越多關於核能恐懼心理的研究調查，既無理性又不合實情，再次顯現意識以新的方式自我探索及增生擴散：即使全世界有超過兩百座運作超過二十年的核能電廠，且沒有任何一個人的死亡是肇因於放射污染，但人們還是要問：什麼時候會熔毀？這些研究還伴隨著一大群圍繞著那些持續累積且尚未解決、乏味的核廢料處理問題。

（我想知道：萬一在某個時刻、某個地方的反應爐爐心燃料棒真的熔毀了，輻射被釋放到大氣當中，那麼，由於那個意外所產生的鈾和鈽的意識又會如何融入集體意識當中？在一般條件下，合成鈽可能是地球上最毒的物質，已知的十五種同位素，半衰期從五分之一秒到大約八千八百萬年。其中鈽238是一種高質量同位素，在工業核子反應爐中被燒毀，半衰期約八十八年。〔炸彈質量的同位素鈽239的半衰期約二萬四千四百年。〕）

Chapter 05

「伊甸園」。人「失去」夢的身體而獲得了「靈魂」

（九點十五分。）第五章：〈伊甸園。人「失去」夢的身體而獲得了「靈魂」〉。

伊甸園傳說代表了作為肉身生物的人覺醒之扭曲版本。他變得全然在他的肉身裡運作了，先前對他而言如此真實的那個夢體（dream body），在清醒時只能間接的感受到了。現在他在一個必須被餵飽穿暖、被保護不受自然力侵害的身體裡，去面對他的經驗——一個遵從重力及地球法則的身體，他必須用肉體的肌肉從一個地方走到另一個地方。在理解的靈光乍現中，他突然第一次看見自己的存在不僅是與環境分開的，並且也是與地球其他所有生物分開的。

就彼而言，那種分離感一開始幾乎令他受不了，但人是大自然那個注定要由局外觀點來看他自己的部分。再次的，他是大自然那個注定要專長於觀念之自覺運用的部分。（較大聲：）他將長出知性之花——一朵必須安全地深深根植於大地的花，外散出新的心靈種子——那不僅是為他自己，也是為自然的其餘部分，而他也是自然的一份子。

但人向外看，感覺自己突然的分離了，而為其孤單感到驚訝。現在他必須找尋食物，然而，之前他的夢體並不需要物質滋養。以前人既非男又非女，而是組合了兩者的特質，但現在肉體也就因性別而分化了，因為人必須實質的繁殖。有些失落的古代傳說，以一種更清楚的方式強調這突然的性別區分。可是，到聖經傳說出現的時候，歷史事件及社會信念被轉變成亞當和夏娃的版本。

在一方面，人的確感到他從一個高的身分地位掉了下來，因為他記得先前夢實相的自由——其他生物仍某程度沉浸其中的一個實相❶。附帶的說，人的心智在那一刻就有你現在賦予它的所有能力：能包容想像與理性之對比的偉大包容力、追求客觀性與主觀性的驅策力，以及充分具備發展語言的能力——一個敏銳的心智，它存在於穴居人之中的聰慧程度，就與現代街上任何一個人的一樣。

（九點三十五分。）但如果人突然的感到單獨而孤立，他也立刻被世界及其生物偉大的千變萬化所震懾。每個與他自己分開的生物都是一個新的神祕。他也著迷於自己的主觀實相，他發現自己在其內的身體，以及在自己與其他像他的人及其他生物之間的不同。他立刻開始探索（停頓）、分類、指出並命名來到他注意範圍內的其他地球生物。

以一種說法，這是意識與自己玩的一個偉大創造性卻又宇宙性的遊戲，而這遊戲的確代表了一種新的覺知。但我要強調，**一切萬有**的每個版本都是獨特的。每個都有其目的，雖然那個目的無法輕易的以你們的說法來界定。例如，許多人問：「我人生的目的是什麼？」意思是：「我該做什麼？」但你的生命及每個生命的目的是在其存在裡（熱切的）。那個存在可能包括某些行動，但那些行動之所以重要，乃在於它們是由你生命的本質裡躍出的。而生命單純的藉著存在，就必然會完成其目的。

（在一個穩定而相當快的傳述裡停頓良久。）當然，人的夢體仍是與他同在的，但現在肉體遮蔽了它。夢體是無法被傷害的，而肉體卻可以——當人將其經驗大略的從一種轉變到另一種時，他很快就發現了這一點。在夢體裡人什麼都不怕。夢體不會死，它在肉體死亡之前及之後都存在。在夢體裡，人曾看到動物「殺」其他動物的景象，而他們看到動物的夢體毫髮無損地浮出來了。

他們看見地球就這樣改變其形式，但每個意識單位的身分都存活下來——而因此，雖然他們看到死亡的畫面，但並不認為這就是死亡，雖然許多人現在將之視為彷彿不可避免的結束。

人看出為了讓世界繼續，必須有肉體能量的交換。他們看著「獵者」與「獵物」的戲劇，見到每個動物都有所貢獻，地球的具體形式才可以繼續——但被狼吃掉的兔子存活在一個夢體裡，而人知道那是它真正的形式。可是，當人在肉體裡「醒來」，而專精於感官的應用時，他不再感知被殺的動物釋出的夢體跑開來而仍然在山麓跳躍。他保有先前知識的記憶，而有相當一段時間能偶爾重新捕獲那知識。可是，他變得越來越覺察肉體感官：有些事顯然是令人愉悅的，而有些則否，有些刺激該被追求，而其他的則該被避免。因而，有一段時間，他將愉悅及討厭的事轉譯成善與惡的粗略版本。

基本上，令他感覺愉悅的就是善的。他被賦予了強烈的直覺，那是要引導他朝向自己最偉大的發展及成就。以這樣一種方式，使他也能幫忙帶出所有其他意識族類之最高潛力（熱切的）。他的自然衝動就是要提供內在的指導，那剛好會引導他到這樣一個方向，因此他會追求對自己及別人都是最好的事物。

（誠懇地：）口述結束。

（九點五十分，給珍和我幾句話之後，賽斯在十點十三分結束此節。「我現在記不起來這一課在說些什麼，但我想我口述了昨天和今天從他那兒接收到的所有東西。」珍說。）

註釋

❶當我打這節的字時，我以為賽斯在此自相矛盾，因為在那節前面，他說過：「地球的其他生物實際上比人先醒來，而相對的說，在人那樣做之前，牠們的夢體把自己形成為肉體。」然後，我開始想賽斯實際上是指，人比其他生物更大程度的將自己與其夢體分離——以致縱使那些其他存有在人類之前變得能「有效的運用身體」，仍比人對牠們的夢體保留了更大的覺察。我要記得請賽斯詳細解釋這一點，雖然我也認為他在此節的後來也間接提到了這點。

第九〇〇節　一九八〇年二月十一日　星期一　晚上八點四十七分

（一開始珍和我有意刪除這一節——但它的主題實在太符合《夢、進化與價值完成》這本書了，所以我們沒有那麼做。

（晚餐後，珍重讀我上週六早上的夢的記錄，以及我第二天晚上的清醒經驗❶。這兩件事都涉及了對顏色或光的強烈感知，而我告訴珍，我歡迎賽斯談談它們。我對在我的兩次探險與我們近來讀到的瀕死經驗之間的相似性尤感興趣。在那些瀕死經驗裡，人們常常報告說他們接觸到強烈的白光。顯然，在我自己的經驗裡並沒接近死亡，但我真的覺得透過它們，我對有史以來一直被熱烈追尋的「宇宙之光」有了驚鴻一瞥。

（今晨我試著畫一小幅油畫，描繪自己站在我夢中所見的水晶色彩牆壁前面。畫那自畫像本身沒什麼問題，結果我卻有很大的挫敗感。我多少也預期了失敗：只用油彩根本無法畫出光與色的夢牆之虹彩。到上課時我卡住了，我該拋掉畫了一半的畫或試著完成呢？當然，我可以明天早上再試一次，但不知何故我卻不願承認今天的失敗。

（賽斯傳過來的時候，咪子正在玩牠最愛的遊戲——一遍又一遍把牠的玩具紙球敲下廚房通往地下室的樓梯，然後追下去再把它帶上樓。

（耳語：）晚安。

（「賽斯晚安。」）

好，題目：光。

如我曾告訴你們的，有一個內在的「心理」宇宙，而你們自己的乃由其中浮出，那內在宇宙也同樣是架構二的源頭；它是所有實質效應的因由，並且在所有的物理「定律」背後。

這樣一個內在宇宙不但與你們自己的不同，並且需要一個全新的物理學，才能有對其實相真正或實際的解釋——而這樣一個發展又必先有一個全新哲學的誕生。你明白嗎？物理學無法先發展。

與其說這種發展超過了人的能力，不如說以人目前的立足點而言，這涉及了實際上不可能做到的操縱。相對的說，理論上，人可以在一眨眼間移到一個較優的立足點，但目前我們必須大半用比喻。那些比喻也許可以引導你、魯柏或少數其他人到一個更有利的觀點，以使某種躍進變得可能——但，你明白嗎？那些躍進不只是知性上的躍進，也是意志與直覺的躍進，全都融合並且集中在一起。

你問到光，以其自己的方式，是由那另一個內在宇宙來的。在你們的世界裡，光有某些屬性及限制，它被肉眼感知，而到一個遠為少的程度也被皮膚本身所感知。在你們的世界裡，光來自太陽，它是一個外在的源頭；而在你們的世界裡，光明與黑暗顯然看來是相反的。

當你們還住在公寓時，魯柏有幾次瞥見了所涉及的一些法則——有一次是當他試寫一首關於根本無法訴諸語言理解的詩時❷。我不知道如何解釋某些事，但以你們的說法，在黑暗之內有光。光不只有具體形式的顯現（熱切的），所以，縱使當它沒有具體顯現時，光也是遍及四方的，而那光是你們實質的光及其物理定律的來源。以一種說法，光本身形成黑暗。再次，不論其程度為何，每個意識單位都是由能量組成的——那能量以一種不被肉眼感知的光顯示它自己：那麼，那種光基本上是遠比任何實質種類的光強烈，而所有顏色都由其中浮出。

你們覺察到的色彩，只代表了整個物理光譜很小的一部分；但你們認知的物理光譜，只代表了另一個更完全的光譜——存在於物理定律之外的光譜——無法想像地小的一個部分。

（在九點六分停頓。）所謂空的地方，不論是在你們客廳裡物體之間的空間，或在星辰之間看似虛空的空間，都是「空間」（space）的一種具體表象，或錯誤表象——因為所有空間都充滿了意識單位，洋溢著一種光，而生命之火本身就是由之點燃的。

肉體感官必須過濾掉這種感知，可是，那光真的是同時無所不在，而它是一個「覺知之光」（knowing light），如魯柏的《威廉・詹姆士》所感知的❸。好，在某些場合，有時在瀕臨死亡時，但常常只在有意識的出體情況，人可以感知那種光。舉例來說，在有些出體經驗裡，魯柏看見比任何實質顏色更為眩目的顏色，而你在夢裡看到同類的顏色。它們是你內在感官所感知的較大光譜之一部分，在夢境中你根本不依賴肉體感官。

在那個夢裡，你的憂慮第一次被反映出來——你的朋友弗洛也同樣面對那關於男性雄風與老化❹的擔憂。所以，你看到你倆在一家廉價商店裡，那只不過代表了商業世界，在那兒物品被出售：你們在那世界仍有價值嗎？你們仍有男性雄風嗎？你們每個都要經過測驗。（停頓）其他的人看到你們，但並不關心，這表示說你們自己在擔心，但也表現了你們感覺世界也許並不真正在乎你們。

結果你們沒做測驗，反而看到了一個閃閃發光的玻璃景象，它有發亮的顏色及七彩稜光，豐富而複雜，代表了生命與性本身的真正源頭——在這廣大多次元的拼圖中，性只是其中的一面。你是在看自己存在多面的光之代表。

現在：那燈光插曲。在這兒你照你該做的做了，你觀看那內在的光，但燈罩有兩個目的：其一，如你臆測的，給予一個讓你舒服的形象，事實上替你的眼睛遮光。不過，在看到燈罩與（二次世界大戰）納粹用人的皮膚做實驗之間的關聯這點上，魯柏是正確的。（昨晚在電視上）關於無性生殖的繁殖及納粹暴行的電影，令你們再次對生命的本質及人的不朽感到好奇。與無性生殖繁殖的關聯，是從在過去的新聞故事裡，由人皮做的燈罩而起的——雖然你的燈罩*只不過代表了*那些人皮燈罩，而且是用布料做的。不過，那關聯是在底下，也代表了你的感覺：縱使那些人被凌虐致死，他們的確又重生了。他們沒被消滅，其意識的確像燈泡，在新的燈裡打開了。那麼，那光連接了生與死，也代表了*純粹*覺知。

（九點二十六分。）在談到一個內在的心理宇宙時，我很難解釋我的意思。（停頓）不過，在那個實相裡，心理活動不被你所知的任何物理定律所侷限。舉例來說，思想有你不感知的屬性——那些屬性不僅影響物質，並且會在你們的實相之外形成自己更大的模式，而遵循它們的物理定律。終你一生，在其他次元裡增加或者建立你自己的實相。

（停頓良久。）舉例來說，你所看到的那些畫存在那兒，而它們每一方面都與你畫室裡的畫一樣真實。在這裡我並不是象徵性的說。的確有你看不見的光、你聽不見的聲音，以及你感覺不到的覺受，這些都屬於內在感官的領域。內在感官代表你真正的感知力量，它們代表了——好比說，你本有的非實質感知「設備」。你可以相當容易的分辨肉體感知：你可以分辨你看見與聽見的東西，如果你閉上眼睛就看不見了。

雖然我在過去曾藉分開其機能與特性來描寫內在感官，但基本上它們以這樣一種方式一同運作，以致以你們的說法，會很難將一個與另一個分開。它們以一種完美的自發秩序作用，覺察到所有的同步性。那麼，在那心理宇宙裡，存有是可能「同時無所不在」、同時覺察到每件事的。你們的世界是由這種「存有」——那形成你身體的意識單位——組成的。你有的那種意識心無法保有那種資訊。

（九點四十四分。）請等我們一會兒……（一分鐘的停頓。）不過，這些意識單位自己累積起來形成心理的生靈，其數目遠比你們銀河系裡星星的數目多得多

（比四千億更多）。而每個這種心理形成物有自己的身分——如果你喜歡的話，可以說有自己的靈魂——在整個存在結構裡有自己的目的。

那是今晚我們就那題目所能談到的極限。我們需要一些新例子來解釋那些觀念，但那光本身代表了那個內在宇宙以及所有理解的源頭。

此節結束。

（「我可不可以問個問題？」）

沒問題。

（「今天早上為何我那幅小畫進行得不太理想？」）

首先，你覺得自己表達不出那個理解。那些顏色比任何物質性的顏色都要燦爛得多，因而，以一種方式，你試圖做一個太實事求是的轉譯——太實事求是是因為一個真正的轉譯需要你在物質基礎上所沒有的顏色，甚至象徵符號。如果你把那些顏色想作是你在裡面，甚至在你自己的細胞理解之內，那麼，你就不會這麼小心了，你聽懂了嗎？

（「懂了。」）

你太過小心了。

（「是的。」）

此節結束。

（「謝謝你。」）

（九點五十九分。她閉著眼，靜靜地坐在搖椅好一會兒才離開出神狀態，平常都是立刻就「脫離它」。「我一直在那裡等著，好像我就站在某個東西的邊緣上頭，試著想越過它進入某個新的東西裡面。就好像我正在自由航行。……我的天，它未免太短了吧，」她看向時鐘，大聲抗議。實際上這一課進行了一個小時又十二分鐘——比前五節的平均口述時間一個小時七分鐘還稍微長了那麼一點點。當珍替賽斯說話時，她的時間感就被拉長了。「我覺得好像到了很遠很遠……就像我得到的比我能夠轉換的多得多，彷彿正站在某個東西的邊緣……」）

（我告訴珍，賽斯叫我把我夢裡的顏色視為我細胞結構的一部分，是個很精采的想法。

（一個註記：我可以追述一下，我終究沒有放棄我的夢畫。今天早上的課結束以後，我就去重畫前一天怎樣也畫不好且油彩未乾的牆畫。這一次我總算勉強完成了——只留下淡淡的舊痕，並蓋過原先那怪異的高飽和色調和圖案。接著我按照醒時經驗畫出那兩盞桌燈所投射的光線。夢裡畫的練習是有用的：這一次在呈現整體光線的融合上比之前容易得多了。不管怎麼說，我了解到和宇宙光搏鬥真是一件吃力不討好的苦差事……）

註釋

❶我將只報告與我對光及顏色的感知有關的那部分夢，但將描述我隔天傍晚整個的醒時經驗。這兩個都是從夢筆記裡抄下重寫的：

「我的朋友弗洛，和我在家鄉塞爾的一家廉價商店裡。我倆都穿著衣服，卻知道我們都必須做某種性能力的測驗。我們站得離店面的大玻璃窗很近——幾乎所有人都能夠看見我們，包括那些在附近桌子用餐的人們。然而，似乎沒人注意到我們……弗洛必須先受測，他踏入一個像收帳員用的那種小亭子。當我在等著輪到我時，我轉身看向窗外——突然發現自己三面被牆包圍著，那牆從地面延伸到天花板，是用最美麗的鑽石樣玻璃水晶做的複雜且色彩繽紛的格子窗。我無法形容那些多面牆天生的閃爍及璀璨，正以溫暖的橘、棕、黃、紅、紫色發光顫動。每種顏色都被鑲在一個很細的黑框裡，就如在一個粗糙得多的比例上，一片彩色玻璃窗可以被彎曲的鉛條包住一樣。當我在幾小時之後寫這記錄時，我仍能『看見』那些夢裡的光與色。我曾試想畫一幅我最美的夢中影像……卻不知道要如何才能辦到……」

至於我第二天晚上的經驗：

「珍和我在看了一個電視影片之後，在一點十五分左右上片。那影片的主題是第二次世界大戰。珍安靜的朝右躺著，背對著我。當我面朝上，在一種非常舒服而平靜的狀態裡休息等著入睡時，我覺察到兩個極明亮的光在我右方發亮，在珍的身形之外，卻在我的眼角餘光之內。我知道，或看到那些光是來自有圓柱形白布燈罩的普通桌燈，而它們坐落在我們客廳裡的那種圓形橡木桌上。最近的燈罩子比另一個燈罩更大且更高，但這好像無關緊要：我很快的發現那兩個光都亮得不得了——的確，光是這麼強，以致雖然我很想轉頭去直視它們，但卻制止了自己，因為我不確定我是否能受得住那種強光。不過，我明白那燈罩既令人舒適又有保護作用，我對這個冒險既不害怕也沒有不安。我知道我沒在做夢，而那經驗是非比尋常的。我也知道，如果我想的話，用意志力可以把那些光『轉到』我的面前來，而我試著那樣做，也做到了：當那些光移動時，它們變得甚至更強烈了，以致我很快的決定不想面對它們刺眼的光芒，即使有燈罩也不行。

「它們立刻令我回想起昨晚的夢，在夢裡我看到許多的色彩。雖然這些光『只是』白色的，但它們是既暖又涼，其強度無法形容，而真的包含了各種色彩。

「當珍在我身邊睡著時，我享受了那經驗一會兒，然後讓自己緩慢入眠。」

第二天早上珍對我自己對那些燈罩所代表意義的理解，補充了一個相當出人意料的洞見，而令我感到驚奇。賽斯在這節後半也討論了珍的說法。

❷我們差不多在五年前（一九七五年三月）從我們城裡的公寓遷入這坡屋，但珍認為她在那之前幾年曾試圖寫賽斯提到的那首詩（她在一九六三年年底開始替賽斯說話）。我非常好奇想看那首詩，以便可以在這兒摘錄一些。珍有好幾堆筆記本、詩稿及各種各式的零散筆記，但我倆都無法挖出我們所要的。真令人懊惱！那時我們沒像現在這麼小心的歸檔。「但我知道不管怎樣我都不會把那首詩扔掉。」珍說。也許哪一天我們其中一人在找其他東西的時候會找到它吧。

❸見《一個美國哲學家的死後日誌：威廉．詹姆士的世界觀》第十章，珍寫於一九七七年三月三十一日的那些話。

❹好一段時間之後，我才了解到賽斯在這裡說了一句最令人感興趣的話——它暗示我不知不覺接收了弗洛對年齡和性能力的憂慮。弗洛、珍和我三個人是好朋友，而且他非常熟悉我們的工作。他比我小幾歲（我現在六十），但我不記得我們曾經討論過那類的話題，甚至連玩笑也沒開過。我自覺每一天都很享受並欣賞我這個年紀及性能力，從來都不擔心那些事，但是我的夢顯然揭露了在其他層面上我對這些問題還是相當關注的。那些擔憂很明顯是負面信念的呈現，但我聯想到更多——事實上，那是全球性的，是所有男性與女性選擇在物質生活中要去面對的難題。

第九〇一節 一九八〇年二月十八日 星期一 晚上九點二十分

（上週三，二月十三日傍晚，沒有上任何課。那一天譚·摩斯曼致電蘇·華京斯希望她同意將《與賽斯對話》分成兩冊發行；蘇在珍的ESP所做的記述對一本書來說實在太長了。剛好上個月蘇去佛羅里達時已經完成了第一冊，所以譚打算在今年十月讓第一冊上市，第二冊則計畫在一九八一年一月出版。

（就身體症狀而言，珍近來覺得好多了；她有一些很好的自發性放鬆時段，而走路情況也進步了不少。她的創作也相當多，一直努力在寫〈我又重生了〉，那是她為她的詩集《如果我們再活一次》所寫最長的一首詩。她昨天午睡時收到賽斯示意他接下來在《夢、進化與價值完成》書裡要討論的主題：是與人類意識有關的「人的遷移」以及「內在與外在的線索」。她希望賽斯今天晚上就談這些資料。今天下午她完成《珍的神》第五章終稿的打字工作。

（今天我去看我們的驗光師，那結果令珍和我感到非常有趣❶。

（耳語：）晚安。

（「晚安。」）

口述。（停頓良久。）那麼，在這次覺醒的時候，人的確體驗到某種與他的夢體以及自己的內在實相——他的夢中世界——分離之感覺，但他仍比你們現在對那主觀的存在遠為覺察得多。

他自己的夢之實際性也比較明顯，因為，再次的，他的夢給了他關於——比如說，在哪兒可以找到食物的精確視象。而有好幾個世紀之久，人類就像現在你看到的野雁那樣地遷徙；那些旅程都真的遵循在夢境裡所給的途徑。但人開始越來越與外在環境認同了，他開始把內我幾乎想作像是一個陌生人了。內我被他視為靈魂，而彷彿有一個二元性——一個在物質宇宙行動的自己，以及一個在非物質世界裡行動且分開的精神性靈魂。

那些早期人類將蛇視為最基本而神聖、最神祕並且最有知識。無疑的，在那早先的經驗裡，蛇看似為土地的一個活生生部分，而由大地的肚腹升出，且從所有地祇的隱藏源頭升出。人們好奇地看著蛇從牠們的洞裡現身。那時——現在也是——蛇同時是陰性和陽性的象徵。蛇彷彿來自大地的子宮。而擁有大地的祕密智慧。而尤其在其伸長的形狀裡，牠也是陽具的象徵。蛇之蛻皮也是重要的，因為人天生知道他會蛻掉自己的身體。

（在九點三十一分停頓。）不論意識的程度如何，所有意識單位都擁有目的意圖，它們被賦予了創造的欲望以及去增益存在品質的欲望。它們有能力去響應形形色色的行動暗示，它們的行為及機動性有很大的彈性。所以，舉例來說，在人類裡，人有意識的經驗的確可用一個幾乎無窮盡的方式被組合。

內在與外在自我並沒有一個水泥似的關係，卻能以幾乎無限的方式彼此關聯，而仍保有具體經驗的實相，卻藉主觀生活的內在領域給具體實相加上各種不同特色。甚至看似赤裸裸的歷史事實，也會按照它們無可避免浸潤其中的象徵性內容，而非常不同地被經驗。以你們的說法，一次戰爭真的可以被體驗為一個慘烈的災難、一次人類野蠻的勝利——或被當作人類精神克服邪惡的崇高勝利。

（停頓良久，然後非常熱切的：）我們以後還會回到戰爭這題目上。不過，我想在這兒提一提，人基本上並沒被賦予「好戰的特性」，他並不自然地會去謀殺，也並不自然地尋求毀滅他自己或其他人的生命。並沒有生存競爭之戰——但當你投射這樣一個概念在自然的實相上時，那麼，就會以那種方式去解讀自然及你自己與之相處的經驗。

人的確有要活的一種本能及欲望，而他也有要死的一種本能及欲望。這同樣適用於其他生物。每個人在他的生命裡，都與自己同類以及其他族類，從事一個合作性的冒險；而在死亡時，他也以一種合作性的態度行事，將他的物質肉身回歸給大地。（停頓）具體上來說，人的「目的」是去豐富在其所有次元裡的存在品質。靈性上來說，他的「目的」是去了解愛與創造的特質，在知性上與心靈上了解他存在的源頭，並且懷著愛心創造他目前並不覺察的其他實相次元。（停頓。）在人類的思索裡，在他思想的品質裡，在其流動裡，他的確是在實驗一種獨特的新實相，形成其他的主觀世界，而它們隨後長成意識及歌，又隨後由一個夢次元綻放成其他次元。人正在學習創造新的世界，為了要這樣做，他接受了許多挑戰。

（停頓良久。）你們全都有實質的父母，有些人也有實質的兒女——但你們全都「有一天」也是夢中兒女的精神性父母。那些孩子會在一個新世界裡醒來，第一次四面張望，而同時覺得孤立、害怕卻又勝利。所有世界都有一個內在的開始。所有你們的夢都在某處醒來，但當它們醒來時，本身帶著創造的欲望醒來，生而就有一個純真的新意圖。凡是與宇宙、與**一切萬有**和諧的東西，都有一個自然天生的動力，會化解所有阻礙。所以，就自然而言，要繁榮反而是容易得多。

你可以休息一下。

（九點五十六分到十點九分。）

你們現在都知道像自動口傳及自動書寫，還有夢遊這種活動。這些在現代都暗示了人早先與世界及自己關係的一些非常重要證據。

在那開始時，夢遊一度是個非常普通的經驗——遠比現在普通——在其中內我真的教肉體走路，因而阻止那新冒出肉體取向的理性問太多問題，阻礙身體平順的自發性移動而擋了自己的路。

以同樣方式，人天生就具有語言的固有傾向，以及透過繪畫與寫作來達成符號溝通的固有傾向。首先，以在他夢裡開始的一種自動方式說話。以一種方式，你幾乎可說，在他有意識的了解語言之前，他就在用語言了（安靜的）。他並不只是藉「行」而學，而是「那」行本身就在教他。再次的，若有一個尖銳質問的理性，過分好奇字句是如何形成的，或哪些動作是必要的，那麼，他就無法做到那些。他的繪畫也同樣是自動的。你幾乎可說，「他雖具理性」，居然還學會了用語言。所以，語言擁有幾乎是神奇的特質，而「道」（word）被認為是直接來自上帝（譯註：聖經創世記說：「太初有道。」這「道」的原文即word）。

請等我們一會兒……分開來……

（十點十九分，在給了我於註❶裡摘錄的資料之後，賽斯在十點三十分道晚安。）

註釋

❶簡單的說，當我還是少年時，我的母親帶我去見我們的家庭驗光師。我的父母認識他好些年了，那仁慈的紳士帶著最大的善意，給我戴上了遠近視兩用的眼鏡。度數並不高，但一旦有了那個習慣，我在後來的四十年裡就毫無異議的戴著眼鏡。一直到珍開始傳來賽斯資料所包含的概念時，我才開始質疑我戴眼鏡的「需要」。沒有特別在意我在做什麼，我開始不再經常的戴了。當我在寫作或畫畫時，眼鏡經常礙我的事，不過，開車時我還是必須戴，因為我的駕照上註明了我需要眼鏡。除此以外，通常只有當我覺得疲倦時我才戴。在同時，縱使我的信念在進步中，我也避免給自己負面的暗示，說我眼睛仍然不完美。

上星期我從現在的驗光師（我將稱他為約翰）那兒收到例行的通知，說自從我換眼鏡後已過兩年了。我告訴自己別理這件事，卻開始覺得眼睛不舒服——不論我戴或不戴眼鏡。我認為暗示的力量正在作用。因為有人取消預約，所以我那天下午就見到約翰——而得到了一個驚喜，因為他的檢查顯示出，自從上次的驗光後我的視力已進步了，我現有的眼鏡度數變得太深。出於習慣，我以為情形正相反呢！約翰也很驚訝；在他訂較淺的鏡片之前，他又重驗了一次以確定沒弄錯。約翰一調好驗光儀，測試鏡上就列出了新的檢驗結果，我的視力測出為20/15——比標準值20/20還要好。這個數據是我做過的測試中最好的一次，不論有或沒有戴眼鏡。

接著他幫我做青光眼檢測，眼壓計顯示的數據在正常值的中段，甚至比兩年前的檢測結果還要好。

「真的是，」他驚呼道，「很好而且很低。」當我離開他的辦公室時，我覺得心情為之一振。

當我跟珍解釋了這種情形後，我說：「我一定做對了什麼。」而在今晚課程的私人部分，賽斯給了我一些非常有趣的評論：

「你想要一些對你身體的活力、彈性及復原能量之肯定。你也想要再次獲得那只要你選擇做藝術家終其一生都可以辦到的證明。你用驗光師通知這件事來給自己一個非常好的教訓，因為你的確隱約擔心並且好奇你的眼睛是否越來越壞。在通常的情況下，那些『症狀』會被詮釋為問題的徵兆。反之，你發現所謂的症狀卻是你的眼鏡已變得太深了的徵兆，因為你的視力不只是維持住了，而且非常令人驚奇的改善了，並且是以一種在醫學上可以被證明的方式。

「你的眼睛進步了，因為你的確學會更放鬆了，而那進步首先發生在你主要興趣的區域——你的工作——但這代表你到了一個整體更新的時候，因為並不是只有你的眼睛長在你的頭上。」

（追加的註：一九八三年五月，在約翰．史密斯填寫的紐約州視覺敏銳度報告中，他寫下我已通過測試，開車不用戴眼鏡〔綜合視力測驗結果20/30〕。然而，當郵差送來我的新駕照——有效期四年——在「需配戴矯正鏡片」那一欄仍然有個「X」，我還沒有時間去解決那個官方爭議。）

第九〇二節 一九八〇年二月二十日 星期三 晚上九點八分

（四個月前，我在八八五節註❶中寫過，由於一連串的誤解，荷蘭那邊的出版商違反了與Prentice-Hall的合約，發行了濃縮版《靈魂永生》。我們在Prentice-Hall這邊的編輯譚．摩斯曼堅持對方要發行另一本完整的荷蘭版。譚剛剛回覆我們Ankh-Hermes將會履行合約——只是新版的發行日期尚未確定。

（今晚賽斯建議「這節的一部分可以附在本書之後」，但我覺得不如逐字逐句提供它一般性的大半資料，而去除他談我的一個夢的資料。）

現在：再談幾句有關眼睛的事。

你給自己看了一個有關自然人的能力之重要例子。我曾說過，所謂的奇蹟只不過是未受阻的自然結果，顯然那例子就是如此。現在這個世界提供了你身體及其活動的一幅畫面，而那畫面看似非常理所當然，它彷彿不證自明。

當然，它提供了你一幅人體的畫面，如它反映人的信念及被信念影響的樣子。舉例來說，醫生們預期在三十歲之後視力會開始退化，而有無數病歷「證明」這種瓦解的確是個生物上的事實。

再次的，你的信念告訴你身體主要是一個機制——最令人讚嘆的機器，卻仍只是個機器（較大聲），沒有自己的目的，沒有任何意向。一個由各種零件組合而成的「無心」工廠，只不過以某種預定的方式長在一起了。科學說並沒有意志力這回事，然而，科學卻將求生的意志指派給自然——或不如說，一個無意志的求生直覺。就彼而言，科學的確承諾身體這機器「傾向於」保證自己的存活——卻是一個沒有超越其本身意義的存活。而因為身體是個機器，所以它被預期在這麼久的使用之後必然會衰退。

在那個畫面裡，意識沒有多少戲可唱。可是，在人類非常早期的歷史裡，以你們的說法，在如我們書裡所描寫的那「覺醒」之後，有好幾世紀人們都健康地活過長得多的一段時間——而在某些例子，活了好幾世紀❶。一方面，沒有人曾告訴他們這是不可能的，他們在世界裡的驚奇感、好奇感、創造力，以及鮮活的精神與物質探索之廣大領域，使得他們生氣蓬勃而強壯。不過，另一方面，老人因他們從世界獲得的資訊而非常為人們所需及尊敬。他們被需要，並教導其他的世代。

在那些時代，高齡是處於一種被尊崇的地位，隨之帶來新的責任與活動。感官的有效性並沒有褪色，而生物上來說，那種性質的種種更新是十分可能的。

（對我：）你今晚說到世界上的有些政治家根本就不年輕了，以及一些在晚年裡不只有所成就（停頓），而且也打開了新地平線的人。他們之所以能辦到，是由於個人的能力，也由於在回應世界的需要，並且是以在許多情形裡一個較年輕之人無法做到的方式。

在你們的社會裡，老年幾乎已被認為是個不名譽的狀態，關於老年的不名譽信念，常導致人們在到達了所謂的終點之前做出——有時十分有意識的——把他們自己生命結束掉的決定。可是，一旦人類需要較老成員所累積的知識時，那情況幾乎立刻逆轉，而人們會活得較長。

在你們的社會裡，有些人覺得年輕人被排除在生命的主流之外，不給他們有意義的工作，因此，他們的青春期被不必要的延長了。結果有些年輕人為了同樣理由死去：他們相信年輕的狀態不知怎地是不名譽的。他們被哄騙、安撫，有時候當作有趣的寵物那樣對待，被給予科技的產品使其分心，卻不被容許去用他們的精力。子承父業的老舊系統曾有許多不幸的誤用，然而，年輕的兒子被給予了有意義的工作，感覺他是生命主流的一部分。他是被需要的。

（九點三十四分。）所謂標榜年輕的文化，不管它對年輕人之美與成就彷彿的誇張，實際結果卻貶低了年輕人，因為少有人能符合那個畫面。那麼，年輕人與老年人常常都覺得被排除於你們的文化之外。其實也都分享了加速的創造活力之可能性——年老的偉大藝術家或政治家總是揀選那種活動，並且用之來放大自己的能力。會有那麼一個時候，這類人的經驗會扣合在一起，形成一個更清楚的新焦點，而提供新的心理架構，從其中，他最主要的能力能浮出以形成一個新的整合。但在你們的社會裡，許多人從未達到那一點——或有些人雖然達到了，卻沒被以適當方式或為了適當理由承認他們的成就……

人的求生意志包含了一種意義與目的感，以及對生命品質的關心。你的確被給了一個很明顯的畫面，那彷彿非常生動暗示了人會穩定退化的「事實」；然而，即使在你們的世界裡，如果去尋找的話，你也會看到相反的證據。

電視上的奧林匹克轉播❷，讓你們看到年輕人體偉大能力的證據，不過，在那些運動員活動與正常年輕人活動之間的對比是非常強烈的。（停頓。）你們相信必須用嚴格的訓練與紀律以帶來這種成果——但那彷彿特殊的體能只不過代表了人體天生的能力。在那些例子裡，運動員透過訓練終於能令人略微瞥見身體自發的能力。那訓練是必要的，因為你們相信它是必要的（全都帶著強調）。

（九點五十三分。）再次的，在我們談到受苦的資料裡（比如見第八九五節），我提到疾病有其目的——在你們社會裡它有一個挽回面子的性質——所以，在此我談的是身體自己的能力。就那方面來說，感官不會退化，單單是年紀本身，從不會導致任何身體靈活度、心智能力或欲望的任何減退。死亡必然會降臨到每個活著的人，然而，其時間與方式基本上是看每個個人而有所不同的。在任何年紀，有意義的工作都是重要的。你無法以嗜好來令老年人滿足，正如你也不能以嗜好令年輕人滿足一樣。但有意義的工作也意味著具有遊戲活力的工作，而就是那遊戲性在其本身內含著一種療癒及創意的偉大特質。

現在，以一種方式，實際的說，你的眼睛以一種遊戲方式改進了它們的能力。感官想要超越自己，它們也「透過經驗」學習。你近來畫得比較多，你的眼睛多少變得更投入了，你的眼睛享受它們在那個活動裡的角色（熱切的），就如耳朵享受聽覺一樣，那是它們的目的。你自己想畫的欲望，加入並且加強了你眼睛天然想看的欲望。

當然，當你們大多數人想到身體的症狀時，以一種致命的嚴肅來看你們的身體，那到某程度阻礙了內在的自發性。你將侷限性的信念置於自然人之上。

在此，你的夢❸以自己的方式也符合這一點，你明白嗎？因為那生命之船在意識表層之下也迅速而美麗的航行，旅遊過心靈的海水……你在表面下的層面進步得非常快。阻礙並不多，可以說，你暢行無阻，而那夢的確意味著對你的進展的一個內在視象。

（十點二分。）現在，這節的一部分可以被附於此書之後。

（「我正想問你這件事呢。」）

（在討論了我另一個夢之後，賽斯於十點十一分道晚安。「今天上課之前，我覺得全身鬆軟得像一塊抹布。」珍笑著說。我告訴她這一課非常出色，而且我會把某些相關部分加到我的夢筆記裡頭。）

註釋

❶當賽斯告訴我們，在古代有些人曾「活了好幾世紀」時，我第一個念頭就想到聖經裡那些遠祖的長壽；而我第二個想法是想把賽斯的話整個刪除，以使珍和我根本不必去為這件事煩惱。珍對賽斯的說法並未感到不安，而我能了解自己最初反應的幽默面——然而，在他給我們資料的這麼多年裡，賽斯從未提到看似不可能的長壽的事。

我查了幾本聖經，但一個人只需讀讀創世記第五章就可以知道亞當及他的九個後代，一直到挪亞或大洪水時代的人記錄上的長壽。亞當真的活了九百三十年，或亞當與夏娃的第三子賽斯真的活了九百一十二年嗎？（為什麼聖經裡沒記載夏娃的年齡？）在賽斯之後所列名的第五個長老伊諾，只活了三百六十五年，卻是聖經上記載活得最老的米蘇希拉之父。米蘇希拉活了九百六十九年，他的兒子拉美活了七百七十七年，拉美的兒子挪亞活了九百五十年。

在創世記第十一章裡，亞伯拉罕祖先的名單以洪水之後挪亞的長子閃姆開始，他活了六百多年。一般而言，亞伯拉罕的祖先活得不像亞當的後代那麼長，在閃姆之後他們的年齡大約在一百四十八歲到四百六十歲之間。亞伯拉罕自己「只」活了一百七十五歲。

在這個空檔裡，我們仔細琢磨了一下這些事，珍和我認為《聖經》中那麼長壽的記載很可能是錯的，或著失真，或著可能只記錄有劃時代意義的世代——也就是說，亞拉伯罕的祖先列表在順序上是正確的，但在每一個列名者之間有很多跳空。例如一個父與子的關係實際上很可能是父親與玄孫，而且在聖經上也有其他跨世代列表。

不過我們兩個都認為賽斯假設的那些長壽者存在於《聖經》架構之外，而且是在遠古時代。「我可以理解賽斯說的，一點也不覺得困擾，」當我問珍對賽斯資料的看法時，她說：「連天主教小學都不鼓勵我們讀聖經，」她補充說：「我們對它的了解根本沒有多到可以去煩惱那些事。我甚至沒有把它從頭到尾讀完過……」

我關於那些古老長壽者的問題，導致賽斯在兩節私人課裡自動提供了更多資料。

第一：「在那些古早的年代，人的確活到今日會令你們驚奇的年歲——許多人活了幾百年。這的確是因為他們的知識及經驗被極迫切的需要，他們被尊崇的看待，他們將知識鑄造成詩歌及故事，而可以傳諸後世。不過，除此以外，他們的精力是以與你們不同的方式被利用的：他們交替於清醒與做夢狀態之間，而當睡著時他們就不那麼快的變老，此時他們的生理過程慢了下來。雖然這是真的，但他們做夢的心智過程並不慢下來。在夢境裡有一個大得多的溝通，使得某些課程是在夢裡被教導，同時，其他的則在清醒狀態進行。當肉體存在繼續時，要被傳遞的知識就越來越多了，因為他們並不只傳遞私人的知識，並且也傳遞屬於整個團體的全部知識。」

第二：「聖經是寓言及故事的聚合物，其間混雜著一些更早期時候的不清楚記憶。可是，你們認知的聖經並不是第一部，卻是當人試著向回看，重述他的過去並預言將來時，所形成的好幾種先前的聖經所組合而成的。這種聖經存在，沒被寫下，卻由以前提過的說法者口傳下來。要過了很久之後這資料才被寫下，而當然，到那時很多都已經遺忘了。這還不包括當林林總總的派別為其自己目的用那資料時，所竄改的事實或根本的誤傳。」

賽斯第一次談到說法者及其口傳傳統，是在一九七〇年十一月五日的第五五八節，見《靈魂永生》

附錄。

❷第十三屆冬季奧林比克運動會在紐約州寧靜湖（Lake Placid）舉行。

❸以下是從我夢的筆記本濃縮來的，關於我今天下午夢的內容：

「在燦爛透明的顏色裡：我夢到一艘船——一艘暖灰色及鏽橙紅色的貨輪——沉入海中，我在水面下斜著身子，以一個觀察者的身分看每件事。我看著那船平平的透過藍綠色海水沉到平坦的黃棕色砂質海底——但那船並沒沉著不動，反而開始『行駛』或破砂而行，幾乎像是沿著路在開的一部車。我看見縷縷黃砂優雅的由貨輪船尾提起。我沒看見人或魚——只有那船、那海洋及海底，而海底沒有任何東西擋住船的輕易前進。船能在水下這樣航行的事實，對我而言是個啟示：我知道，以某種方式，這是我未來的好兆頭，我覺得很高興。色彩很美，我真的想畫一幅這夢的畫。」

第九〇三節　一九八〇年二月二十五日　星期一　晚上九點十六分

（當我從我的筆記打每一節的字時，我把它們歸於兩種檔案之一。我們已經到了「定期」課或書的課之第七十七卷，以及私人或「刪掉的」資料之第二十二卷。以下是珍今天早上寫的一個小註，她把它插在第七十七卷裡了：「上週末從賽斯那兒得到一點東西，那是關於地球感知格網（grid of perception）是如此建構的，以至於……每樣東西必須同時被創造，否則方格裡就會有『空洞』。」

（然後，當我們坐著等此節時，珍告訴我，今晚晚餐後她從賽斯那兒收到資料，「那是我不太確定的資料，因為我不懂賽斯的意思……」在這兒涉及到她關於哺乳動物、物種、亞種及生物之其他分類的問題。我認為她來自賽斯的兩個直覺顯然是直接相關的——而她心靈某些具創造性的部分從未停止「工作」。我很快的試著解釋生物的分類學〔taxonomy〕。我在描寫像「門」〔phylum〕及「屬」〔genus〕這種名詞上只各知一二。因為我手邊並沒有一本字典來印證我的記憶；不過，我的確助珍了解了哺乳動物並不是任何其他集團的一個亞種，卻是溫血動物的一個主要類別。

（有鑑於珍本身對科學語彙如此有限的知識，賽斯竟能用我認為是正確的一般術語來講這堂課，這真是件非常有趣的事。不過，縱使如此，他仍在有些這種基本分類上加進了他自己的意義。）

晚安。

（「賽斯晚安。」）

口述。（停頓。）你所知的世界以它現在的樣子存在，乃因為你自己是感知之巨大「有意識的格網」一個活生生的部分。

以那種說法，每個細胞都是一個發訊者與收訊者。所有生命的較大區隔——哺乳類、魚類及鳥類等等——都是活生生的格網絕對必要之一部分。不過，世界的畫面並不只是傳達及收到那些訊息的結果，卻也是由在那些訊息之間的關係所造成的。那麼，以你們的說法，所有生命的大類別「在世界的開始」就都存在了，不然的話，那使得肉體生命知覺本身成為可能的感知格網裡，就會有大洞。

以一種說法，物質宇宙是從必然為其源頭的另一個實相「搬過來的」。世界本是，現在也是，在時間及你們所了解空間之外的次元（熱切的）創造的。

其他的實相就如你們自己的一樣合法、一樣重要，且一樣「真實」，與你們自己的共存。並且就你們的理解來說，「在同樣的空間裡」——但當然，就你們的經驗而言，那些空間及實相彼此會顯得是相當分開的。不過，沒有系統是封閉的，所以基本上，造成一個世界或實相的活生生感知格網，也與所有其他這種系統「接上了線路」，而在其中有交互作用。

（在熱切的傳述裡於九點三十分停頓。）組成你們世界的感知格網，給了你如你所經驗的世界畫面，因為你的肉體感官將你置於整個格網內的某個位置。舉例來說，動物雖然是你們經驗的一部分，卻也在另一層面「調準到」那個格網。哺乳類、魚類、鳥類、人類、爬蟲類及植物等等大分類，每個都是那較大感知模式絕對必要的一個部分——而以那種說法，甚至在你們時間的開始時，那模式就必須是完全的。

（九點三十五分，我們的貓比利，如牠最近習慣做的，跳上沙發，把自己捲成一個球，在我記錄珍的口述時緊貼著我的左肘。）

在種種不同時段，那「格網」可能比在其他時段沿著某些電路負載更多的訊號——所以容許某些創造的餘裕，尤其是就組成你們較大分類的物種而言。舉例來說，一直是有鳥類的，但在這龐大活系統的所有部分之間，那「內在」與外在溝通的偉大互動裡，有一個創造性的互動，容許在那類別之內，並且在其他每個類別之內有無限的變奏。

你們的科技溝通系統是一個有意識的建構——一個偉大的建構——卻是建立在你們與生俱有的知識上，那知識是關於在所有物種之間內在、細胞的溝通。我那樣說並沒有剝奪理性為那科技而自詡自讚的權利。

（九點四十二分。）生命的大分類給了你那些模式，意識在其內形成自己，而因為那些模式看似相當穩定，所以很容易錯過它們在每一刻都被充滿了新鮮能量的這個事實。人類在其肉體的發展裡，並沒經過那離水登陸以變成哺乳類的假想生物假定跟隨之階段——但每個物種的確在其內含有「其過去」的知識。再次的，這有些部分極難表達，而我必須試著賦予舊字新義。（停頓。）不過，物質生命的轉世層面具有非常重要的目的，提供了內在的主觀背景，而這樣一個背景是每個物種都需要的。

那麼，就所有物種而言轉世都存在。可是，一旦一個意識選擇了其物質存在的較大類別時，它在其「轉世的」存在裡就停留在那個架構之內。舉例來說，哺乳類回來為哺乳類，但物種可以在那分類之內改變❶，這提供了偉大的基因力量。而在那些分類裡的意識，因為它們的癖好與目的而選擇了那些類別。舉例來說，就意識而言，你們認為動物彷彿有個有限的身體活動範圍，比如說，一隻動物不能決定去看張報紙，報紙是在其實相之外的。實際的說，動物們在某些其他區域有個廣大得多的範圍，牠們對自身環境、對與環境分開的自己，並且也對作為環境的一部分，都有親密得多的覺察。（熱切的）就彼而言，牠們的經驗是與另一種關係打交道。

（剛才珍在傳述裡停了好幾次，我覺得賽斯是在找最能讓他的意義儘可能清楚的字眼。）

這些感知格網在你們的時間次元裡「並不永遠存在」，因為你們的時間次元無法保有任何在它外面的東西。不過，一旦一個世界存在了，它就印在永恆上，所以，它「同時」存在於時間內及時間外。

當你問：「世界是什麼時候開始的？」或「真的發生了什麼？」或「是否有一個伊甸園？」你是在指如你所了解的世界。但以那種說法，在你們認知的地球存在之前，在同樣的空間就有地球存在過❷，而它們是以本書前面章節裡我告訴你們的方式開始的。地球模式在你們的時間次元裡繼續，雖然在那個時間次元裡，那些世界必須消失，以便繼續「它們在時間外的存在」。那些模式又被填滿了。

（十點三分。）在地球的例子裡，感知的格網只是被不同的利用。在某些時代，某些區域變得重要了，而在其他時代則較不重要。以你們對時間的觀念，我只能說，當形成某個特定地球的整個意識完形已盡其所能地形成其實相、盡量滿足它們個別與集體的能力時，然後，它們懷著愛心把格網交給其他人，而繼續參與——以你們的說法，非物質的存在。而那已發生過許多次了。

那麼，你們關於伊甸園的故事是個有關地球最近一次開始的傳說。再次的，每個世界都是如此巧妙建構的，以致每個意識，不論其程度，都扮演了重要角色。而你的每個行動，不論多不重要，都以各自方式與每一個別實相及每一個別世界相連（全都十分強調）。

現在，以一種說法——雖然我在這個客廳裡說話時，我看到時間沒過去多少——今晚我們到某程度已超越了時間，因為如果你準備好了的話，在我所說的話裡的確有暗示與幻相——韻律——可以讓你稍微感受到時間脈絡之外的存在。即使要試著以語言表現這種資料，也必然會造成涉及了感知的改變。因為，雖然那格網對你們的感官而言顯得相當穩定，給了你們關於實相的一個可靠畫面，但這也是因為你們曾訓練自己只接收某些信號，而其他信號在其他層面是可以得到的。舉例來說，你可以調準到細胞意識。

既然這資料必須是可被理解的，因此，魯柏和我一同形成我們自己的感知途徑——他從他那端，我從我這端，因而我們來回穿梭，好像穿過某個龐大電腦的電路一樣——卻是一個活的電腦。

（十點十八分。）口述結束，此節結束，除非你有問題要問。

（「我現在正在為《個人與群體事件的本質》整理的一節裡——那是有關一年前我們的貓比利一世之死的第八三七節——你說根本沒有任何像一個貓的意識❸這種東西。」賽斯點頭。「今晚的課提醒了我那節，我看出它們是如何的彼此呼應。」——）

它們的確是。比利可以如牠選擇轉生為牠的分類之內任何一種哺乳動物。

（「那不會變成了六道輪迴的觀念了吧，會嗎？」我在想人也是一種哺乳動物。）

那是另一回事——那是指人轉生作動物。我把人放在他自己的一類裡。不過，要記住，還有片段，那也是另一回事❹。

（「上個星期六早上，我有兩個彷彿是完全相同而並排或在同時的夢，但它們並不像在一個雙重夢裡那樣，一個在另一個裡——」）

你知道，在同時你可以有不只一個夢。你也可以體驗可能自己的夢的版本，但總會有一些接觸點——那是說，你為什麼收到這樣的一個夢總有個理由。人們所有的夢形成了一個集體的夢架構。夢存在於其他層面，而當然，在物質層面它們影響身體的狀態。以這種方式，世界的行動是在集體的夢溝通裡解決的，那在同時既是公共又是私人的。

國家以那種方式解決全國共同關心的事務。當你睡覺和清醒時你都一樣在思考，但當你睡著時，你的思緒有一個更豐富的次元性投影：它們因象徵與影像而變豐滿了。

此節結束，並祝晚安。

（「非常謝謝你，晚安。」）

（十點二十五分。「哇，我有個感覺，我們有非常棒的一課。」珍一旦回了神就很熱心的說。我同意了。「我真的在努力擺脫科學關於進化的信念或任何像那樣的東西。」她說：「我在上課前收到這個——動物轉世——然後我想：嗅，不要吧。但一切進行得還不錯。」雖然賽斯也許曾在他的資料中直截了當地用動物轉世這樣的字眼，但我們兩個都不記得。「經過了這麼久，」珍陷入沉思，「他竟然說……」

（摘自我夢筆記裡一九八〇年二月二十三日，上星期六早上的記載：

（「如平常一樣有顏色：我幾乎記不得任何東西了，但珍建議我盡量寫下來。我有兩個夢，並排著。我相信它們彼此相同，在每個裡有同樣的人物及解答：我在山坡旁的一間新房子裡做出了決定，這決定涉及了在一個有名電視節目裡的一個男性角色。我們昨晚看了那個節目。不過，我覺得很奇怪，我怎麼能有兩個並排的夢；好像它們本該是前後順序的。我並沒有一個夢在另一個夢**裡面**的那種感覺，像在我稱為的一般雙重夢裡那樣。」）

註釋

❶在此，賽斯在一個珍和我很少與他共同探討的題目上，告訴了我們一大堆的事。我們還想知道更多。哺乳動物是溫血的脊椎動物裡最高等的，牠們通常是多毛的，而幼兒是靠母乳餵養的，舉例來說，狗、貓、海牛、獅子、海豚、人猿、蝙蝠、鯨魚、地鼠、樹獺及鹿等等都是哺乳動物。我替賽斯的詮釋是，一個意識可以在這種形式的範圍內選擇。不過，為了在這節後面暗示了的理由，靈長

類的人（也是一種哺乳動物）在此並不在賽斯所指之列。

我發現對有機體科學的、系統化的分類非常令人著迷。光就人而言，就可以從最廣泛的分類，以下面這種越分越細的方式歸類：動物「界」；脊椎動物「門」；哺乳「綱」；靈長「目」；原始人「科」；人「屬」；人「種」。

❷幾乎從這些課的一開始賽斯就告訴我們，以我們的說法，我們所知的地球只是曾存在於同樣「空間」或「心理實相的價值氣候」裡一連串地球中最近的一個。不過，按照賽斯的說法，這當中涉及了更多的事。以下摘自一九六四年二月二十六日的第二十九節：「在你們地球上有數不盡的層面，或不如說，有數不清的層面與你們的地球同時發生。對那些看似占據了你們地球同一空間的居民而言，你們堅實的地球並不那麼堅實。所謂占據了同一空間的概念本來就是錯誤的，但我看不出如何能避免這種用語而仍能令你們懂得。」

即使在那時，珍、我和賽斯就都不太喜歡那陳腐的用語——「層面」，而「心理實相的價值氣候」是賽斯想創始一些更好術語的一個嘗試，見《未知的實相》卷一附錄八。

❸這一段節錄自《個人與群體事件的本質》第六章第八四〇節註❷。

❹珍和我一直認為，佛教的輪迴只是指一個人靈魂轉生為動物的形式。不過，實際上，那術語是指靈魂投生入任何的形式裡，不論是人類、動物或其他的生命形式——因而，是與平常轉世或轉生成同

類的說法有所不同。在許多文化裡對輪迴的種種詮釋是很古老的。賽斯在《未知的實相》卷二第七○五節說：「並沒有靈魂的六道輪迴——一個人的整個人格作為一隻動物而『回來』。然而，在物質架構裡經常的彼此相混，因此，一個人的細胞可能變成一株植物或一隻動物的細胞。當然，反之亦然。」在《個人與群體事件的本質》第八四○節的註❷裡，我摘錄賽斯在一九七九年三月五日第八三八節：「我想避開人的靈魂輪迴為動物的故事——那是一些完全不同事件之一個扭曲得很厲害的版本。」

在一九六三年十二月八日的第四節裡，珍和我透過靈應盤接觸人格法蘭克・韋德，用指針拼出他較喜歡被稱作賽斯的訊息——而從那以後就一直是賽斯了。在法蘭克宣稱他自己為賽斯之前不久，我問他，人曾否「生作動物」。他的回答是非常直接的：「不會。」我再問他：「是否你部分的心靈現在仍活在地球上？」那答案在當時對我們而言是非常奇怪的：「非常小的部分。我幾乎忘掉它了。我觀察它但不去管它，那是個狗的片段體。」法蘭克不肯告訴我們這狗在哪裡。

珍早在十二月十五日的第八節裡，就給了她第一次替賽斯說出的答案。雖然那時對許多我們在課裡的問題她已在腦海裡收到迅速的答案，她仍常常謹慎的印證那些反應——藉由至少讓答案的開頭用靈應盤一個字一個字的拼出來（我在第一節就開始把每件事寫下來）。

在那第八節裡賽斯給了我們談片段體的更多資料：「以某種潛在的方式，一個人格的所有片段體都存在於一個存有之內，各有其獨自的意識，它們並不覺察那存有本身……存有以一種你會稱之為潛意識的方式來運用其片段體。即沒有給予有意識的指導。存有給片段體一個獨立的生命，然後多少有些忘了那片段體……比如說，即使思想也是片段體，雖然是在另一個不同的層面。」然後，珍口述了最重要的一句：「另一種片段體，叫做人格片段體，則獨立運作，雖然是在存有的監護之下。」

當我在同一節裡問賽斯他發人深省的字眼「片段體」時，賽斯回答：「就我所知，那是我創始的字眼。」可是，在下兩節之內當他繼續以對人格及存有、轉世、時間、夢及其他相關題目越來越深的討論來發展他的資料時，他開始將「片段體」這個字讓賢給其他的術語了。當他在這本書裡回到這字時，我頗為驚訝。我設計了這個註以補充在《靈界的訊息》裡賽斯對片段體的描述。

在第四節舉行了幾年之後，沒有告訴我們關於那題目的任何別的事，賽斯自動提出說，他的狗片段體已死，而我們也沒再追問下去。

第九〇四節　一九八〇年二月二十七日　星期三　晚上八點五十四分

（珍在八點十五分就叫我上課了，但我們一直到八點五十分才準備就緒。她想早一點開始，因為她感覺太放鬆了：「賽斯，來吧，如果你想要上一節課，你最好快把我放出去，」她大笑，「不過我感覺到他就在附近。」）

晚安。

（「賽斯晚安。」）

（一笑：）口述。

（「很好。」）

現在。（停頓。）行動在時間架構內的出現，實際上是與你們世界之開始有關的一個最重要發展。

以最基本的說法，伊甸園故事講的是人突然覺悟到現在他必須在時間之內行動了。他的經驗必須被神經性地結構，這立刻帶來在一個行動與另一個之間選擇的重要性，而使得做決定這件事變得極為重要了。

這時間架構在地球經驗內也許是最重要的，並且是最影響到所有生物的那一個。在時間之外的經驗或存在裡（停頓），沒有做某種判斷的必要。在一個「時間之外」的狀態裡，理論上說，數不盡的指令能同時被跟隨。可是，地球的時間架構給經驗帶來非常清晰的新焦點——而在時間壓力下，再次的，某些活動相對的會比另一些更必要，相對的比另一些更令人喜歡或不喜歡。在更多林林總總的可能行動中，人突然面對了做選擇的需要，而那是在那脈絡內他「以前」沒做過的。

（九點二分。）以你們的時間而言，早期人類仍有一個神經上較大的餘裕，有替代的神經途徑。實際的說，在那時比現在更可能。那些途徑現在仍舊存在，但它們卻已變得像在神經活動背景裡幻影般的訊號。

（珍停下來，雙眼閉著，彷彿在搜尋適當的字眼。）再次的，這很難解釋，但自由意志在所有的意識單位裡作用，不論它們的程度如何——但（耳語）它在那程度的架構之內作用。人擁有自由意志，但那自由意志只在人的程度之內運作——那是說，他的自由意志多少為時空架構所侷限。

他有自由意志去做他能做的任何決定（熱切的），這意味著他的自由意志是受限的、有意義的、有焦點的，並且是被他的神經結構框住的。具體的說，在時空裡他只可以選擇在某些方向移動。不過，那時間架構給了他的自由意志其意義及一個在其內運作的脈絡。我們現在談的是你們所認為的有意義決定。

（停頓良久。）你只能做這麼多有意識的決定，否則會被淹沒，而且陷入一種做決定的經常難局裡。時間組織可以做的選擇。那麼，先前提到的覺醒，發現人由其先前的「做夢情況」醒了過來，突然面對行動的必要：在一個時空世界，一個「選擇變得不可避免」的世界，一個他必須在其中從可能行動中選擇的世界裡——並且從無窮的形形色色可能行動中，選擇他想具體實現的事件。這幾乎會是一個不可能的情況：若物種——意識每個物種——沒被賦予它自己的表達與活動途徑，而使得某些物種比較容易以某些方式行動的話。而且，每個物種有它自己整個的特性及癖好，那更進一步界定了它的影響範圍，在其中能夠行使它做選擇的能力。

（九點十七分。）每個物種拜組成它的意識單位之賜，也都被賦予了其他每個物種情況的一個整體內在畫面（停頓），而進一步被基本衝動特殊化，使它被導向於選擇最能滿足自己的發展潛力，同時也增進世界意識的整體利益。這並不會削減自由意志，就如人的自由意志並不會因他必須由胎兒長為成人而非其反面，就被削減。

在所有物種之間的差異是由這種組織引起的，所以，選擇區域被清楚的畫出，而自由活動區域也被清楚的界定。所以，可能行動的整個完形已然多少聚焦於物種的分化裡。可是，在可能活動的廣大結構裡，更多分化仍是必要的，而這就透過轉世存在的內在通道被提供出來。

舉例來說，每個人都生而有他個別獨特的一套特性與能力、喜好與厭惡。那可用來在一個世界裡組織個別的行動，在那世界裡有無數條可能道路都是開放的——而個人的衝動基本上是要引導每個個人，朝向最適合他發展的表達途徑及可能活動。所以，那些衝動是組織行動的輔助，並且是要令自由意志更有效的發生作用。不然，以實際的說法，自由意志會幾乎無法運作：個人將面對如此多的選擇，而使任何決定都近乎不可能。如此一來，基本上，個人就不會有朝向任何一個行動的特殊傾向了（全都十分強調）。

「等到」伊甸園故事被寫成你們聖經故事的時候，整個畫面已經被看作是善與惡的觀念，這實際上是在人類發展很久以後才出現的。人類心靈的內在轉世結構，在人肉體的存活上是非常重要的，因而，他們能夢見前世而記起——比如說，如何走路與說話。他們生而有如何思想的知識，生而有語言的癖好，被他們隨後忘掉的記憶所導引。

在時間架構裡，每個人的私人目的也出現在較大的歷史舞台上。因此，每個人形成自己文明的墮落——而在一個既定時期裡，所有個人都有私人及整體的目的、設定的挑戰，以及試圖在歷史舞台上演出的可能行動。

（在九點三十七分停頓良久。）請等我們一會兒……

（停頓良久。）口述結束，你有問題嗎？

（我的腦子彷彿一片空白，我試著思考了幾分鐘，然後搖搖頭。）

那麼，我就祝你晚安。給你倆我最衷心的祝福。

（「謝謝你，賽斯晚安。」）

（九點三十九分，珍說：「在課前我知道賽斯談到伊甸園、選擇及轉世，我感受到這一大團資料，而再次，我覺得他是令人震驚的，他又再一次的有所突破。我已經盡力跟上了，你懂我的意思嗎？」

（在我來得及回答前，珍看向時鐘，說：「天啊，那真短哪！」課上了四十五分鐘，「我覺得我已經走開五個世紀之久，幾乎可以去到月球了。我想我得了心理時差症。」她說——一個很棒的形容。「怪得很，有時當你回來時無法相信時間過得這麼短，但你卻無法以任何其他方式得到那資料，不管怎麼樣，我覺得那資料很好。」）

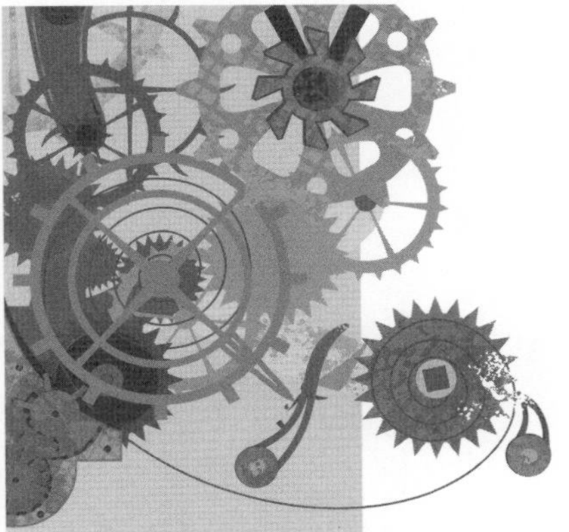

Chapter

06

基因遺產及轉世偏好

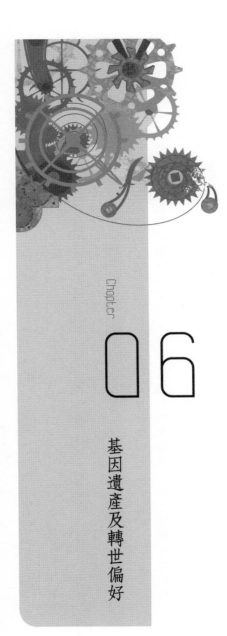

第九〇五節　一九八〇年三月三日　星期一　晚上九點二十七分

（上週六傍晚珍和我在坡屋與一群以前上過珍ESP課的人碰面，其中一位舊學員住在城外，患了嚴重的感冒——現在我想這是許多年來的第一次，我們兩個可能也感冒了，或諸如此類！

（這節短短的課**幾乎**是書的口述。我把它放在這兒，因為它顯出在我們一天生活裡的一件事——一個電視節目——如何影響了珍傳述的一節賽斯資料。而理所當然的，還涉及其他因素，我在這節的末尾會提到其中之一。

（珍在晚餐後非常的放鬆。當我走到客廳去等上課時，我發現她在看教育電視台上那種迷人、好幾個主題的科學節目：形形色色的專家們在討論像分娩與聲音、克里安攝影〔kirlian photography。譯註：即克里安發明能照出人或生物之「氣」或「靈光」的技術〕、天文及粒子物理等等。當那節目在九點結束之後，我用自己有限的知識為珍解釋粒子加速器——「原子撞擊器」——是如何運作的。她部分了解了我告訴她的，我建議她很快看看我最近所歸檔談這題目的文章，但她不想看。

（她說：「我想我不該看那節目的，它把別的東西趕出了我的腦海，我不覺得賽斯在附近。」還有：「我不知道我是否能上一課。」我叫她回到她的放鬆狀態。她終於在九點十九分說：「我有點覺得他來了。」

（我開玩笑說：「也許他才從最近的銀河系回來呢！」

（珍回答說：「不是的，只不過在那節目前我覺得他有許多複雜的資料要給，而之後我就收不到了。」我們繼續等待。在九點二十三分：「現在，我知道他有了個新章節的標題了……我希望他傳來一些東西。我覺得非常奇怪，事實上我覺得我是在出神狀態。」然後，珍帶著無心的幽默說：「但卻非對的那個……」結果顯示她從沒有過像這樣的一節。）

晚安。

（「賽斯晚安。」）

好。（停頓，安靜地：）我們一直在試著形成某種神經性的橋梁，以便傳遞一些對我們的書特別重要的資料。這就是令魯柏不知所措的原因。

他的確收到了我們下一章（六）的標題：〈基因遺產及轉世偏好〉。而我試著在不同層面上給他這另外的資料，然後，待會兒它真會被轉譯成適當的英文句子。

我們也在與可能性打交道，而那資訊與你最終接受為具體經驗的那些資料有關：你為什麼接受它、它來自何處，以及你沒有經驗到的那些事件「跑到」哪兒去了。所有這些都關聯到任何個人從屬於整個族類生物的庫存，以及從內在轉世庫存收到的基因信息❶。我們將確保魯柏會收到他在必要層面所需的資料，以使那資料可被口語化。所有這些也都與那些區域密切相連，在其中，自由意志可以被自由利用，以將可能的事件變成被具體感知的事件。

我現在過來只不過要給你這個解釋。魯柏在他自己的層面也在經過頗為加速的療癒過程——你可以說是在微觀的層面。

再說一點我就結束此節了：有天晚上當你睡著時他看見你的表情，他的詮釋是頗為正確的，而他醒過來看到你的表情也並非巧合。你深深沉浸在自己整體的療癒過程裡。在其中你自己的某些了解被傳達到身體各種器官，以致你的身體進入了一個遠為良好的整體關係。那個關係也是你眼睛進步的原由之一，而魯柏在你根本還未覺察之前就能感知你在內的不同。

魯柏的迷惑一部分也是他自己身體內療癒過程的結果，並且再次的，在親密的微觀層面改變了關係，因而向上透露形形色色物質的形成而發出它們全新「療癒的震顫」，所以，告訴魯柏去享受它吧！

此節結束。

（「謝謝你，賽斯晚安。」）

（九點四十二分。賽斯所提到我在睡時面容的改變，觸及了一個珍和我好幾次都想問他的問題，珍今天又提了一次。我眼睛的進步已由我們的驗光師約翰在二月十八日證實了〔見第九〇一節註❶〕。在那之前的某一晚珍醒了過來，打開她的桌燈，坐在床上吸菸，如她有時那樣做的。她注意到我睡著時的表情，「幾乎是一種幸福的表情，雖然我不喜歡那個字，而且那也不是個恰當的字。」她第二天早上告訴我，「但我以前也見過你的睡容，而我知道那不同。」）

（在今晚的課後她笑著說：「幾乎像是你在重生。當有天晚上巴伯夫婦帶著他們的嬰兒來訪時，我在那嬰兒臉上看到差不多同樣的表情——只不過你的像是它的成人版本——你知道我的意思嗎？」）

（今晚我只能回答——如我在那時一樣——我很高興她看到了，但我並未有意識覺察任何身體上的改變。我倆都沒將我隨後眼睛的進步與她的洞見聯想在一起，雖然我們也許早該想到。但這種聯想在事後了解要比事先預見容易多了。）

（我現在提醒珍說，今晚在晚餐時約翰曾敲我們的後門。她驚奇的叫了起來：

在意識上她已忘了那件事，因為，當我在後廊跟他短短談了幾句時，她並沒看見約翰。約翰在回家路上順道送來我的舊鏡片，因為四天前，當我將偏愛的老鏡框換上度數較淺的新鏡片時，他忘了給我。我告訴珍，由於今晚課的主題，我覺得不管約翰有沒有來，賽斯都會提到我眼睛的現象。然而，我又說，因為賽斯資料的性質，我一定會認為在那簡單的解釋之下必然有「更深的」關聯——在其中，電視節目、珍對它的反應、約翰的出現及今晚的課全都有關聯。珍同意了。）

註釋

❶基因是在每個細胞核裡順著線狀染色體排列的基本單位，它們可以將遺傳特徵傳給動物及植物的後代。基因主要是由蛋白質及DNA或去氧核醣核酸的雙股螺旋所組成的。每個基因位於染色體上的特定位置，好比說，人類在每個細胞裡有四十六個染色體，及大約十萬個基因，而基因提供藍圖給五萬種左右的蛋白質之合成。我敢說，當科學家深入探索基因的複雜性時，我們對自然廣大組織的好奇將會繼續增長。而在所有這些裡涉及自由意志的哲學問題又怎麼說呢？如果一切都被我們的基因遺產設定了，那我們到底還有多少真的自由呢？（這是除了在哲學、心理學及宗教裡對於自由意志

不存在的爭論之外，另一個相關的問題。更有進者，現在我們對於遺傳來的基因之平等或不平等性質，也有許多更新的問題！）

就彼而言，對於我們假定的轉世遺產也可以問同樣的問題：究竟那個觀念留給我們多少的自由意志呢？我們是否注定要跟著未知和未實現的非物質轉世事件、傾向及目標，就如我們要跟著物質的、基因的那些呢——那是說，這兩者是否在一起運作呢？那兩種天賦到底有多不可變，而如果我們選擇的話，任一個的哪些部分是我們可以關掉的呢？解剖一個基因到甚至原子的成分，究竟能否獲得轉世的線索呢？在《個人與群體事件的本質》裡賽斯告訴我們：「意識形成基因，而非其反面，而將出生的嬰兒是個媒介體，意識透過它把新資料加進染色體的結構。」見第四章一九七八年三月十三日的第八二七節。

第九〇六節 一九八〇年三月六日 星期四 晚上八點五十二分

（珍和我得了重感冒，顯然是被上週末晚上我們的訪客之一傳染的。昨晚因為我們覺得很嚴重，所以就沒上正規課。實話實說，我們已記不得上次感冒是什麼時候了。

（今天下午珍說她從賽斯那兒得知，我們得病是因為想要使用我們身體的免疫系統；換言之，那些結構需要鍛鍊。今晨，我有一個模糊的相似念頭，而它令我想起我星期六晚上的感覺——我們的朋友在那團體中不斷打噴嚏，事實上是個拖長了的攻擊行為。

（「我一直在收到一些迷人的東西，」珍在洗碗時說，「它來來去去的。今晚如果我的聲音可以支持的話，我要試著上一課。此外，整晚坐著看電視也令我覺得無聊，看兩個晚上也就夠了……」

（今晚的課並非書的口述，但我放在這兒的大部分都對我們的社會行為與健康傳達了有用的洞見，而如我在註❶裡顯示的，那些狀態也能包括我們與動物的互動。

（當珍開始上課時，她的聲音有點啞，而且很輕，但很仔細地聽時，我能聽得清楚。）

好。

（「賽斯晚安。」）

主題：病毒是身體整體保健系統的一部分，而且是生物性的聲明。

如我以前說過的，病毒有許多用處[1]。身體含有各種各類的病毒，包括那些被認為是致命的，但那些通常不僅是無害或不活動的，而且還對身體的整體平衡有益。

身體維持其活力，不僅透過你感知的身體動作和靈巧，而且也透過你並不感知到的極微細靈巧以及在微秒之內的行動。在身體內部環境裡，以及當身體與外在環境相遇時，都有同樣的動作、刺激及反應。身體必須不時「清洗它的系統」，清點它的庫存，升高它的溫度，更強烈啟動它賀爾蒙的活動。以這種方式，它保持免疫系統的清晰。那系統永遠在運作。到某個程度，那是身體分辨自己與非自己的一個方法。

（九點一分。）以某種方式，那系統也使得身體免於浪費精力，以保持生物上的整體性。不然的話，就會像是你不知道自己的房子該從哪兒開始或結束，因而試圖讓整個鄰里都夠暖和。所以，有些「被病毒引起的」不適，被身體接納為受歡迎的扳機，以發動來清理那系統，而這適用於你們現在的不適。

不過，永遠還涉及了更多的事。因為被你們認作可傳染的那些病毒，的確多少代表了在生物層面上的一個溝通，它們是生物性的聲明，真正是在生物上達成的社會性溝通。而它們有許多種。

（聲音仍很輕，速度卻不慢：）當一個臭鼬被嚇著時，牠放出一股很臭的氣；而當人們被嚇著時，有時也會以多少相同的方式反應，生物性地對環境裡具威脅性的刺激反應。他們放出一大股「臭」病毒——那是說，他們事實上從自己的身體內收集並且動員那些有潛在傷害性的病毒，生物性地觸發或啟動它們，而在自我保護下把它們放到環境裡去，以擊退敵人（有力的）。

以一種方式而言，這是一種生物性的侵略。不過，病毒也代表了當事者正在擺脫的壓力；那是一種聲明。在戰爭或不得了的社會動亂裡，當人們覺得害怕時，那聲明常常以一種很強烈的方式被說出。

現在，你們的朋友曾經去看奧林匹克運動會（上個月在紐約的寧靜湖），而他被他在看那運動全景時感受到的偉大身體活力所充電。(因為那個以及其他的個人理由)他無法宣洩他感受到的強烈能量，所以為了擺脫它、保護自己，他拋擲出威脅性的生物姿勢：那些病毒。

(一笑：)你們的身體有好一陣子沒收到這種東西了，所以它們興致勃勃的用這種東西做扳機，來重新激發免疫系統。

許多人看過奧林匹克後也有像你們朋友的這種反應，因為他們不知道如何利用及釋放自己的精力——就好像與這種成就相比時自覺很不如。

(在九點十七分停頓。)在身體之間有各種各類未被注意到的生物反應，而它們基本上是社會性的，是在與生物上的溝通打交道的。再次的，以一種說法，病毒是處理或控制環境的一種方法。這些是自然的相互作用。既然你們是住在一個世界裡，在那兒，整體而言，人們是夠健康而能透過勞力、精力及概念而有所貢獻，所以健康是主宰性的成分——但在所有肉體之間有生物上的相互作用，那是那健康的基礎，而這機制包括了並未被了解的病毒的相互作用，以及甚至生病的期間。

所有這些都關係到人的意圖及他的了解。不過，當然，那同樣關係不僅存在於人類身體之間，也存在於人和環境裡的動物及植物之間，並且就整體而言，那也是產生了物質經驗活力之無窮盡生物溝通的一部分。

給魯柏一個關於維他命的提示：服用二或三週是最有效的，那樣它們就能有刺激並且提醒身體的作用。然後停用二或三週，因而身體能隨之靠自己生產些已提醒了它你想要的元素。維他命的任何長期服用整體而言對你並無益處，因為你太輕易給了身體它需要的東西，因而身體靠自己產生這種東西的能力就變遲緩了。你懂了嗎？

（「懂了。」）

（九點二十七分。）等一會兒……某些「疾病」有避免其他疾病的作用，而身體本身是它自己絕佳的調節者。

顯然，當你信任那些能力時，它們運作得最好。可以說，身體的系統知道什麼疾病正在醞釀，而常會事先建立對抗的方法，把你體驗為某種疾病的東西給你——實際上卻是阻止另一種病況的聲明。

在都市裡有很大的交通流量，而身體在一瞬間知道如何跳開一輛駛近的車子。在身體內部環境有大得多的交通流量。在你無法想像的短時間內得做一些決定——一些幾乎在還沒開始前就已結束的反應；當身體對其內在實相反應，並且對從外在環境來的所有刺激反應時，那些反應快到你無法感知它們。身體是一個開放的系統。雖然在你看來身體彷彿如此堅實，但在它和世界之間有經常的化學反應、電磁調整、平衡改變及關係變化——在身體及每個其他實質事件，從行星及日月的位置，到最小砂粒的位置，到在任何一人腸子裡最小的微生物，它們之間關係所發生的改變（熱切的）。

所有這些調整都是未在你有意識的注意下做的，然而，卻與你整體的目的及意圖相符。

此節結束。

（「謝謝你，那真是太好了，晚安。」）

我給你倆最衷心的祝福。

（九點三十五分。「天啊！我不知道我能不能做到，」珍說，「但我覺得所有東西都在好大的團裡，而我非把它弄出來不可。當我那樣做時，覺得很高興，而當我不需要那樣做時，也很高興。」所以我再一次眼見它發生：當珍事先覺得很糟時，她仍很成功的上了一課。雖然她的聲音仍然沙啞，但當課進行時她的傳述卻增加了活力與強度。就像是她從賽斯那兒得到一股能量似的——然而，一旦上完了課她就宣布想上床休息了。）

註釋

❶賽斯最先在一九六四年一月二十六日的第十七節裡提到病毒，那時我請他評論一下我們的狗米夏，及珍從她兼差的藝廊門房那兒得來一對小貓不久前的死亡。當時我四十四歲，珍三十四歲，而以通俗的說法，我們都仍在奮鬥中——不只在學習關於我們及世界，並且也在那世界裡尋找我們的創造方式。賽斯對我問題的答覆不僅令我們有些驚訝並且悲傷，而且還打開了一些洞見：

「剛剛在那些動物死亡之前，那環繞著你們個性的特殊氣氛是破壞性的、短路的，而且充滿了內在的慌亂。我並不想傷你們的感情，但我很遺憾的說，那是在你們層面上的一個自然現象。事實是，那些動物是受到了你們的情緒感染，而按照牠們較微小的能力替自己轉譯了那情緒。

「當然，病毒及感染是有的，它們永遠在場，它們本身是片段體，沒有傷害意圖且奮鬥中的小片段體。信不信由你，對所有這種病毒及感染，你們都有一般的免疫性。理想的說，你們能無懼地和它們居住在同一個層面上。只有當你給予無言的同意時，這些片段體才能在你身上造成傷害。到某個程度，像家庭寵物這種微小的依賴生命，是依賴你們的心靈力量的。沒錯，牠們有自己的，但無形中你們加強了牠們的精力與健康。

「當你們自己個性多少是平衡的時候，在照顧這些生物上根本就沒問題，並且實際上還以你們創造及同情力量的餘渣去加強牠們的存在。在有心理壓力或危機的時候，你十分不自覺地保留而不給予這強烈的強化。

「在貓的死亡裡，兩隻貓都遺傳了那殺死了牠們的怪病，那是由一種病毒引起的。在第一隻貓的情形裡，你們還能加強牠的力量並且維持牠的健康一陣子，隨後，你們自己需要那份能量了。因此，第二隻貓幾乎沒享受到這種強化，而很快就完蛋了。

「那狗的病是與生俱來的，但無論如何，你們也沒法維持牠的健康許多年。當然，我想澄清的是，動物無疑的確有精力維持自己的健康，但一般而言，這會被動物在情緒上依附人之活力強烈地加強。事實是，當你們的狗需要那額外的情感活力時，你們沒辦法給牠。你們並不需要自責，那是你們無能為力的。

「像人一樣，動物感覺到牠們什麼時候是個累贅，而那隻狗感受到牠是個累贅，而也是個令人討厭的東西。我情願你沒問我這個問題，但既然你問了，且既然你倆都愛那隻狗，這問題就值得回答。」

米夏是一隻混種的謝德蘭牧羊犬，是我們養的最後一隻狗。牠的確是我們的良伴，即使現在，當我在十六年後寫到牠時，仍感覺得到對牠的強烈情感。

第九〇七節 一九八〇年四月十四日 星期一 晚上八點四十七分

（我們很難相信在珍上一回的定期課，三月六日的第九〇六節之後，已過了五週半了。這期間她只在四月九日上了一節私人課。

（賽斯在九〇六節裡討論過病毒和許多疾病的社會面面觀，給了珍很多啟發，她今天寫了好幾頁附加文章，那些資料同時來自賽斯和「她自己」，我將它加在那一節的註裡。那麼有趣的資訊，在《夢、進化與價值完成》裡竟然沒能多談談它，真令人沮喪。說不定賽斯會在別本書裡詳細闡述。在組織賽斯書時，我大半的決定是關於要把什麼放在一邊，而不是要把什麼包括進去。關於四月九日的課我也有同樣受限的感覺，在其中賽斯談到藝術的創造：不只是由「自然的人」，而且也是由其他地球上的生物——對了，還有花兒❶。

（雖然珍一直在享受許多段時間的放鬆，但也有因全身僵硬及行走困難（她的「症狀」）而起的陣陣憂鬱。她感冒的症狀比我還嚴重許多，但她終究擺脫了感冒的最後階段，而感覺到一股想上課的精力。她自己的寫作也一直進行得相當好。她預期明天要結束《珍的神》第十二章。由於她將精力集中在那本書上，所以自二月以來，她的詩集《如果我們再活一次》並沒有太多進展；另外，如我在《夢、進化與價值完成》的序裡所提，在一九七九年五月，她開始寫《珍的神》，就把她的第三本超靈七號小說《時間預言》晾到一邊去了。至於我自己，已經進行到《個人與群體事件的本質》第八六〇節〔時間是一九七九年六月十三日〕，它連結了第八和第九章。

（今天珍重讀了本書的最近幾節；她想在今晚恢復寫書的工作，而一整天都從賽斯那兒收到東西。她偶爾告訴我點滴的資料，但我並沒記住。〔午餐時我唸了一篇鳥類遷徙的文章給她聽，後來她把賽斯對那篇文章所做的評論傳過來給我，可是那些我也弄丟了。〕）

（珍在八點二十分就叫我上課，那時我正在忙《個人與群體事件的本質》。她說：「關於回到書上，我仍覺得緊張……」）

（她說了給第六章的第一句話時，我立刻就想起她今天下午正確的說給我聽過，說那是賽斯會開始這一節的方式。

（耳語：）晚安。

（「賽斯晚安。」）

口述。

（幽默的：「好吔！」）

（緩慢的：：）第六章。現在：任何對基因遺傳的真正討論，必然會引起涉及自由意志與決定論❷的問題，而到某個程度，那些議題必然也會導致關乎推理心本身性質的問題。

如你們所熟悉的推理是在時空脈絡內，並且是以一種特定方式作用的精神或心靈過程的結果。那麼，到某個程度，推理——再次的，如你們所熟悉的推理——是缺乏可得知識的結果。因為答案不在你面前，你才試著去「推理出來」。如果答案在的話，你就會「知道」，因而就不用質疑了。

推理心是一個人類與物質的獨特現象。（停頓良久。）它依賴著有意識的思考及解決問題的方法，而它是個自然的人類進展，且是在其自己活動架構裡令人嘖嘖稱奇的精神發展。

你們的科技是那推理心的結果之一；不過，因為缺乏一個更大、切身的知識領域，「推理」才必要。思想是精神活動，按照時空尺度來規範的，所以思想像是只按照某種尺度建造的精神構造。你們的思想使你們成為人。

（在八點五十九分仍舊緩慢的：）可是，其他生物有牠們自己那種的精神活動，也有對實相不同種的切身感知。不過，所有族類都是被牠們在情緒狀態裡的參與聯合起來的。不只是所有生物族類都有情感，而且全都參與了情感實相的次元。當然，人們認為只有人有道德感，只有人有自由意志——如果自由意志真的可能。「道德」這個字有無窮盡的暗示，然而，動物們有牠們自己的「道德」、自己的社交禮法、自己與其他生物無懈可擊的平衡感。（停頓。）牠們有充滿愛意的情感關係、複雜的社會❸，而且至少以某種說法——一個重要說法——牠們也有藝術與科學。但那些「藝術與科學」並不是建立在你們所了解的推理上。

動物也擁有獨立的意志，雖然我在此是強調動物，然而，這同樣也適用於任何大或小的生物：昆蟲、鳥、魚或毛蟲；也適用於植物生命；適用於細胞、原子或電子，它們擁有與其存在條件相符的自由意志。

存在的條件大半由基因結構決定。那麼，自由意志的作用當然必須符合基因的完整性。基因結構使得實質有機體成為可能，而透過有機體，生命才能被體驗；到一個很大的程度，那結構必須決定在世界裡可能的那種行動，以及意志能夠被有效表達的方式。

海狸沒有去結蜘蛛網的自由。（停頓良久。）在人類裡，基因結構大半決定了像身高、眼睛顏色、髮色、膚色這種身體特徵——而當然，更重要的是決定了手指及腳趾數目，以及其他你們族類的特定身體屬性。所以，身體上來說，並且只談他身體上的屬性，一個人無法用自由意志去像一隻鳥那樣的飛，或去做人體沒有配備去做的身體行為。

可是，在許多方面，身體是配備好去做得比你所相信的更好——但事實仍然是，基因結構限制了意志。基因結構及染色體訊息，事實上包含了遠比你能用到的更多信息，舉例來說，那基因資訊能以無數種方式組合起來。（停頓良久。）族類在任何可能的境況之下都照顧自己，所以，基因信息也攜帶了無數的扳機，而如果必要，那扳機會改變基因的組合。

可是，除此之外，基因訊息還以這樣一種方式印在密碼上，以致在那些訊息與任何一人的目前經驗之間，有經常的相互遷就。那是說，沒有一個基因事件是不可避免的。

現在，除了這身體的基因結構外，還有一個心靈資訊的內在庫存，以你們的說法，它會包含那個人「過去的」歷史——轉世的歷史。這提供了一個心靈特徵、傾向、能力及知識的整體庫存，那是這個人遺產的一部分，就如基因結構是身體遺產的一部分一樣。

舉例來說，因為那轉世的結構，所以一個極聰明的人可能會生自一個白癡家庭。音樂才能可能就此完整的出現——

（九點二十七分，我們被突然響起的電話鈴聲嚇了一跳。）

休息一下。

（一個以前參加珍ESP班的好朋友打了我們沒登錄在電話簿上的號碼，問一些有關神通的問題。當然，珍被震出了出神狀態，當我掛上之後，我們奇怪為什麼這麼清楚知道我們常規的朋友，沒有想到我們可能在週一晚上的這個時候上課。

（然而，在九點三十分珍恢復上課，就好像未曾有過任何中斷一樣。）

因此，音樂能力可能以偉大的技術圓熟出現，而不受限於基因上的家庭背景。再次的，轉世的特性庫存正是這類事件得以發生的原因。那內在的轉世心靈結構，也觸發某些基因訊息而忽略掉其他的，或觸發了基因信息的某些組合。當然，實際上——說我笑了——所有時間都是同時的，因而，所有轉世的人生都同時發生。（停頓。）也許比喻會有所幫助，一個演員將自己投入一個角色裡，甚至暫時忘卻自己，但在一個比那戲劇更大的脈絡裡，卻仍以他自己的樣子活著並且運作。戲中角色在演出時彷彿是（創造性地）活生生的，他的感知為那架構所侷限；然而，要演那個角色，演員卻汲取他自己人生的經驗。他將自己的了解、同情心及演技集中在上面。而如果他是個好演員，那麼，當戲演完時，因為演了那個角色，他變成了一個更好的人。

現在，在轉世存在的較大架構裡，你選擇你的角色或人生，但你說的話及你遇到的情況，卻並非預先決定的。縱使當你在過你的人生時，「你」也活在一個較大的活動架構內，而在時間裡的你與時間外的你之間，有一個難以想像的互動。

（停頓良久。）在時間內的你採取了一個推理心，它是你為人生戲劇目的而採用一種具創意的心理面孔。在我們比喻裡的這心理面孔，有某些正式、儀式性的特色，所以，在思想與心理上，你傾向於只看到在那戲之正式結構裡可得到的資料。舉例來說，你無法看進未來或過去。

你依據推理定出你的位置，不然的話，在一個物質架構裡，你的自由意志將會沒有意義。因為可做選擇的數目是如此龐大，以致你無法在時間內下決心去行動：這麼多創造的機會，唾手可得的更大知識，你會被這麼多刺激所淹沒，以致的確無法有具體的反應。而你們現今特定的那種文明、科學及藝術就不可能達成——且不論其瑕疵，它們仍是推理心的偉大成就及獨特產品。

沒有推理心的話，畫家就沒有作畫的需要了。因為他精神視象的直接性，會是如此即刻且令人目眩，如此在精神上圓滿具足，以致不需要去試著實際畫出它來。所以，我無意貶低如你們所了解的推理心之品質或卓越。

可是，你們利用推理心時已變得如此專門化，如此偏愛它，以致傾向於用推理心作為唯一的尺度，來評判知性生活及檢查所有其他類的意識。你們大半到處都被其他類的意識所圍繞，大半忽略了它們的確實性，也無視於它們在心靈上與你們的手足關係——尤其是那在動物王國裡的意識，它們處理另一種形式的「知曉」，卻與你們分享深刻的情感經驗實相，並且天生就能覺察生物與心靈的價值，卻是以你們有偏見的檢查所無法得知的方式。

到某程度，那情感實相在做夢時於其他層面也被表達了——就如同你們自己的實相——在其中，動物和人一樣，都參與了一個龐大的合作性冒險，那有助於形成你們生命首先必須存在其中的心理氛圍。

口述結束。除非你有問題要問，否則此節也結束。魯柏現在可以輕鬆了（帶著幽默）。

（「好的，我沒有問題，這資料很棒。」

（十點一分。「天，我在口述的時候，我想有些東西很棒，但是我現在記不起來是什麼了。」賽斯一離開，珍就說，「不過我覺得好點了……我想我遇到各式各樣的好人之多和時間完全不成比例。」課一結束，比利和咪子就跑出來玩了。）

註釋

❶以下是四月九日的課之摘錄（附帶一句，我們並沒要求這課），賽斯討論了珍和我作為藝術家的個人功能，以及在我們選擇的可能實相裡，藝術的一般性作用。一如往常，賽斯加上了他自己更深廣的洞見：

「不論什麼程度的所有生物，都有它們自己對美學的欣賞。許多這種生物將它們的藝術如此完美地融入生活裡，以致幾乎無法將兩者分開；舉例來說，蜘蛛的網或海狸的壩——還有數不盡的其他例子。這根本不是『盲目的本能行為』，卻是秩序井然的自發技藝之結果。

「藝術並非只有人類才能從事的特定之事，雖然人喜歡如此相信。首先，藝術是一個自然的特性。我試著橫跨你們的定義——舉例來說，花朵以某種方式視它們為自己的藝術創造，它們對自己的色彩有一種美學上的欣賞——當然，與你們對色彩的感知不同。但在最基本的藝術說法上，自然尋求超越它自己，縱使那些說法可能也包括了十分實用的目的。那麼，自然的人是一個自然的藝術家。以一種方式，繪畫是人去創造的自然企圖，以對自己實相做出原創卻有條理、精神卻實質的詮釋——而更進一步地為人類創造實相的新版本。」

大聲的對我說：「你仍在學習，你的作品仍在發展中。若非如此，那你不是很不幸嗎？任何真正的藝術家對已完成的作品永遠有一種藝術上的不滿，因為他永遠覺察到在他感受理想及其顯現之間的張力及拉扯。以某種說法，藝術家是在對一個感受到卻永未清楚表明的問題或挑戰尋找創造性的解決，而那是一個事實上永無休止的冒險。以一般的說法，這必須是個沒有清楚表明目的地的冒險。以最基本的說法，藝術家無法說他要到哪兒去，因為如果他事先知道的話，他就不在創造而在複製。

「真正的藝術家是投注於他自己和宇宙的一個內在工作裡——一個他做的選擇，而藝術家真的常常背棄了被認可的認知途徑。而更有進者，明白了那點之後，他常常不知如何估計自己的進境，既然他的旅程沒有可被認知的創造性目的地。就其本質而言，藝術基本上是要將不論哪種藝術家置於宇宙和諧之境，因為藝術家汲取的創造能量，乃是生育由之浮出的同樣能量。」

❷自由意志是說個人不受逼迫，而有自由去選擇與他特定道德及理想一致的一些行為之哲學立論。決

定論則是相反的理論，說每件事，甚至個人的行徑，也是被一個人意志之外的條件所決定的。世代以來，哲學與宗教思想家曾創造好些涉及自由意志與決定論的各種複雜概念，所以，這兩種理論都不像表面看來的那麼簡單。舉例來說，人很久以前就把自由意志觀念與他能否故意選擇「惡」的問題連在一起，現今仍是如此。在上帝的全知全能面前，人是否有自由？人仍然在與這個問題奮鬥，不知道那些特質是否引起事件或能不能引起事件，以及事件是否涉及了命定。與決定論相反的，是人一直在為其個人責任感奮鬥的概念——相反於全然被他的傳承所控制，他能根據自己歷史的複雜模式，來形成思想與行為的新合成。

很奇怪的，對珍和我而言，決定論作為一個觀念總像是少了什麼似的——因為如果真是如此，那麼顯然人類設定了決定論在其內運作的那些界限，而我視此為與個人全然被其歷史及自然擺佈的說法相矛盾。如果世代以來我們創造了歷史與自然，然後又反抗它，為何如此呢？換言之，在共同及個人的尺度上，雖然它們可能很廣大，但我們的確創造了共同與個人的實相。

我想要補充的是，即使就宗教決定論的概念而言——比如，說人無法知道上帝的意志，或人是相當依順神聖的恩典——以那種說法，我們仍在創造對上帝本質的有意識概念。所以，再次的，我們有一個運作於官能與智力界限的決定論：那是另一個架構，我們在其內不斷試圖了解「生命的意義」。

即使現代心理學和醫學對心智和大腦的知識已為自由意志加添了更複雜的信條，但自由意志仍然倖存，而且依然成長。就在我寫這個註的時候，我感覺到一股強大的連結，聯繫著自由意志、決定論，以及可能實相——在我們世界上各個社群中，那廣大未被表達與尚未被探索的連結。

❸見《夢、進化與價值完成》的序。緊接在一九七九年九月十三日私人課後的註裡，我節錄了一些賽斯於《個人與群體事件的本質》第五章談論動物文化與文明極具啟發性的資料。

第九〇八節　一九八〇年四月十六日　星期三　晚上八點四十九分

（今天早上我給珍看我正在畫的油畫人像，那是隨著賽斯在四月九日私人課裡為我講了談藝術的資料之後，我在一週前開始畫的我那想像的男性頭像之一。我跟珍解釋說，雖然它還未完成，但那畫像包含了我已經知道會在下一幅裡更進一步發展的改進。一旦我開始以某種模式畫幅畫，它就變成多少固定在那個表現裡了。如果一個人要完成那實質的畫，這是不可避免的。那些感受到的、額外的改進，必須等待下一個努力：那麼，在現在與未來之間的一個創造性張力就被建立了——我常常感覺到的、一種想跳到下一步的不耐，縱使我仍在繪目前的這幅。我請賽斯今晚評論這幅畫，如果他肯的話。

（在這一節之前，珍突如其來的說她感覺到「從賽斯那邊傳來了一大堆東西到處攪來攪去」。雖然星期一才上過《夢、進化與價值完成》的課，但她還是覺得很緊張，畢竟在那之前，已經整整超過一個月沒有回到這本書上頭了——不過她已經準備好要開始了。

（耳語：）晚安。

（「賽斯晚安。」）

現在：如先前提及的，推理心代表了人類在時空脈絡裡的思維活動。再次的，推理心涉及了嘗試錯誤的方式。它設定了假設（停頓），而其存在本身是依賴著可得知識的不足——那是它尋求去發現的知識。

在做夢狀態，推理心的特性改變了，而由一個清醒的觀點來看，它的活動可能看似扭曲了。實際發生的卻是，在做夢狀態裡，你被提供了某種直接的知識，而那常常顯得超出了普通說法的脈絡。那直接知識並不是按照你心智推理部分所了解的架構組織起來的，因而，在夢裡你多少遭遇到大量無法分類的資訊。

那資訊也許不會符合你們可被認知的時間或空間。事實上，有許多重要的議題與做夢狀態相連，那可能涉及某類的基因啟動：物種這方面的資訊處理，文明化元素的嵌入或再嵌入——所有這些也與做夢的轉世層面相連。

我以前沒觸及過某些這種主題，因為我想在人類起源，及人作為一個族類在歷史上出現的較大脈絡裡呈現它。我也想提出某些要點，當夢侵入並且形成文化的環境時，強調夢的重要性。夢有時也有助於顯出一個或一組個人所採取的有利途徑，因此，有助於澄清自由意志可被最有利導向之方向。所以，我希望涵蓋所有這些題目。

（停頓良久。）首先，讓我們暫時回到推理心及其用處和特徵這題目上。就推理心而言，它彷彿必須在自己之外尋找資訊，因為它是與身體感官一同運作的，而那些感官只給了它有關在任何既定時候環境的有限資料。今天的肉眼無法看到明天早上到來的黎明，今天的腿無法走過明天的街道，所以，如果心智想知道明天會發生什麼，或在肉體感官領域之外現在正發生什麼，那麼，它必須試著藉推理去從它可得的資訊演繹。它必須依賴觀察，然後隨之做出推論。以一種方式，它必須先劃分，然後再得到結論。對於那從實質上可得的部分所無法感知的整體，它必須試著推斷其性質。

（九點十分。）孩子們從數手指來開始計數。後來，不用手指了，但計數的概念保留了下來。有史以來，一直有人在思維裡顯出極可驚的數學偉蹟，而幾乎是在片刻之間達成的。有些人若活在你們的世紀裡，會將電腦比了下去（就好像現在有些人的確將電腦比下去了）。在顯出這種成就的大多數例子裡，它們是發生在根本太年輕而不可能學過科學化數學程式的孩子身上；常常這種偉蹟是為那些在其他方面被列為白癡的人所呈現的，他們沒有能力做知性上的推理。

的確，當涉及到一個小孩的時候，他越深入去用推理心，數學能力的發展就越差了。其他被歸為智能不足的兒童（或成人），能夠說出任何過去或現在的日子會落在一週的哪一天，而其他人在從事林林總總的重任時，能夠保有從任何既定的時間算起所發生之事的精確記憶。再次的，有些孩子有極高的音樂造詣及熟練的音樂技巧——在得到任何一種進一步的教育協助之前，就有所有這些成就。

且說，這些兒童有的繼續下去，變成了偉大的音樂家，同時，其他的則在半路失去了他們的能力。所以，在這種例子裡，我們在和什麼打交道呢？我們在與直接認知打交道。我們在與心靈的自然感知打交道，至少當我們在以人類的說法來說時。我們在與自然的直接認知打交道，如它存在於人經驗到推理心之前及之後的樣子。

這些能力有的在那些被歸類為智能不足的人身上顯現出來，只因為推理心的力量都沒被啟動。在這種情況的兒童，推理心於各層面都還沒充分發展，所以，在一個特定領域，直接認知以其燦爛的能力閃現出來。

直接認知是一種內在感官，以物質的說法，可以稱之為遙感（remote sensing）。你的肉體及你物質的存在，是建立在某種直接認知上，而它即推理心本身作用的由來。科學家喜歡說動物透過簡單的本能行為運作，沒有意志力：蜘蛛織網、海狸築壩、鳥做窩，都不算是成就，因為按照這種推理，這種生物不能不這樣做。蜘蛛必須織網，如果牠選擇不織，就無法存活。但以那同樣的推理——當然，我不附從它——你應該也補上，人在他的智力上也沒有功勞可言，因為人必須思考，而他不得不這麼做。

有些悲觀的科學家會說：「當然，因為人跟動物同樣都被他們的本能所驅使，而人之聲稱他有自由意志只不過是個幻相。」

（九點三十三分。）可是，人的推理心連帶其邏輯與演繹，以及觀察的迷人能力，是以（停頓）直接感知為基礎——一個推動他的思想，使得思考本身成為可能的直接感知。他思考，因為藉由思考他才能知道如何思考，縱使思考的真正過程對推理心而言是個謎。❶

（停頓良久。）在夢裡，推理心放鬆了它對感知的控制。從你們的觀點來看，那時你幾乎面對了太多的資訊。當推理心在快醒來而重組其能力時，它試圖捉住它能捉住的，但其推理之網根本無法保有那麼多資訊。反之，資訊卻在心靈的其他層面被處理了。夢也涉及了一種心理上的視角，那是沒有具體對等物的——所以，這種問題是最難討論的。

就物質的存在而言，以及就非常依靠清晰可見的行動感知自由意志之利用而言，推理心是極為必要、有效及合適的。可是，在較大的存在架構裡，推理心只不過是組織資訊的無數方法之一，如果你喜歡的話，可以稱推理心為一個心理的檔案系統。

你做夢的自己擁有逃過你注意力的心理次元，那些次元有連接基因與轉世系統的作用。再次，你必須了解所知的自己只是你較大身分的一部分而已——這身分也在你自己之外的歷史時代裡實質化過。你也必須了解，精神活動是最有力量的。一般而言，你從自己的視角體驗自己的夢（停頓良久），我只不過試著給你一種夢情境的一幅畫面，或給你看你通常不覺察的夢活動畫面。

如果你正有一個夢，在其間，從你自己的視角，你仍是你自己，那麼，另一個轉世的自己也許從他的視角有同樣的夢——當然，其中你扮演一個次要角色。在你的夢裡，那轉世的自己也許出現為一個次要角色，且相當地在你注意力的邊緣。而如果那夢包括了關於一齣戲或一個發明概念時，那麼，那戲或發明可能出現為在兩個歷史時代的一個具體事件，其程度則要看活在時間裡的那兩個人詮釋那資訊之能力。但世代以來，文化不只是以物質方法傳播的。能力與發明並不依賴人類的遷徙，但那些遷徙本身卻是在夢裡所給資訊的結果，那些夢告訴人類的部落在哪兒可以找到較好的家園。

（較大聲：）口述完畢。

（「好的。」）

（九點五十五分。）請等我們一會兒……直接認知：你知道你所知道的東西。

（對我：）你的知識知道如何透過你學到的技巧流出來，去用那些技巧，並且變成它們的一部分。因此，一張畫就以一種自發的智慧出現了。那就是你正在學的東西，那就是那幅畫顯示的東西，那就是你在的地方。

到某個程度，每個視象、每個主題，如果你容許的話，它都會在技巧上自己做細微的改變。你的衝動就與你的色彩一樣有深淺層次，它們應該與你的筆觸渾然為一。所以，在每一點油彩裡，你主題的概念幾乎被神奇的包含在內了，而那就是你在學的東西，或不如說，你在學著利用你的直接感知。

此節結束。

（「謝謝你。」）

祝你晚安——並且告訴我們的朋友（珍）在心態上要更遊戲些——我說，努力用功（很幽默的）的去遊戲。

（「賽斯晚安。」

（十點一分。「哇，」珍說，「我察覺到一大串夢的資料，當我伸手去搆轉世和夢的時候，很清楚知道要去哪裡弄到它們。我覺得那是很棒的資料。」上課之前，她開始將頻道轉進賽斯談論白癡學者（Idiots savants，譯註：指有特殊技能而心智不健全的人）的資料。「在這本書的某些特定部分，像一開始的時候和今天晚上，我感覺我好像用一種加速度在消失，不知怎麼的跑到時間之外了，」她說，「還有其他幾次也有這種感覺……」）

註釋

❶稍微回想，這便變得很清楚，但我想，說明珍對賽斯資料的表達顯然是她直接認知的結果是很重要的。因為她必須以文字做線性傳述，那是要花時間的，所以，她無法像那些數學天才產生答案那樣立刻的製作她的資料。但以自己的方式，她與賽斯的溝通，在心理上就如那些數學天才計算出數字，或音樂家寫出音符，一樣的清晰而直接。從一九六三年底這賽斯課的開始以來，我即察知珍傳

述賽斯資料的速度，而開始在每節記錄所涉及的時間。我現在認為，我自發的開始那樣做，是反映了我自己對她直接認知的直覺了解，且遠在我倆知道如何描寫它之前。而當珍即席的為賽斯說話時，她的傳述甚至更快。當她在ESP班上替賽斯說話的那些年裡還要更快——有時甚至快得令人咋舌。

當然，還涉及了更多東西。我讀到過數學天才愛他們的數字，並且在一個常常不確定的世界裡依賴數字的可靠性。珍對文字有一種深愛。可是，文字可以是非常捉摸不定的工具，且由一種語言到另一種語言就會有所改變。雖然透過賽斯資料，珍本就傳達了深刻的意義，那意義卻繼續在轉譯成的其他語言裡發展。這種心理成長，和涉及的許多挑戰，使得她的作品與天才計算者的數字或音樂家的音符有所分野，因為後兩者不需要翻譯：例如那些和善的數列，在任何語言裡都有相同總和。在珍自己的直接感知裡，她是在與通常離這種可靠性與接受性相當遠的感受及概念打交道。

那麼，不論賽斯是誰或是什麼，在珍的許可之下，他將他的資料加入珍的推理心所擁有的資訊裡——因而，提供那資訊給其他人的推理心。

第九〇九節 一九八〇年四月二十一日 星期一 晚上九點五分

（中午珍在小睡之前收到了一封信，那位男士解釋說他娶了一個手有基因畸形的女人，他們剛生了一個女兒，也有這同樣的「毛病」。那個人顯然從閱讀賽斯資料學到了很多，而透露出關於他和太太一開始為什麼選擇結婚的洞見。然而，他仍表達了憂傷，並且問：「為什麼？」他被必須每天與所謂的畸形妻子住在一起的挑戰所困擾，而現在又加上了一個女兒。珍預備告訴他說，他和他的家人其實比他們所以為的要過得好得多。

（在珍午睡時，珍有個小小的出體經驗，她一醒來就描述給我聽。然後，這個下午她從賽斯那兒收到說，在新的一章裡賽斯將會解釋，除了其他原因，身體畸形是在我們族類的基因庫裡所包含的極大範疇能力之顯現，而我們保留這種彈性，為的是萬一需要很大的改變時可以派上用場。她還說，我們基因上的條件也與轉世模式相連。那麼，為了讓我們族類在許多不可預期的方面保持適應性，那可能造成所謂的殘障屬性是需要的。珍還說了更多，但在那時我沒有把它寫下來。她認為賽斯今晚可能會評論來信者的情況。

（我們像往常一樣在客廳上課，珍非常放鬆地坐在她的搖椅上。「我舉行這一節是因為我想要，」她說，「但我不知道可以進行到哪裡，我真的很不舒服……」在她的身後和右邊，我們的貓兒們——比利和咪子，正蹲伏在被矮書櫃上自製檯燈照亮的地毯上。一隻小飛蟲似乎受光線的迷惑，在燈罩裡不停地打轉，兩隻貓著迷於這奇異景象好幾分鐘後，就在珍進入出神狀態時，牠們失去了耐性，開始跳向那隻小飛蟲。雖然珍以緩慢的步調開始這一課，但她的口述不曾間斷。

（耳語：）晚安。

（「賽斯晚安。」）

口述。現在：人類在生命裡與物質實相的第一次接觸，是他對自己意識的體驗。

他覺察一種不同的存在。首先，他接觸到他的意識；隨後，他接觸到世界——因此，當然，我在說的是，每個人都有比你們通常在人生裡所熟悉的意識架構更大之身分。

當你出生時，你了解自己有一個新的意識，你探索其分支，它是你存在於肉身裡的主要證據。基本上，每個人必須透過直接接觸來面對現實經驗。當然，這接觸是透過運用肉體感官來感知及詮釋物質資訊而發生的。不過，那些感官的利用就依賴你意識的本質，而那意識透過運用自己的屬性，來覺察它的力量與行動。

那些「屬性」就是想像、創造、心電感應、千里眼和做夢的能力，以及邏輯與推理的機能。你知道你做夢，你知道你思考，那些是直接的經驗。（停頓。）任何時候你用儀器探索實相的本質時，不論那儀器多精密，你都是在看一種二手證據。舉例來說，做夢的主觀證據，比一個關於擴張中的宇宙、黑洞，甚至原子及分子本身的證據，要遠為「令人信服」且不可推翻。雖然在許多方面，儀器的確可以是非常有利的，但它們給你的卻仍只是二手而非第一手的探查工具——而它們遠比思想、感受與直覺的主觀屬性，更扭曲了實相的本質。

（九點二十一分。）所以，人類意識沒有發展出可用以檢查實相本質的最好及最適當「工具」。就因為你們用了其他方法，才使得很多證據不為你們所見——那些證據會顯示出物質宇宙以與你們所設想十分不同的方式存在。

你們被教以不去信任主觀經驗，那是指你們被告以不要去信任你們與實相之最初及第一手的聯繫。

轉世證據是十分可得的，有足夠已為人們所知並且被列表的例子來證明轉世的事實；而除此以外，還有在你私人生活裡，心理上一直看不見的證據，只因為你曾被教以不要貫注在那個方向上。

有足夠證據可以證明死後生命的事實。所有這些都涉及了直接經驗——個人所遭遇的插曲非常強烈指涉了對死後生命的假設；但那假設從未被你們已確立的科學當真。舉例來說，對轉世與死後生命的證據，比對黑洞的證據要多得多。（好笑的：）很少人曾看過一個黑洞來支持那最一般性的聲明，然而卻有數不清的人曾指涉了人格死後猶存的私密轉世經驗或接觸。

那些經驗是很平常的，它們曾被各種時代的各種人報導，而代表了一種常識性的知識，那是有名大學的學者所不屑的。在這整本書裡，我們將常常談到大多數人以某種方式接觸到的經驗，它們卻沒被已確立的知識界所認可。所以，在這整本書裡，我會透過基因學、轉世、文化及私人生活，來談到夢的種種不同特性。我們也會考慮在個人的價值完成裡有關自由意志及其角色的事。

（結尾註記，一九八二年二月八日於賽斯完成《夢、進化與價值完成》的口述後所寫：

（自從我們於一九七七年及一九七九年以上下兩冊出版了賽斯的《未知的實相》後，珍和我就決定要將他的書保持較短篇幅，並以較頻繁的頻率出版。我們再也不想要重蹈一書兩冊的覆轍——但是你瞧，我們又做了一次！

（當我開始組織賽斯《夢、進化與價值完成》的口述，加入珍和我自己的註記，再加上其他相關課的摘錄，很快的，整個作品很明顯將會超過一本書的長度。要出版頁數繁多的書將有許多困難——如排版的費用、裝訂那麼厚一本書的難度，還有運銷與定價等等諸如此類的問題。於是在我們的編輯譚．摩斯曼及其他Prentice-Hall工作人員的幫助下，決定將《夢、進化與價值完成》分成兩冊發行。一開始，想到《夢、進化與價值完成》會被中斷成兩半，使我對讀者感到抱歉，但又感到慶幸，因為除了呈現賽斯的口述之外，我有多餘的空間可以詳細陳述如其他私人課，以及有關賽斯、珍和我的延伸題材，我認為它們將更加增益《夢、進化與價值完成》的內涵。

（不過話說回來，這一次將不會像《未知的實相》那樣必須等兩年才能讀到《夢、進化與價值完成》卷一及卷二——最多只需要幾個月的時間。此時先放上卷二每一章的標題，預告賽斯資料將談論的主題方向。

第七章　基因學與轉世。天賦與「缺陷」。龐大的基因與轉世規模。資優者與殘障者

第八章　當你是你所是的自己。想像力和理性的世界，以及別有含意的宇宙

第九章　主要事件與實相的覆蓋

第十章　快樂原理。集體夢與價值完成

第十一章　神奇之道，以及「保存」與自發展現之間的關係

第十二章　生命雲

（賽斯以九〇九節作為第六章和第七章的橋梁，這意味著這一節有連結卷一和卷二的作用——而且還非常吊胃口。回想起來，賽斯，那個「能量人格元素」似乎早有預謀！珍和我帶著極高的興致期待著《夢、進化與價值完成》的最終版，一如以往，這本書將對我們及任何人都具有啟發性與教育性。我感謝每一位耐心接納《夢、進化與價值完成》以兩冊出版的讀者。）

愛的贊助

本書的順利出版，要感謝下列人士熱心贊助，新時代賽斯教育基金會在此獻上誠摯的祝福：

●廖全保（一萬元）
●許嘉玲（一萬元）
●廖林貴英（一萬元）
●吳佩玲（五千元）
●莊吟馨（一萬元）
●莊錦滿（三萬元）
●陳玉美（五千元）
●林明乙（一千元）
●安麗櫻（二千元）
●佘碧凌（二千元）
●匿名者（二萬元）
●陳昭琬（六百元）
●劉　御（一千五百元）
●林千惠（一千元）
●江秋逸（二千元）
●江宗翰（二千元）
●廖曼翎（一萬元）
●林萬成（五千元）
●歐家蓮（五千元）
●黃文燕（二千元）
●羅建明（一萬元）
●關倩芝（一萬元）

愛的推廣辦法

看完這本書，是否激盪出您內心世界的漣漪？

如果您喜歡我們的出版品，願意贊助給更多朋友們閱讀，下列方式建議給您：

1.訂購出版品：如果您願意訂購一千本（印刷的最低印量）以上，我們將很樂意以商品「愛的推廣價」（原售價之65折）回饋給您。

2.贊助行銷推廣費用：如果您認同賽斯文化的理念，願意贊助行銷推廣費用支持我們經營事業，金額達萬元以上者，我們將在下一本新書另闢專頁，標上您的大名以示感謝（每達一萬元以一名稱為限）。

請連絡賽斯文化或財團法人新時代賽斯教育基金會各地分處，我們將盡快為您處理。

●愛的連絡處

如果您認同本書的觀念及內容，想要接受我們的協助；如果您十分認同本書的理念，想依循本書的觀念成為一位助人者的角色；如果您樂見本書理念的推廣，而願意提供精神及實質的協助：請與財團法人新時代賽斯教育基金會各地分處連繫：

●台中總會　陳嘉珍　電話：04-22364612
E-mail: natseth337@gmail.com
台中市北區崇德路一段六三一號A棟十樓之一

●董事長新店服務處　馬心怡　電話：02-22197211　傳真：02-22197211
E-mail: sethxindian@gmail.com
新北市新店區中央五街五一號

●台北辦事處　林娉如　電話：02-25420855
E-mail: seth.banciao@gmail.com
台北市中山區長安東路二段四十九號六樓

●三鶯辦事處　陳志成　電話：02-26791780, 0988105054
E-mail: sanyin80@gmail.com
新北市鶯歌區文化路二一四號

●嘉義辦事處　趙烱霖　電話：05-2754886
E-mail: new1118@gmail.com
嘉義市民權路九〇號二樓

●台南辦事處　關倩芝　電話：06-2134563
E-mail: sethfamilyl@hotmail.com
台南市中西區開山路二四五號十樓

●高雄辦事處　黃久芳　電話：07-5509312, 0921228948　傳真：07-5509313
E-mail: ksethnewage@gmail.com
高雄市左營區明華一路二二一號四樓

●屏東辦事處　羅那　電話：08-7212028　傳真：08-7214703
E-mail: sethpintong@gmail.com
屏東市廣東路一二〇巷二號

●賽斯村　陳紫涵　電話：03-8764797　傳真：03-8764317
E-mail: sethvillage@gmail.com
花蓮縣鳳林鎮鳳凰路三〇〇號

●賽斯TV　林憶葭　電話：02-28559060
E-mail: sethwebtv@gmail.com
新北市三重區三德街二九號

●香港聯絡處　韓雅欣　電話：009-852-2398-9810
E-mail: seth_sda@yahoo.com.hk
香港九龍旺角花園街一二一號利興大樓5字樓D室

●深圳聯絡處　田邁　電話：009-86-138-2881-8853　E-mail: tlll-job@163.com

●美國科羅拉多丹佛讀書會　謝麗玉　電話：303-625-9102　E-mail: lihyuh47@gmail.com

●美國紐約讀書會　Peggy Wu　電話：718-878-5185　E-mail: healingseeds@yahoo.com

●加拿大多倫多讀書會　Petrus Tung　電話：416-938-3433　E-mail: babygod65@gmail.com

●加拿大溫哥華讀書會　Andy Loh　E-mail: adcnr.info@gmail.com

●台灣身心靈全人健康醫學學會　林娉如　電話：02-22193379　傳真：02-22197106
E-mail: tshm2075@gmail.com
新北市新店區中央七街二六號四樓

賽斯文化 特約點

台北	佛化人生	台北市羅斯福路3段325號6樓之4	02-23632489
	政大書城台大店	台北市羅斯福路三段301號B1	02-33653118
	水準書局	台北市浦城街1號	02-23645726
中壢	墊腳石中壢店	桃園縣中壢市中正路89號	03-4228851
台中	唯讀書局	台中市北區館前路5號	04-23282380
斗六	新世紀書局	雲林縣斗六市慶生路91號	05-5326207
嘉義	鴻圖書店	嘉義市中山路370號	05-2232080
台南	金典書局	台南市前鋒路143號	06-2742711 ext13
高雄	明儀圖書	高雄市三民區明福街2號	07-3435387
	鳳山大書城	高雄縣鳳山市中山路138號B1	07-7432143
	青年書局	高雄市青年一路141號	07-3324910

依爾達 特約點

台北	賽斯花園5號出口	台北捷運南港展覽館站五號出口	02-26515521
桃園	大湳鴻安藥局	桃園縣八德市介壽路二段368號	03-3669908
	新時代賽斯中壢中心	桃園縣平鎮市中正三路186號	03-4365026
	彭春櫻讀書會	桃園縣楊梅市金山街131號7樓	0919-191494
新竹	新竹曼君的店	新竹市東南街96巷46號	035-255003
	玩家家	新竹縣竹北市隘口一街157號1樓	0937-696141
	光之翼賽斯竹東中心	新竹縣竹東鎮大林路155號	03-5102851
台中	賽斯興大讀書會	台中市永南街81號	0932-966251
	心能源社區讀書會	台中市北屯區九龍街85號	0911-662345
	賽斯沙鹿花園	台中市沙鹿區向上路六段762號	04-26522209
彰化	欣蓮欣香香鍋	彰化大村鄉福興村學府路32號	0912-541881
南投	馬冠中診所	南投市復興路84號	049-2202833
台南	賽斯生活花園	台南市安南區慈安路205號	06-2560226
高雄	天然園	高雄市林園區林園北路264號	07-6450406
	大崗山推廣中心	高雄市阿蓮區崗山村1號	07-6331187
	新時代賽斯鼓山推廣中心	高雄市鼓山區裕興路145號	07-5526464
台東	新時代賽斯台東中心	台東市廣東路252號	0933-626529
美國	北加州賽斯人	sethbayareagroup@gmail.com	
馬來西亞	賽斯學苑	sethlgm@gmail.com	009-60122507384
	心灵伴侣	soulmates.my@gmail.com	009-60175570800
	賽斯舞台	mayahoe@live.com.my	009-60137708111
	檳城賽斯推廣中心	SethPenang@gmail.com	009-60194722938
新加坡	LALOLN	elysia.teo@laloln.com	009-6591478972
大陸	廈門發現白光賽斯生活館	1350265717@qq.com	0592-5161739
	江蘇無錫讀書會	wangxywx@126.com	13952475572

賽斯文化

想完整閱讀賽斯文化的書籍嗎？
以上地點有我們全書系出版品喔！

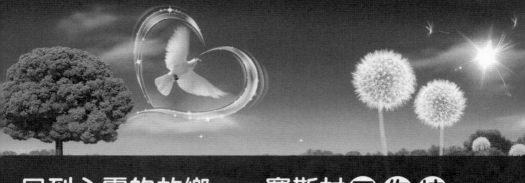

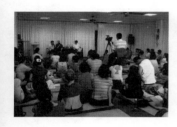

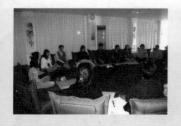

Seth
遇見賽斯 改變一生

心靈魔法學校 -賽斯教育中心啟建計劃

我們要蓋一所
心靈魔法學校囉!

每個人都有不可思議的心靈力量，無分性別與年紀。啟動心靈力量，可以幫助人們自幼及長，發揮潛能，實現個人價值，提升生命品質，明白我們都是來地球出差、旅遊、學習、考察間玩耍的實習神明！

理想

賽斯心靈魔法學校，是基金會實踐心靈教育的具體呈現，整合十幾年來推廣賽斯心法的經驗，精心設計一套完整的人生學習計畫，從入胎、誕生至臨終，象徵人類意識提升的過程。讓賽斯引領每一個人回到心靈的故鄉。

現址

只要每個人一點點的心力，就能共同創造培育『心靈』與『物質』同時豐盛的魔法學校。
第一期建設經費預估四千萬，懇請支持贊助。
賽斯教育中心預定地，設置在台中潭子區，佔地167坪
弘文中學旁邊(中山路三段275巷)

共同創造

賽斯教育中心啟建計畫　贊助專戶
戶名：財團法人新時代賽斯教育基金會
銀行：國泰世華銀行-台中分行(013)
帳號：006-03-500490-2

台灣身心靈全人健康醫學學會 *Taiwan Society Of Holistic Medicine*

秉持著推廣身心靈三者合一的新時代賽斯思想健康觀念
培訓具身心靈全人健康思維之醫療人員與全人健康管理師
提升國人身心靈整體醫療照護，創造健康富足的新人生

TSHM

期望您加入TSHM會員給予實質支持

一、醫護會員：年滿二十歲以上贊同本會宗旨之醫事人員或相關學術研究人員。

二、團體會員：贊同本會宗旨之公私立醫療機構或團體。

三、贊助會員：贊同本會宗旨之個人。

四、學生會員：贊同本會宗旨之大專以上相關科系所之在學學生。

五、認同會員：認同本會宗旨之個人。

感謝您的贊助，讓TSHM推廣得更深更遠

本會捐款專戶：

銀　行：玉山銀行（北新分行）ATM代號：808

帳　號：0901-940-008053

戶　名：社團法人台灣身心靈全人健康醫學學會

服務電話：(02)2219-3379

上班時間：每週一至週五上午10:00至下午6:00

地　　址：231新北市新店區中央七街26號四樓

心情。筆記

Note

心情。筆記

Note

心情。筆記

Note

心情。筆記 Note

心情。筆記

Note

心情。筆記

Note

心情。筆記

Note

國家圖書館出版品預行編目(CIP)資料

夢、進化與價值完成／Jane Roberts著；王季慶譯.
--初版. --新北市：賽斯文化, 2012.01
冊；　　公分
譯自：Dreams, "evolution," and value fulfillment
ISBN 978-986-6436-30-7（卷1：平裝）.--
ISBN 978-986-6436-31-4（卷2：平裝）

1. 靈魂

216.9　　　　100026474